인간의 사고를 어떻게 이해할 것인가?

변증법적 논리학의 역사와 이론

이 도서의 국립중앙도서관 출판예정도서목록(CIP)은 서지정보유통지원시스템 홈페이지(http://seoji.nl.go.kr)와 국가자료종합목록 구축시스템(http://kolis-net.nl.go.kr)에서 이용하실 수 있습니다. (CIP제어번호 : CIP2019043768)

인간의 사고를 어떻게 이해할 것인가?

변증법적 논리학의 역사와 이론

예발트 일리엔코프 지음 | 우기동·이병수 옮김

책갈피

차례

2부 마르크스주의의 변증법

결론

일러두기

1. 이 책은 Evald Ilyenkov, *Dialectical Logic: Essays on its History and Theory*(Progress Publishers, 1977)를 번역한 것이다.

2. 인명과 지명 등의 외래어는 최대한 외래어 표기법에 맞춰 표기했다.

3. 《 》부호는 책을 나타낸다. 논문 등은 " "로 나타냈다.

4. 본문에서 [ ]는 옮긴이가 독자의 이해를 돕거나 문맥을 매끄럽게 하려고 덧붙인 것이다. 영역자가 후주에 덧붙인 것은 (— 영역자)로 표기했다.

5. 본문의 각주는 옮긴이가 넣은 것이다.

6. 원문에서 이탤릭체로 강조한 부분은 고딕체로 나타냈다.

책을 펴내며

　이　책은　소련의　저명한　철학자였던　예발트　일리엔코프의 *Dialectical Logic: Essays on its History and Theory*(Progress Publishers, 1977)를 우리말로 옮긴 것이다. 러시아어 원작은 1974년에 쓰였고, 현재 전 세계에 20여 개 언어로 번역·출판돼 있다. 한국에는 1990년 《변증법적 논리학의 역사와 이론》(우기동·이병수 옮김, 연구사)으로 처음 소개됐고, 당시의 옮긴이들이 문장을 다듬어서 올해 새로 출간하게 됐다.

　이　책의　지은이　일리엔코프는　1924년　스몰렌스크에서　태어나 1979년 모스크바에서 자살로 생을 마쳤다. 러시아 내전이 끝난 직후 세상에 나와, 스탈린과 흐루쇼프 정권을 거쳐, 브레즈네프 시대에 비극적 죽음을 맞은 것이다. 그는 한평생 변증법·유물론·인식론 등을 연구한 마르크스주의 사상가였다. 대표작으로는 이 책 외에도 《마르크스 자본론에서 추상과 구체의 변증법》(Dialectics of the Abstract & the Concrete in Marx's *Capital*, 1960), 《레닌주의 변증법과 실증주의의 형이상학》(Leninist Dialectics and the

Metaphysics of Positivism, 1979) 등이 있다. 이 두 책의 영어판은 일리옌코프 사후인 1982년에 출판됐다.

마르크스주의 이론가이자 영국 런던대학교 킹스칼리지 교수인 알렉스 캘리니코스는 자신의 책 《자본론 해독》(Deciphering *Capital*, 2014)에서[*] 일리옌코프를 두고 다음과 같이 썼다.

> 요즘 《자본론》과 그 원고들을 연구하는 사람은 누구나 다른 마르크스주의자들의 풍부한 연구 성과에 의지할 수 있다. 오늘날 《자본론》 해설서는 엄청나게 많은데, 오래된 것들 중에서는 세 가지가 두드러진다. **예발트 일리옌코프**, 로만 로스돌스키, 이사크 일리치 루빈의 저작들은 시간의 검증을 견뎌 냈고, 후학들에게 거의 표준이 됐다. 흥미로운 사실은 세 사람 모두 독특한 중부 유럽 학술 문화의 산물이고 20세기 재앙의 희생자였다는 것이다. … **일리옌코프는 소련 말기의 순응주의 압력 때문에 자살로 내몰렸다**[ㅡ 강조는 편집부].

마르크스주의 경제학자이자 같은 킹스칼리지 교수인 알프레두 사드필류도 《마르크스의 가치: 현대 자본주의의 정치경제학》(The Value of Marx: Political Economy for Contemporary Capitalism, 2002)에서[**] 자신의 책 1장 "유물론적 변증법" 전체가 "소련의 철학자인 일리옌코프의 '유물론적 변증법'의 영향을 받았다"고 인정했다. 또, 캐나다 퀸스대학교 철학 교수인 데이비드 배커스트는 자신의 논

---

* 이 책의 한국어판은 책갈피 출판사에서 《알렉스 캘리니코스의 자본론의 탄생: 마르크스 자본론의 방법과 그 사상적 배경》이란 제목으로 조만간 발간할 예정이다.

** 국역: 《마르크스의 가치론: 현대 자본주의의 정치경제학》, 책갈피, 2011.

문 "정신의 의미, 규범성, 삶"(Meaning, Normativity and the Life of the Mind, 1997)에서 일리옌코프에 관해 다음과 같이 썼다.

> 일리옌코프는 스탈린주의의 암울한 시대 이후 러시아 마르크스주의 철학을 부활시키는 데서 영향력이 컸다. … 소련 철학에서 일리옌코프가 개진한 사상과 논쟁은 1920~1930년대의 심리학과 중요한 연속성이 있다. 특히 … 비고츠키의 사회역사적 심리학과 맞닿아 있다. … 1960년대 초에 통찰력 있는 글들을 쓴 뒤 정치적 분위기가 더욱 억압적으로 변하면서 그의 영감은 약해져 갔다. … 그는 1979년 스스로 목숨을 끊었다.

이런 언급들을 통해 일리옌코프의 굴곡진 생애와 사상적 기여를 조금이나마 엿볼 수 있겠다. 영국의 마르크스주의 계간지《히스토리컬 머티리얼리즘》에 따르면, 그의 자살은 당시 러시아 학계가 그를 점점 고립시키고 배척한 것과 직접적 연관이 있었다. 일종의 "마녀사냥"이 벌어진 것이다. 실제로 그는 스탈린이 1953년에 죽고 난 뒤 모스크바국립대학교에서 학생들을 가르치기 시작했지만, 1960년대에 이르러 "마르크스주의를 왜곡했다"는 오명을 쓰고 강단에서 쫓겨나게 된다.

철학자로서 일리옌코프의 모든 경력은 소련 관료 집단의 손에 훼손됐다. 당시 관료들은 조금이라도 창조적인 지적 활동이라면 모조리 단속하려고 혈안이 돼 있었다. 고전적 마르크스주의 전통의 부활이 스탈린주의 관료들에게 달가울 리 없었다.

이 책은 서양 근대 철학사에서 변증법적 논리학이 어떻게 발전했고, 어떻게 마르크스의 유물론적 변증법으로 절정에 이르렀는지 추적한다. 또, 프랑스와 독일의 고전 철학자들이 논한 존재론적·인식론적 쟁점을 상세히 설명하며, 논리학의 본질적 윤곽을 밝히 드러낸다. 물론 이 책을 읽고 이해하는 것이 쉽지만은 않을 것이다. 그렇지만 1부 "변증법의 역사"는 서양 근대 철학의 역사를 파악하는 데, 2부 "마르크스주의의 변증법"은 마르크스주의 관점의 철학과 마르크스·레닌의 사상적·방법적 공헌을 되새기는 데 도움이 될 것이다.

변증법적 유물론은 마르크스주의 철학의 핵심이다. 그것이 유물론인 이유는 물질적 세계가 객관적으로 존재한다는 것과 물질이 정신보다 선행한다는 것을 인정하기 때문이다. 따라서 근본적으로 물질적 생활 조건이 인간의 사고를 좌우한다고 주장한다. 그러나 변증법적 유물론은 인간의 역사가 예정된 결과를 향해 자동으로 나아가는 것처럼 취급하는 기계적 유물론이나 숙명론적 결정론이 결코 아니다.

변증법은 고대 그리스까지 거슬러 올라가는 오래된 철학 용어다. 고대 그리스인들은 대화, 즉 상반된 주장의 충돌을 통해 진리에 이를 수 있다는 사상을 변증법이라는 말로 표현했다. 18세기 말 프랑스 대혁명에서 영감을 얻은 헤겔은 더 발전된 변증법적 방법을 사용해 인간 의식·사상의 역사 전체가 내적 모순을 통해 발전했다고 설명하려 했다. 그러나 헤겔의 변증법은 여전히 관념의 영역에 머물러 있었다.

마르크스는 헤겔의 변증법을 받아들이고 변모시켜 그것에 유물론적 기초를 놨다. 마르크스는 인간의 역사든 자연의 역사든 역사의 원동력은 상반된 사상이나 개념의 충돌이 아니라, 상반된 물질적·사회적 세력의 충돌이라고 생각했다. 레닌도 마르크스의 변증법적 유물론을 충실히 이해하고, 그것을 제국주의 분석 등에 적용하며 더욱 발전시켰다.

이런 철학에 깊이 파고들어서 마르크스와 레닌처럼 결국 세상을 변화시키는 일에 활용하려는 독자들에게 이 책은 유용할 것이다.

2019년 11월
책갈피 편집부

옮긴이 머리말

1. '인간의 사고를 어떻게 이해할 것인가?' 최근의 쟁점은 전통적 철학의 '사고 이해'와 과학기술에 의한 '인공지능(AI, artificial intelligence)'의 관계문제다. 우리에게 인공지능이 화제로 혹은 충격으로 다가온 사건은 2016년 봄 이세돌과 '알파고'의 바둑 대결이었다. 알파고는 이세돌에게 4승 1패로 승리한 후, 이듬해 중국을 비롯한 전 세계 바둑계를 완전히 평정하고 유유히 은퇴했다. 바둑은 경우의 수가 무한에 가깝다. 바둑은 인간(사고)의 창의력과 상상력을 바탕으로 전체를 읽어 내는 안목, 흐름을 그리는 전략, 상황 판단, 국면 전환(선수先手), 순발력, 계산력, 여유로운 마음 자세 등 여러 복합적 능력이 동원되는 두뇌 게임으로 알려져 있다. 그런데 연산 작용(연산 법칙, algorithm)으로 짜인 기계가 인간의 두뇌 작용을 이긴 것이다. 물론 알파고는 바둑만 두는 인공지능이다.

문제는 인간처럼 바둑 외에도 여러 능력을 복합적으로 발휘하는 인공지능이 빠른 속도로 개발되고 있다는 사실이다. 현재까지 알려진 바에 따르면 인공지능은 크게 세 부류로 나뉜다. 약한 인공지능,

강한 인공지능, 초인공지능이 그것이다. 알파고는 약한 인공지능에 속한다. 약한 인공지능은 사람을 흉내 낼 수 있는 수준으로 특정 문제를 독립적으로 해결할 수 있다. 강한 인공지능은 사람처럼 감정을 갖고 자율적으로 생각하면서 창의적인 일을 한다. 명령을 받지 않은 일도 스스로 판단해 행동하며 명령을 거부하기도 한다. 초인공지능은 모든 면에서 사람을 능가하고 인간에 대한 지배까지 가능할 것으로 예측된다. 현재의 인공지능 기술은 강한 인공지능의 초기 수준인 듯하다.

과연 인간의 두뇌 작용을 알고리즘으로 설명할 수 있을까? 인간의 사고를 인공지능이라는 기계가 얼마만큼 따라올 수 있을까? 더구나 능가할 수 있을까? 뇌 과학자들은 '뇌의 구조와 기능을 알면 그 가능성을 의심할 수 없을 것이다' 하고 넌지시 귀띔한다. 알고리즘으로 가능하다는 뜻이다. 그리고 머지않았다는 뜻이기도 하다.

2. 인간사고의 창의력과 상상력은 정신적 능력이다. 전통적 철학자 대부분은 정신적 능력은 기계적 알고리즘으로 환원될 수 없고, 나아가 생물학적 원리로도 설명될 수 없다는 믿음을 결코 의심하지 않았다. 다만 사고하는 정신과 육체의 관계를 어떻게 이해할 것인지를 놓고 치열하게 고민하고 논쟁해 왔다. 근대 철학 이후 데카르트가 이 문제를 본격적으로 제기했다. '사고하는 속성을 지닌 정신'과 '공간을 점유하는 속성(연장延長)을 지닌 육체'라는 두 실체가 결합돼 있다는 것이다. 이원론이다. 직관적으로 이해한 인간에 관한 현실적 설명이었다. 그런데 다른 속성을 지닌 두 실체가 어떻게 결합해 있고, 어떻게 상호작용하는지에 관해서는 명쾌하게 답하지 못했다. 데카르트의 난점이었다.

스피노자의 데카르트 비판은 명료했다. 문제를 잘못 제기했기 때문에 해결할 수 없다는 것이었다. 스피노자는 두 개의 불합리한 추상물의 결합이 아니라, '사고하는 육체를 지닌 존재'가 곧 인간이라고 했다. 다시 말하면 사고하는 육체의 존재가 사고이고, 사고하는 육체의 활동이 사고작용이며, 그 육체가 공간을 점유하는 연장 속성도 지니고 있다는 것이다. 이런 사고하는 육체로서 인간은 자연의 특수한 형태다. 그러니까 실체는 자연이다. 전체로서 자연(실체)은 공간을 점유하는 속성도 지니고 있고, 사고하는 속성도 지니고 있다. 일원론이다.

스피노자의 일원론은 관념론적인 헤겔의 정신 실체로 이어진다. 그리고 그 정신 작용의 원리가 변증법이다. 헤겔의 관념론적 정신의 작용 원리는 마르크스에 의해 유물론적 물질의 운동 원리로 계승된다. 유물론과 변증법의 종합이라 할 수 있다. 이제 인간의 사고를 유물론적 관점에서 변증법적으로 파악할 수 있게 된 것이다. 이 책의 큰 줄기다.

3. 흥미로운 현상이 하나 있다. "지구 상의 인구 70억 명 중에서 '영혼'의 존재를 믿는 사람이 무려 93퍼센트다. 다시 말해 대부분의 사람들은 고귀한 정신 작용은 물리학 법칙으로 환원될 수 없으며, 생물학적 원리로는 설명되기 어렵다고 믿는다."* 하루하루 일상적으로 살아가는 우리 인간들의 현실적 생각이다. 죽음을 넘어 영생하고 싶은 평범한 우리 인간들의 막연한 기대일지도 모른다. 초인공지능

이 나타나면 사람들은 어떤 반응을 보일까?

137억 년간의 물질 진화 역사에서 이제 우리는 다시금 물어야 한다. 생명(체)이란 무엇인가? 인간이란 무엇인가? 유기체·생명체와 다른 인공지능을 어떻게 이해할 것인가? 철학하는 우리 인간들의 존재에 관한 근원적 물음들이다. 그 중심에는 역시 '인간의 사고를 어떻게 이해할 것인가?'라는 물음이 자리 잡고 있다.

그렇다면 스피노자를 원용해서 '사고하는 기계(자연)'를 통해, 유물론적 관점에서 '사고하는 물질'을 통해 인공지능을 이해할 수 있을까? 가능한 이야기다. 인공지능이 인간의 능력을 향해 다가오는 이 시대에, 인간의 사고를 알고리즘으로 환원하려는 이 시대에 이 책을 다시 보게 돼 새삼스레 신기하고 자못 영광스럽다. 이 책은 Evald Ilyenkov, *Dialectical Logic: Essays on its History and Theory*, Progress Publishers, Moscow, 1977을[*] 바탕으로 기존 번역을 수정한 개정판이다. 지은이 일리옌코프는 이전에도 그랬지만 새로운 '지능'의 시대에도 역시 많은 고민거리와 심오한 연구 과제를 안겨 주고 있다.

일언이폐지하고, 또 거두절미하고 책갈피 출판사 김태훈 사장에게 감사드린다. 철 지난 듯한 책을 되살려 새로운 시대를 향한 서가에 올려 주셨으니 말이다.

2019년 가을
옮긴이들

---

[*] 앤디 블런던이 2009년 1월 Marxists Internet Archive에 올린 교정판도 참고했다.

1990년판 옮긴이 머리말

　철학적 사고의 역사를 고찰해 보면, 변증법은 고대 헤라클레이토스Herakleitos의 소박한 형태에서부터 독일고전철학의 관념론적 형태에 이르기까지 아주 다양한 모습을 띠고 있다. 이런 다양성은 사회적·역사적 한계를 반영한 것임은 물론, 전통적으로 철학의 기본 주제인 존재와 사고의 관계문제에 관한 시각차를 드러내는 것이기도 하다. 그런데 변증법은 유물론과 결합하면서 일반적으로 자연, 사회, 인간사고의 운동과 발전법칙에 관한 학學으로 정립됐다. 이것은 근대 합리론에서부터 헤겔의 변증법에 이르는 관념론적 전통의 합리적 핵심을 계승하면서 동시에 관념론의 신비화를 비판하고 극복한 역사적 결과라 할 수 있다.

　이런 유물론적 변증법은 과학적 세계관과 방법론의 의미를 지니게 됐다. 그럼에도 그 단순성이나 교조성이 종종 문제 되기도 했다. 이것은 변증법과 전통철학의 내적 연관성을 이해하지 못한 데 기인하거나 변증법의 개방성을 등한시한 데 근거한다. 그러나 실제로 변증법이 철학사적으로 어떤 맥락에서 현실적 철학으로 정립됐는지에 대한 논의나 연구가 부족했던 것도 사실이다.

이 책은 근대 합리론에서 형이상학의 주제로 취급되고, 독일관념론에서 선험논리학의 주제로 취급되던 존재와 사고의 관계문제를 실질적 논리학의 주제로 파악하고 있다. 그리하여 변증법은 논리학이면서 동시에 인식론이라는 사실을 철학사적으로 치밀하게 논증하고 있다. 요컨대 이 책은 존재와 사고의 관계문제에 관한 관념론적 한계(형식성)와 유물론적 정당성을 데카르트에서부터 독일관념론을 거쳐 포이어바흐·마르크스·레닌에 이르는 과정을 통해 체계적으로 서술하고 있다. 이와 같은 철학사적 고찰은 무엇이 진정한 논리학인지를 역사적 맥락에서 정초定礎하고 있다. 물론 형식논리학의 유의미성이 전적으로 상실되는 것은 아니다.

이런 내용이 변증법의 논리학적 의미에 관한 부족한 인식을 어느 정도 메꿔 줄 수 있을 것이라는 생각에서 이 책을 번역했다. 이 책은 Evald Ilyenkov, *Dialectical Logic: Essays on its History and Theory*, Progress Publishers, Moscow, 1977을 완역한 것이다. 번역하는 과정에서 많은 어려움도 있었고 여러 사람에게 폐도 끼쳤다. 우선 내용의 전문성이나 난해성은 차치하더라도 특유의 만연체와 익숙지 않은 독특한 영어 문체를 우리말로 옮기는 것이 쉽지 않음을 실감했고, 또 교열하는 데 충분한 시간을 할애하지 못했다. 그 결과 오역이나 유려하지 못한 부분이 상당히 있으리라는 점을 솔직히 고백하지 않을 수 없다. 그런 부분들은 계속해서 고쳐 나갈 것이다. 번역은 원칙적으로 저자의 의도를 최대한 살리려고 노력했으나 만연체나 중복된 서술은 의미를 중심으로 의역했다. 그리고 용어는 상례에 따라 각 사상가들 특유의 어휘를 살리는 선에서 선택했고, 그 밖의 부분들은 가능한 한 통일시켰다. 저자의 의도가 제대로 전달되지 않거나 번역상의 문제점은 전적으로 옮긴이들의 책임임을 밝혀 두면서, 독자 여러분의 따끔한 질정을 바란다.

바쁜 중에도 번역 과정에서부터 용어 선택에 이르기까지 같이 고민해 준 이병태 동학同學의 노고는 이루 말할 수 없을 정도였다. 그리고 옮긴이들의 불성실 때문에 출판이 장시간 지연됐음에도 지속적으로 격려해 주신 출판사 여러분에게 진심으로 감사의 말을 드리고 싶다. 이 책이 변증법을 이해하는 데 조금이나마 도움이 됐으면 하는 바람뿐이다.

1990년 2월

옮긴이들

서론

   '논리학'(Logic; 첫 글자를 대문자로)으로 이해됨과 동시에 현대 유물론의 인식론으로 이해되는 변증법을 체계적으로 발전시키는 과제는 오늘날 특히 중요하다. 레닌이 우리에게 남긴 과제이기도 하다. 사회적 삶과 과학적 지식의 모든 영역에서 발생하는 문제들의 뚜렷한 변증법적 특징은, 마르크스·레닌주의의 변증법이 과학적 인식과 실천적 활동의 방법일 뿐 아니라, 과학자들이 탐구 과정에서 부딪히는 문제들을 해결하고 실험 결과와 사실 자료를 이론적으로 해석하는 데에 실질적으로 도움을 주는 방법이라는 사실을 아주 분명하게 보여 주고 있다.

   '논리학' 전체 체계는 아직 완성되지 않고 여전히 이상으로 남아 있는 가운데, 지난 10년 내지 15년 동안 극히 소수의 저작들이 '논리학' 전체 체계의 일부분인 개별 부문에 몰두해 쓰였다. 그런 부문들은 당연히 미래의 '논리학'을 구성하는 단락, 나아가 장章으로 간주될 수 있고, 건물을 구성하는 다소 정교한 벽돌들에 해당된다고 볼 수 있다. 물론 우리는 이 '벽돌들'을 기계적으로 전체에 접합시킬 수는 없다. 그러나 변증법적 논리학을 체계적으로 설명하는 과제는 집단적 노력에 의해서만 해결될 수 있기 때문에, 우리는 적어도 공동 작업의 가장 일반적인 원칙들을 제시할 필요가 있다. 그래서 이 책에서 이런 집단적 공동 작업의 몇 가지 출발 요점들을 구체화하고자 한다.

헤겔이 《정신현상학》(The Phenomenology of Mind)에서 다소 유감스러운 어조로 지적하고 있듯이, 다른 과학에서보다 특히 철학에서는 "그 궁극적인 목표 혹은 최종적인 결과가 … 사실 자체의 본질을 있는 그대로 절대적으로 드러내는 데 있는 것처럼 보인다. 이와는 대조적으로 사실 자체를 밝히는 단순한 과정은 본질적으로 중요한 의미를 지니지 않는다고 보는 것이 적절할 것이다."[1]

이것은 아주 적확한 표현이다. 변증법(변증법적 논리학)이 이미 받아들여진 논제를 입증하기 위한 단순한 도구로 간주된다면 '본질적으로 그다지 중요한 의미'를 지니지 않을 것이다. 변증법이 이미 받아들여진(혹은 주어진) 논제를 입증하기 위한 단순한 도구로 바뀔 때, 그것은 단지 외형상 변증법과 유사하지만 내용이 없는 궤변술이 되고 만다. 참다운 의미의 변증법적 논리학이란 "그대로 드러난 결과"나 사고운동의 "경향"에서가 아니라 오로지 "결과와 더불어 그 결과에 도달하는 과정을 동반하는 형식에서만"[2] 생명력을 띠는 것이 사실이라면, 우리는 논리학으로서의 변증법을 설명하는 동안 이런 사실을 항상 고려해야만 한다. 왜냐하면 문제를 분석하는 과정에서 우리가 수행하는 활동의 방법과 특징을 규정짓는 그 어떤 목표를 처음부터 수립하지 않고 임의적으로 나아가는 극단적 입장을 취하는 것은 불가능하기 때문이다. 따라서 어떤 경우든지 우리는 '대상'이 무엇인지를 처음부터 분명히 말하지 않을 수 없다. 물론 이 대상은 내적 필연성에 따라 부분들로 분리돼 있고, 이 부분들도 우리는 일반적으로 밝히고 싶어 한다.

전체적으로, 이 글에서 다루고자 하는 '대상' 혹은 '주제' 일반은 사고 및 사고작용에 관한 것이다. 변증법적 논리학은 우리의 의지나 의식에 전혀 의존하지 않으면서 필연적인 운동과 계기로 진행되는 과학적 사고작용의 발전과정을 그 목표로 삼는다. 우리의 의식과 의지 밖에 독립적으로 존재하는 대상을 반영해 개념으로 재생산(대상의 정신적 재현)하는 것, 다시 말해 나중에 사실로(실험이나 실천으로) 재창출할 수 있도록 먼저 대상을 개념의 운동논리로 재현하는 것이 바로 논리학이라면, 논리학은 응당 사고가 어떻게 전개되고 발전되는지를 보여 줘야만 한다. 이렇게 볼 때, 논리학은 사고작용에 관한 이론적 표상 체계라고 말할 수 있다.

이상의 언급으로부터 우리는 사고(사고작용)를, 자신의 노동을 통해 외적 자연은 물론 자기자신도 변형시키는 사회적 인간의 현실적 활동에 포함되는 관념적 구성요소로 분명히 이해할 수 있게 된다.

그러므로 변증법적 논리학은 자연을 창조적으로 변형시키는 주관적 활동의 보편적 체계일 뿐 아니라, 항상 객관적 요구와 연관 아래서 주관적 활동이 수행되는 장場인 자연적 혹은 사회역사적 물질의 변화 과정에 관한 보편적 체계이기도 하다. 우리의 입장에서 볼 때, 바로 이 점이 변증법, 현대의 과학적(유물론적) 세계관의 인식론 그리고 논리학의 동일성(단지 '통일'이 아니라 명백한 동일성, 완전한 일치)에 관한 레닌 테제의 실질적 요점이다. 이런 접근방법은 엥겔스에 의해 이뤄진 변증법의 정의("자연, 인간 사회, 사고의 보편적 운동법칙 및 발전법칙에 관한 과학",[3] 즉 '특수한 주관적' 법칙이나 사고의 형식이 아니라 자연의 발전과 사회역사적 발전에 관한 과학)를 충분히 포괄하고 있다.

　우리는 바로 이런 방식으로 변증법과 유물론을 결합시킬 수 있고, 변증법적 논리학이 '사고'에 관한 과학일 뿐 아니라 물질적이고 정신적인 모든 것들의 발전에 관한 과학임을 보여 줄 수 있다고 생각한다. 이런 점에서 '논리학'이야말로 진정한 사고과학이고, 세계의 운동을 개념의 운동으로 반영하는 유물론적 과학일 수 있다. 그렇지 않다면 신실증주의자들에게서 볼 수 있는 것처럼, 논리학은 필연적으로 순수 기술技術적 분야로 전락하거나 언어를 조작하는 기술記述 체계로 변형되고 말 것이다.

　앞에서 제시한 논리학의 보편적 정의를 구체화하는 작업은 논리학을 구성하고 있는 개념, 무엇보다도 사고(사고작용)의 개념을 해명하는 데 있음은 두말할 나위도 없다. 그런데 여기서 사고개념을 구체적으로 정의하는 것은 논리학을 '서술하는' 것을 의미한다는 순수한 변증법적 난점을 다시 발생시킨다. 왜냐하면 사고개념에 관한 완전한 서술은 결코 '정의'에 의해 주어질 수 없고, 오로지 '전개되는 본질적 내용'에 의해서만 주어질 수 있기 때문이다.

　'개념' 자체의 개념도 사고의 개념과 아주 밀접하게 연관돼 있다. 여기서 '개념' 자체의 개념을 '정의'하는 것은 쉬울지 모르지만, 아무런 소용도 없을 것이다. 우리는 '개념'을 논리학의 특정 전통에 따라 '기호' 혹은 '다른 용어를 통해 정의된 용어' 혹은 단순히 '사물의 본질적이고 고유한 속성의 반영'(이것이 논리학의 특정 전통인 이유는, 암암리에 퍼져 있는 '본질적' 그리고 '고유한'이라는 말의 애매한 의미 때문이다)으로 이해하지 않고, 내용의 요점으로 이해하고자 한다. 왜냐하면 개념의 '구체성'에 도달하기 위해서는, 즉 논리학의 본질과 구체적으로 전개된 논리학 개념에 관한 마르크스·레닌주의적 맥락을 이해하기 위해서는, 가능하면 모든 사람들에 의해 수용되는 추상적이고 단순한 정의에서 시작하고 '내용의 요점'에서 출발하는 것이 훨씬 나을 것이기 때문이다.

이상에서 언급한 것이 이 책의 계획과 구상이다. 얼핏 보기에 이 책은, 전적으로 그런 것은 아니지만, 상당한 정도로 철학사 연구인 것처럼 여겨질 수도 있다. 그러나 '논리학의 내용'을 채워 나가는 과정에서 취급되는 '역사적' 사례들은 우리의 목적 자체라기보다는 사실적 자료일 뿐이다. 그러나 이 사실적 자료를 활용함으로써 "사상事象의 논리학"의 명확한 개요,⁴ 즉 마르크스·엥겔스·레닌에 의해 비판적으로 교정되고 유물론적으로 재정립된 논리학으로서의 변증법의 일반적 개요가 점차 철저하게 밝혀질 것이고, 그 결과 논리학에 대한 우리의 입장도 특징지어질 것이다.

1부 변증법의 역사

1장
논리학의 주제와 근원: 데카르트와 라이프니츠

어떤 문제를 과학적으로 해결하는 가장 바람직한 방법은 그 문제에 대해 역사적으로 접근하는 것이다. 우리의 경우에도 이런 역사적인 접근방법이 본질적 문제를 해결해 줄 것이다. 오늘날 소위 논리학이라는 학문 내에는 논리학의 영역을 상당히 다르게 이해하는 이론들이 있는 것이 사실이다. 그런데 그 이론들은 저마다 논리적 사고의 발전과정에서 유일한 현대적 단계라고 주장하고, 단순히 말로 그치는 것이 아니라 그 정당한 권리를 요구하고 있다. 그렇기 때문에 우리는 논리학의 역사를 고찰해야만 한다.

'논리학logic'이라는 용어는 사고의* 체계를 지칭하기 위해 스토아Stoa 철학자들에 의해 최초로 도입됐다. 그들은 아리스토텔레스

---

* thought와 thingking은 원칙적으로 '사고'로 번역했으나, 전통적 철학(특히 근대 합리론)의 이론에서는 관용에 따라 '사유'로 번역했다. 그리고 thinking은 능동적 의미를 지니고 있는 경우에는 '사고작용'으로 번역했다.

Aristoteles의 실질적 가르침 중에서 그들의 견해와 일치했던 사고의 본성에 관한 부분만을 논리학으로 특징지었다. 용어 자체는 그리스어 로고스(logos; 글자 그대로의 뜻은 '말'이다)에서 유래했고, 그 명칭은 문법과 수사학의 주제와 아주 밀접하게 연관돼 있었다. 이런 전통을 마지막으로 구체화하고 명문화한 중세 스콜라Schola 철학자들은 논리학을 논쟁을 수행하기 위한 단순한 수단(오르가논; organon)으로, 성서를 해석하기 위한 도구로, 그리고 순수 형식적 장치로 변형시켰다. 그 결과 논리학에 대한 공인된 해석뿐 아니라 바로 그 명칭마저도 믿을 수 없는 것이 돼 버렸다. 그래서 골자가 빠져 버린 '아리스토텔레스의 논리학'도 근대의 탁월한 과학자들과 철학자들의 눈에는 의심스러운 것으로 비쳤다. 이 때문에 16세기에서 18세기에 걸친 대부분의 철학자들은 '논리학'이라는 용어를 사고의 과학이나 지성과 이성의 학문이라는 명칭으로 사용하기를 일반적으로 꺼렸다.

실재적 사고의 논리이고 과학적 인식의 발전 논리인 논리학이 스콜라철학자들에 의해 순수 형식적인 것으로 변형됨으로써, 그 변형의 무용성을 인식하는 것이 근대의 모든 진보적 철학자들의 주요한 과제였다. 프랜시스 베이컨F Bacon은 "오늘날 논리학은 진리 탐구를 돕기보다는 오히려 통속적 개념에 토대를 두고 있는 오류를 고착화하는 데 기여하고 있다. 그래서 그것은 이롭기보다 해로운 편이다"라고 말했다.[1] 데카르트Descartes는 "논리학에 관해서 말하자면, 나는 삼단논법이나 그 밖의 대부분의 지침들이 새로운 것을 배우는 데 도움을 주기보다는 오히려 우리가 알고 있는 것들을 다른 사람에게 설명하는 데에(혹은 룰리Lully의* 논술처럼 모르는 것을 판단 없이 마구 지껄이는 데에) 훨씬 더 기여한다는 사실을 발견했다"고 말했다.[2] 로크Locke는 "삼단논법은 새로운 지식을 보태지 못하며 기껏해야 우리가 알고 있는 조그마한 지식을 가지고 얼버무리는 기술일 뿐이다"라고 주장했다.[3] 이런 이유로 데카르트와 로크는 전통 논리학의 모든 문제를 수사학의 영역으로 분류할 필요가 있다고 생각했다. 그리하여 논리학이 하나의 특수과학으로 유지되는 한, 논리학은 두말할 나위 없이 사고의 과학으로서가 아니라 말·이름·기호의 올바른 사용에 관한 과학으로 취급돼 버렸다. 가령 홉스Hobbes는 논리학의 개념을 기호언어의 계산법으로 발전시켰다.[4]

로크는 자신의 저작 《인간오성론》(An Essay Concerning Human Understanding)의 결론 부분에서 논리학의 주제와 과제를 다음과 같이 규정했다. 즉 "논리학은 사물을 이해하거나 혹은 그 사물에 관한 지식을 다른 사람들에게 전달하기 위해 정신이 사용하는 기호의 본성을 고찰하는 것이다."[5] 그는 논리학을 '기호 이론', 즉 기호언어학으로 취급했다.

그러나 다행히 철학은 그 수준에서 굳어지지 않았다. 그 시대의 훌륭한 사상가들은, 논리학이 위와 같은 방식으로 해석되는 것은 전적으로 정당할지 모르지만 사고과학은 그렇지 않다는 점을 잘 알고 있었다. 실제로 세계와 사고작용에 관해 순수 기계론적 입장을 취한 대표자들은 논리학에 대해서도 기계론적인 입장을 고수했다. 그들은 객관적 실재를 추상적이고 기하학적인 방식으로 해석했기

---

*   Ramon Llull의 오타인 듯하다.

때문에(즉 순수 양적 특성만을 객관적이고 과학적인 것으로 간주했기 때문에), 그들의 시각으로 볼 때 수학의 사고원리는 사고 일반의 논리적 원리와 합치하는 것이었다. 이것은 물론 홉스에서 최종적 형태를 갖춘 경향이었다.

데카르트와 라이프니츠Leibniz의 접근은 훨씬 더 신중했다. 그들도 낡고 의심스러운 논리학을 대신하는 '보편수학'을 창안할 계획을 가지고 있었다. 다시 말해서 그들은 용어체계를 엄격하고 명백하게 규정한 보편언어를 제정함으로써, 보편언어를 순수 형식적으로 조작할 수 있을 것이라는 이상을 지니고 있었다.

홉스와는 달리 데카르트와 라이프니츠는 이런 계획을 현실화하기 위한 원리 정립의 어려움을 잘 알고 있었다. 데카르트는 보편언어의 용어를 정의하는 것은 원만한 동의에 의해서는 도달될 수 없고 인간의 지적 체계 전체를 형성하는 단순관념과 복합관념에 대한 신중한 분석의 결과여야 한다고 생각했으며, 그래서 '보편수학'의 정확한 언어는 '진정한 철학'으로부터 유래될 수밖에 없다고 생각했다. 그래야만 사람들은 반성 혹은 상상(그 시대의 용어로는 사변) 그리고 현실적 감각 경험에 주어진 사물에 관한 사고작용을 일종의 용어와 진술의 미적분법으로 대체시킬 수 있을 것이고, 또한 방정식의 풀이와 같이 오류 없이 추론해 정확한 결론을 끌어낼 수 있을 것이라고 생각했다.

라이프니츠는 데카르트의 이런 관점을 옹호하면서 '보편수학'의 적용 범위를 상상력의 영역에 속하는 것들에만 범주적으로 제한했다. 따라서 라이프니츠는 '보편수학'을 상상력의 논리학일 뿐이라고 봤다. 그렇기 때문에 모든 형이상학은 보편수학의 범위에서 제외됐으며 사고·행동은 물론 논리적 근거를 지니는 보통의 수학 영역마저도 마찬가지로 제외됐다. 이 얼마나 본질적인 제한인가! 어쨌든 사고는 '보편수학'의 관할 밖에 있었다.

역설적이지만 라이프니츠가 논리학을 특수한 기호 이론으로 이해한 로크의 입장을 순수 유명론으로 분류한 것은 놀라운 일이 아니다. 라이프니츠는 논리학을 그렇게 기호 이론으로 이해함으로써 나타나는 난점들을 분명히 밝히고 있다. 무엇보다도 그는 "추론, 판단, 발명의 과학은 단어의 어원이나 쓰임에 관한 지식과는 완전히 다르다. 단어의 어원이나 쓰임에 관한 지식은 임의적이어서 규정할 수 없다. 더구나 우리가 단어를 설명하고자 할 때는 사전에 있는 그대로 그 단어를 사용하는 모든 과학들을 살펴봐야 하는 반면, 어떤 과학에 종사할 때는 동시에 그 용어에 대한 하나의 정의를 부여해야만 한다"고 말했다.[6]

로크는 스토아 철학자들을 계승해 철학을 상이한 세 층의 과학(논리학, 물리학, 윤리학)으로 분류했지만, 라이프니츠는 하나의 지식, 하나의 진리가 이론적인 기능(물리학), 실천적인 기능(윤리학), 용어상의 기능(논리학)을 수행하는 세 가지 다른 측면들로 이뤄져 있다고 주장했다. 그래서 라이프니츠에 따르면 전통적 논리학은 단순히 지식의 용어상의 측면에 상응하거나 혹은 "편람에서처럼 용어의 배열"에[7] 상응한다. 물론 이런 체계적 분류는 아주 적절한 것이었지만, 사고의 과학에 관한 것은 아니었다. 왜냐하면 라이프니츠는 사고를 더욱 심오한 것으로 평가했기 때문이다. 그는 사고에 관한 진정한 이론을 형이상학으로 분류했는데, 이것은 스토아 철학자들을 따르지 않고 아리스토텔레스의 용어법과 그의 논리학의 본질을 따른 것이다.

그러면 왜 사고는 '형이상학'의 틀 내에서 탐구돼야 하는가? 중요한 것은 사고에 관한 이론적 이해가 어느 분과에 속하는지를 제시하는 것이 아니라, 본질적인 철학적 문제를 해결하는 명확한 접근방법을 제시하는 것이다. 사실 모든 이론가들은 다음과 같은 난점에 끊임없이 직면한다. 즉, 지식(개념, 이론적 구성, 관념 등의 총체)과 그 대상 소재를 연결시키는 것은 무엇인가? 전자(지식)는 후자(대상)와 일치하는가? 어떤 사람이 믿고 있는 개념이 그의 의식 밖에 존재하는 실재와 일치하는가? 그리고 일반적으로 그것은 검증될 수 있는가? 만약 검증될 수 있다면, 어떤 방법으로 가능한가?

실제로 아주 복잡한 문제들이다. 긍정적 대답의 경우, 명백해 보임에도 불구하고, 입증하기란 그렇게 간단하지 않다. 부정적 대답의 경우, 대상은 인식과정에서 지각과 이성의 '특수한 본성'이라는 프리즘에 의해 굴절되기 때문에 우리는 굴절 결과의 형태로만 대상을 알게 된다는 논증을 근거로 삼아 입증할 수 있다. 그렇다고 해서 결코 의식 밖에 있는 사물들의 '존재'가 부정되는 것은 아니다. 다만 한 가지, 우리가 알고 있고 이해하고 있는 것처럼 그렇게 사물들이 '실제로' 존재하는지 존재하지 않는지를 검증할 가능성이 거부될 뿐이다. 의식 속에 주어진 것과 의식 밖에 있는 것을 비교하는 것은 불가능하다. 왜냐하면 내가 알고 있는 것과 내가 모르는 것, 즉 내가 이해하지 못하고 지각하지 못하는 것을 비교하기란 불가능하기 때문이다. 사물에 관한 나의 관념과 그 사물을 비교할 수 있으려면, 비교하기 전에 다시 그 사물을 인식해야 한다. 말하자면 그 사물을 다시 하나의 관념으로 변형시켜야만 한다. 그래서 비록 나는 관념과 사물을 비교한다고 생각할지라도, 실제로는 언제나 관념과 관념을 비교할 뿐이다.

비슷한 대상들만이 비교될 수 있다는 것은 지극히 당연한 일이다. 무게 단위와 길이 단위를 비교하거나 스테이크의 맛과 정사각형의 대각선을 비교하는 것은 무의미하다. 그런데 우리가 굳이 스테이크와 정사각형을 비교하고자 한다면, 더는 '스테이크'와 '정사각형'을 비교할 수 없고, 다만 두 대상 모두 지니고 있는 기하학적이고 공간적인 형식만을 비교할 수 있을 뿐이다. 한 사물과 다른 사물의 '특수한' 성질은 일반적으로 비교될 수 없다.

"음절 A와 책상 사이의 거리는 얼마인가 하는 물음은 무의미하다. 두 사물의 거리에 관해서 언급할 때, 우리는 사실은 공간 내에서 두 사물의 차이를 말하는 것이다. … 그래서 우리는 그것들을 공간적 존재로서 동등하게 취급한다. 공간의 측면에서 두 사물을 동등하게 한 후에, 우리는 그것들을 공간의 다른 지점을 점유하는 것으로 구별한다. 공간에 속한다는 것은 그것들의 공통적 성질이다."[8] 바꿔 말하면 우리가 두 대상 사이의 어떤 관계를 정립하고자 할 때, 한 대상 '음절 A'와 다른 대상 '책상', '스테이크' 혹은 '정사각형' 등을 구성하고 있는 '특수한' 성질들을 비교하는 것은 아니다. 오히려 열거한 사물들에 존재하는 특수한 성질과는 다른, 제3의 성질을 비교한다. 비교된 사물들은 그 사물들 모두에 본래적으로 존재하면서 공통적인 이 '제3의' 성질의 다른 변양들로 간주된다. 그래서 두 사물의 본성 가운데에 공통적인 '제3의' 성질이 없다면, 두 사물의 차이란 아무런 의미가 없다.

'개념'('관념')과 '사물'은 어떤 관계에 있는가? 그 둘이 비교되고 구별될 수 있는 어떤 특수한 '공간'을 상정할 수 있는가? 직접 보이는 차이에도 불구하고 그것들에 공통적인 제3의 성질이 보편적으로 존재하는가? 관념과 사물에서 다른 방식으로 표현되는 공통적 실체가 없다면, 관념과 사물 사이의 본래적인 필연적 관계를 정립하는 것은 불가능하다. 기껏해야 우리는 천체에 있는 발광체의 위치와 인간생활에서 발생하는 사건 사이에 일회적으로 맺어지는 관계와 비슷한 외적 관계만을 이해할 수 있을 뿐이다. 다시 말해서 각각의 특수한 법칙에 따라 진행되는 아주 이질적인 사건들의 두 질서 사이의 외적 관계 정도로 이해할 수 있을 뿐이다. 그럴 경우 논리적 형식이란 신비스럽고 표현할 수 없는 것이라는 비트겐슈타인Wittgenstein의 주장은 정당화될 것이다.

그러나 관념과 실재 사이의 관계에는 여전히 또 다른 난점이 도사리고 있다. 관념일 수도 없고 동시에 물질적 실재일 수도 없지만 그 둘의 공통적 실체를 구성하는 어떤 종류의 특수한 본질에 대한 탐구, 다시 말해 어떤 때는 관념으로 다른 때는 존재로 나타나는 '제3의' 것에 대한 탐구가 결국 어디에 이르게 될지를 우리는 알고 있다. 왜냐하면 관념과 존재는 상호 배타적인 개념이기 때문이다. 관념인 것은 존재가 아니고, 존재인 것은 관념이 아니다. 그러면 일반적으로 그 둘은 어떻게 비교될 수 있는가? 일반적으로 그 둘의 상호 작용의 토대는 무엇인가? 그 둘이 어떤 면에서 '동일하다'는 것은 무엇을 뜻하는가?

이런 난점은 데카르트에 의해 논리적 형식으로 적나라하게 표현됐다. 어쨌든 이 문제는 일반적으로 철학의 중심문제이고, 사고 밖에 독립적으로 존재하는 실재, 즉 공간과 시간 속에 존재하는 사물세계와 '사고'의 관계문제이며, 사고형식과 실재의 일치문제다. 다시 말해서 진리의 문제이고, 전통적인 철학적 언어로 표현하자면 '사고와 존재의 동일성에 관한 문제'다.

'사고'와 '사고 밖의 사물'이 동일하지 않다는 사실은 누구에게나 분명하다. 철학자만이 그것을 알 수 있는 것은 아니다. 주머니 속에

100루블(또는 100파운드나 100달러)이 있다는 것과 그 돈이 단지 상상, 즉 사고 속에 있다는 것이 별개의 사실임을 누구나 알고 있다. 분명히 개념은 두뇌 속에 있는 특수한 실체의 상태일 뿐이다(더구나 우리는 이런 실체를 두뇌 조직으로 혹은 심지어 두뇌 조직에 살고 있는 희미한 영혼의 에테르로 설명할 수도 있고, 또 두뇌 조직의 구조로 나아가서 두뇌 내부에서 발생하는 사고작용의 형태를 띠는 내적 언어의 형식적 구조로 설명할 수도 있다). 그러나 그 대상 소재는 두뇌 외부에, 두뇌를 초월한 공간 속에 있으며 더구나 사고의 내적 상태, 관념, 두뇌, 언어 등등과는 아주 다른 것이다.

이런 자명하게 존재하는 사물을 이해하고 고찰하기 위해서 반드시 데카르트의 입장을 받아들일 필요는 없다. 오히려 사고와 공간 속의 사물세계가 서로 다른different 현상일 뿐 아니라 또한 직접적으로 대립되는opposite 현상이기도 하다는 사실을 규명하기 위해서 데카르트의 입장을 엄밀히 분석할 필요가 있다.

이런 난점으로부터 야기되는 문제를 이해하기 위해서, 다시 말해 이 두 세계(한편은 개념, 즉 사고의 내적 상태의 세계, 다른 한편은 외적 공간의 사물세계)가 어떤 방식으로 서로 일치하는가 하는 문제를 이해하기 위해서, 데카르트의 명석하고 일관된 이해방식을 원용할 필요가 있다.

데카르트는 그런 난점을 다음과 같이 표현했다. 사물의 존재가 연장(延長; 공간의 점유)을 통해 규정되고, 사물의 공간적·기하학적 형식이 주관 외부에 존재하는 객관적 형식이라면, 사유는 단순히 공간형식으로는 설명되지 않는다. 사유 일반의 공간적 특징은 사유 일반의 특수한 본질과 아무 관계가 없다. 사유의 본질은 공간적·기하학적 표상表象과는 공통점이 전혀 없는 '개념'을 통해 드러난다.

또 데카르트는 이런 입장을 다음과 같은 방식으로 표현했다. 즉 사유와 연장은 실제로 다른 두 실체이고, 각각의 실체는 다른 어떤 것도 필요 없이 그 자신을 통해서만 규정되고 존재하는 것이다. 사유와 연장 사이에는 특수한 정의로 표현될 수 있는 **공통점**이 없다. 달리 말하면 사유에 관한 일련의 정의 가운데 연장에 관한 정의의 일부분이라도 될 수 있는 속성은 하나도 없으며, 그 역도 마찬가지다. 그런데 공통적 속성이 없다면, 사유로부터 존재를 합리적으로 연역(도출)하는 것은 불가능하며, 그 역도 마찬가지다. 왜냐하면 연역은 '매개용어', 즉 관념의 정의에 포함되는 용어이면서 동시에 의식 밖에 (사유 밖에) 존재하는 사물의 정의에도 포함되는 어떤 용어를 요하기 때문이다. 일반적으로 사유와 존재는 서로 **접촉**할 수도 없다. 왜냐하면 사유와 존재의 경계(접촉선 혹은 심지어 접촉점마저도)는 양자를 분리시킴과 동시에 결합시키는 것을 의미하기 때문이다.

양자의 접촉이 불가능하다면, 사유는 연장된 사물을 규정할 수 없고, 사물도 정신적 표상을 규정할 수 없다. 말하자면 사물과 사유는 서로 관통하거나 침투하지 못하고 어디에서도 서로 만나는 경계를 가지지 못한다. 사유 자체는 연장된 사물에 영향을 줄 수 없고 사물도 사유에 영향을 줄 수 없다. 각각은 그 자체 내에서 맴돈다.

그렇다면 이제 다음과 같은 문제가 직접적으로 제기된다. 인간 개체에서 사유와 육체적 기능이 어떻게 결합돼 있는가? 사유와 육체적 기능이 결합돼 있다는 것은 명백한 사실이다. 인간은 공간적으로 한정된 자신의 육체를[*] 의식적으로 통제할 수 있다. 즉 그의 정신적

---

* body는 문맥에 따라 육체, 신체, 물체 등으로 번역했다.

충동은 공간적 운동으로 변형되고, 인간 유기체(감각)의 변화를 유발하는 육체의 운동은 정신적 상像으로 변형된다. 이것은 결국 사유와 연장된 육체가 어떤 방식으로든 상호작용하고 있음을 의미한다. 그렇다면 어떻게 상호작용하는가? 상호작용의 본질은 무엇인가? 사유와 육체는 어떻게 서로를 규정하고 제한하는가?

상상의 영역에서 사고에 의해 그려진 궤도, 가령 방정식으로 기술된 하나의 곡선이 실재 공간 속에 있는 동일한 기하학적 곡선과 일치함을 입증하는 일이 어떻게 가능한가? 이것은 사고 내에 존재하는 곡선의 형태(다시 말해서 방정식의 대수적 기호라는 '크기'의 형태)가 그에 상응하는 실재 공간의 곡선, 즉 두뇌 밖의 공간인 종이 위에 그려진 곡선과 일치함을 의미한다. 하나는 사고 속에 존재하고 다른 하나는 실재 공간 속에 존재하는 분명히 동일한 곡선이다. 그래서 내가 사고(낱말과 기호의 의미로 이해된 것)와 일치하게 작도할 때, 그것은 동시에 사고 밖의 사물의 형태(이 경우에는 기하학적 외형)와 정확히 일치하게 작도하는 것이다.

만약 '사고 속의 사물'과 '사고 밖의 사물'이 '다른' 것일 뿐 아니라 절대적으로 '대립적'인 것이라면, 어떻게 서로 동일할 수 있을까? 절대적으로 대립적이라는 말은 정확하게 그 둘 사이에 아무런 공통점도 없고 동일한 것도 없으며, 동시에 '사고 밖의 존재'라는 개념과 '사고 속의 존재', 즉 '상상의 존재'라는 개념 사이의 기준이 될 수 있는 속성이 하나도 없다는 것을 의미한다. 그렇다면 도대체 두 세계가 어떻게 서로 일치할 수 있는가? 더구나 절대적으로 아무런 **공통점과 동일성이 없는** 두 세계가 우연히 일치하는 것이 아니라 체계적이고 규칙적으로 일치한다는 것이 어떻게 가능한가? 이 물음은 모든 데카르트주의자들, 즉 데카르트 자신을 비롯해 횔링크스Geulincx,

말브랑슈Malebranche 그리고 수많은 데카르트 추종자들을 곤경에 빠뜨렸던 문제다.

말브랑슈는 여기서 발생하는 원리적 난점을 다음과 같이 재치 있게 표현했다. 비엔나가 포위돼 공격을 당하고 있을 때, 그 도시를 방어하는 사람들은 터키 군대를 의심 없이 '상상 속에 있는 터키 사람'으로 이해했다. 그런데 비엔나를 방어하는 사람들의 공격으로 죽은 사람들은 바로 실재의 터키 사람들이었다. 여기서의 난점은 분명하다. 사고에 관한 데카르트주의자들의 관점으로는 절대로 해결할 수 없다. 왜냐하면 비엔나를 방어하는 사람들은 그들의 두뇌 속에 있던 터키 사람들의 상에 따라서, 즉 '상상의' 터키 사람들과 일치하게, 그들의 두뇌 속에서 계산된 궤도에 따라 포탄을 겨냥하고 발사했다. 그리고 그 포탄은 그들의 두뇌 밖에 있을 뿐 아니라 성벽 밖에 있던 공간 속의 실재 터키 사람들 가운데에 떨어졌다.

아무런 공통점이 없는 두 세계, 즉 사고 속의 세계와 공간 속의 세계가 일치한다는 사실이 어떻게 가능할까? 왜 그럴까? 데카르트, 휠링크스, 말브랑슈 등은 '신은 알고 있다'고 대답했다. 다시 말해서 우리 인간의 관점으로는 설명할 수 없다. 신만이 이 사실을 설명할 수 있다. 신은 대립되는 두 세계를 일치시킨다. 여기서 '신'이라는 개념은 '이론적' 구성물로 나타난다. 이런 이론적 구성물을 통해, 정의定義상으로는 완전히 반대되는 현상들이 결합돼 있고 일치하고 있으며 아마도 통일돼 있다는 사실을 설명하고 있다. 신은 '연결고리'로서 사고와 존재, 정신과 육체, 개념과 대상, 그리고 기호와 낱말의 영역에서의 활동과 (두뇌 외부에 있고 기하학적으로 한정된) 실재 세계의 영역에서의 활동 등을 결합시키고 일치시키는 '제3의' 것이다.

'사고'와 '사고 밖의 존재'가 절대적으로 대립하지만 그럼에도 서로 일치하고 결합돼 있으며 필연적으로 상호작용하고 상호 연관돼 있다(그래서 동일한 어떤 상위의 법칙에 종속돼 있다)는 이 엄연한 변증법적 사실과 직접적으로 부딪쳤을 때, 데카르트주의자들은 신학 앞에 굴복했다. 그들은 그들의 관점으로 해결할 수 없는 사실을 신의 이름으로 제시하고 그것을 '불가사의하게', 다시 말해서 초자연적 힘을 자연적 사건의 인과적 연쇄에 직접 개입시킴으로써 해명했다.

분석기하학의 창시자 데카르트는 곡선의 공간적 상에 '상응하는' 방정식을 통해, 그 곡선을 대수적으로 표현하는 근거를 도저히 합리적 방식으로 설명할 수 없었다. 그는 신 없이 처리할 수 없었다. 왜냐하면 데카르트는 기호(기호의 수학적 의미)에 근거하고 기호에 따르는 활동, 다시 말해서 '순수한 사유' 속에서 이뤄지는 활동은 공간적으로 한정된 사물의 영역에서 수행되는 실재적인 육체의 활동, 즉 사물의 실재적인 외형에 따르는 활동과 아무런 공통점이 없다고 봤기 때문이다. 전자는 정신(혹은 사유 자체)의 순수한 활동인 반면, 후자는 외적 물체의 외형(공간적이고 기하학적인 윤곽)에 준해서 움직이기 때문에 전적으로 공간적인 물질적 외부세계의 법칙에 지배받는 육체의 활동이다.

(이 문제는 오늘날 '수리철학'에서 첨예하게 제기되고 있다. 만약 수학적 구성물이 모든 외적 규정으로부터 자유로운 수학자들의 창조적 지성의 구성물로 취급된다면, 오로지 논리적 규칙들에 의해 획득된다면 ─ 데카르트를 이어받아 수학자들 자신도 이렇게 해석하는 경향이 종종 있다 ─ 도대체 외적 경험의 사실들이 순수 논리적 계산이나 지성의 순수한 활동에 의해 획득된 결과물과 어째서 그 수학적 표현에서 계속 일치하는지를 설명할 수 없다. 이것은 절대로 해결될 수 없다. 오직 신만이 구제할 수 있다.)

달리 표현하면 이런 절대적 대립물('사유'·'정신'과 '연장'·'육체')의 동일성은 데카르트에 의해 하나의 사실적 원리로 인식됐다. 이런 사실적 원리 없이는 분석기하학의 착상은 심지어 불가능했을 것이다. 그러나 이와 같은 동일성을 신의 행위에 의해, 즉 사유와 존재, 정신과 육체의 상호관계에 신을 개입시킴으로써 설명했다. 더구나 데카르트주의자들의 철학, 특히 횔링크스와 말브랑슈의 철학에서 신은 천상의 성좌에서 인간의 육체와 정신을 지배하고 정신의 활동과 육체의 활동을 통합하는 전통적 가톨릭교의 정통 신으로 이해될 수 있다.

이상에서 언급한 것은 유명한 정신물리학적 문제의 본질을 이루고 있다. 이처럼 정신물리학적 문제 내에서, 철학의 중심문제에 관해 역사적으로 제한된 한계에서 구체적으로 정식화한 것을 이해하기란 그렇게 어렵지 않다. 낱말과 기호를 조작하는 규칙이 아니라, 사고(논리)를 이론적으로 이해하는 문제는 결국 철학 혹은 다소 고답적인 표현인 형이상학의 근본적 물음을 해결하는 길이다. 나아가서 문제를 아주 명료하게 제기하고 그 문제를 해결하는 방법을 알았던 고전 철학자들의 순수 이론적 사고 문화의 전통을 온전히 이해하는 길이기도 하다.

2장
실체의 속성으로서의 사고: 스피노자

스피노자Spinoza는 논리학의 발전과정과 논리학의 주제에 관한 근대적 관점의 토대를 마련하는 과정에서 비록 완벽하게 수행하지는 못했지만 중요한 역할을 담당했다. 라이프니츠와 마찬가지로 스피노자는 그 시대의 기계론적인 자연과학의 한계를 상당 정도 극복했다. 그는 기계론적이고 수학적인 자연과학의 영역 내에서만 유용한 사고의 편협한 형식과 방법을 직접 보편화하는 모든 경향을 멀리했다.

논리학이 실체이론과 뗄 수 없는 관계에 있다고 봤기 때문에 스피노자는 논리학을 의학과 마찬가지로 일종의 응용 분과로 취급했다. 왜냐하면 논리학의 관심사는 인위적 규칙을 발명하는 일이 아니라 인간의 지성과 사고의 법칙을 통일적으로 해명하는 일이기 때문이다. 이때 사고는 자연 전체의 '속성' 또는 우주 질서와 사물들의 연관관계를 '표현하는 형식'으로 이해된다. 스피노자는 또한 속성이라는 개념에 근거해 논리적인 문제들을 풀고자 했다.

스피노자는 사고를 아주 깊이 있게 탐구했기 때문에 본질적으로 사고를 변증법적으로 이해했다. 이 때문에 변증법의 역사에서 그의 사상과 관점은 특별한 관심을 불러일으키고 있다. 아마도 그는 마르크스 이전 시대의 위대한 사상가들 중에서 인간 두뇌 밖에 있는 외적 세계와 사고의 관계를 이해하는 데 변증법적 사고방법과 유물론적 원리(이 원리는 그의 체계의 모든 곳에서 엄격하게 적용되고 있다)를 일관되게 결합시킬 줄 알았던 유일한 사상가일 것이다. 변증법적 사고의 발전과정에서 스피노자 사상의 영향은 지대하다. "스피노자주의의 입장을 견지하면서 사고를 이해해야만 한다는 사실은 주목할 만한 가치가 있다. 스피노자의 추종자가 된다는 것은 모든 철학의 본질적 시작이다."[1]

그러나 종교적인 정통 스콜라철학은 주관적 관념론 철학과 동맹해 스피노자를 '죽은 개'처럼 매도했고, 당대의 위험스러운 적대자로 취급했다. 초보적 분석만으로도 스피노자의 주된 사고원리들이 근대 실증주의에 의해 전개된 '사고' 개념과 도처에서 직접적으로 모순을 일으키고 있음을 알 수 있다. 최근 20세기의 체계들도 여전히 스피노자와 첨예하게 대립하고 있다. 그렇기 때문에 스피노자의 사고개념의 이론적 토대를 아주 신중하게 분석해 사고개념의 원리들을 명료하게 드러내 보일 필요가 있다. 스피노자의 사고개념의 원리는, 표현 방식은 약간 다를지라도, 오늘날까지 가장 중요한 과학적 사고의 원리로 남아 있고, 변증법적 사고를 반대하는 사람들에 의해서도 아주 치열하게 논의되고 있다.

헤겔은 일찍이 스피노자 철학이 아주 단순하고 이해하기 쉽다고 지적했다. 실제로 스피노자의 사고원리는 모든 철학의 본질적 단초, 즉 철학체계를 하나의 과학으로 구축할 수 있는 실질적 토대가 된다. 더구나 그의 사고원리는 아주 명쾌하면서 동시에 모든 제약이나 애매성으로부터 벗어나 있다.

그러나 이 명쾌한 원리들을 명료하게 드러내 보이는 것은 그렇게 쉽지가 않다. 왜냐하면 그 원리들은 스피노자 체계의 '외피', 말하자면 방어용 갑옷을 이루고 있는 형식논리학과 연역적 수학의 견고한 구조로 장식돼 있기 때문이다. 바꿔 말해 스피노자의 실질적 사고 논리는 그의 '공리', '정리' 그리고 그것들의 증명체계에 관한 형식논리와는 전혀 일치하지 않기 때문이다.

마르크스는 페르디난트 라살F Lassalle에게 보낸 편지에서 "연구 성과를 하나의 체계적인 형식으로 제시했던 철학자들, 예컨대 스피노자조차도 그 체계의 실질적인 내적 구조는 그가 의식적으로 제시했던 형식과는 아주 다르다"고 썼다.[2]

이제 우리의 임무는 스피노자가 그의 주요 저서인 《윤리학》(Ethics)을 확립했던 이론적 토대나 그의 유명한 '기하학적 방법'을 통해 그 토대로부터 끌어냈던 결론을 다시 한 번 부연해 설명하는 일일 수는 없다. 그럴 경우라면 차라리 《윤리학》이라는 책 자체를 단순히 복사하는 편이 훨씬 적절할 것이다. 우리의 임무는 독자들이 그 형식적 표현과 전혀 일치하지 않는 그의 체계의 '실질적인 내적 구조'를 이해하는 데 도움을 주는 일이다. 다시 말하면 그의 사상의 실질적 초석을 보여 주고, 그로부터 어떤 실질적 결론을 끌어냈거나 끌어낼 수 있었는지 그리고 아직도 논의 대상이 되고 있는 점이 무엇인지를 제시하는 일이다.

그것은 오직 한 가지 방법을 통해서만 가능하다. 그 방법이란 스피노자가 어떻게 자신의 사고를 구체화하고 자신과 다른 사람들을 위해 어떤 용어로 그것을 표현했는가 하는 문제와는 전혀 무관하게, 그의 사고가 부딪혔던 실질적 문제를 보여 주는 것이다(다시 말해서 그 문제를 우리 시대의 언어로 표현하는 것이다). 그런 후에 그가 문제 해결의 근거로 삼았던 실질적 원리들(다시 말하거니와 그 원리들에 관한 스피노자 자신의 체계와는 무관하게)이 무엇인지를 추적하는 것이다. 그러면 스피노자가 그 시대의 실질적 문제를 유일하게 엄밀히 정식화하는 데 성공했다는 사실이 분명해질 것이다. 물론 이 문제는 다른 형식으로 정식화돼 있기는 하지만 오늘날에도 여전히 중요한 문제로 남아 있다.

우리는 이 문제를 앞 장에서 간명하게 언급했다. 스피노자는 이 문제에 대한 아주 단순한 해결책을 발견했고, 그 해결책의 단순함은 그의 시대와 마찬가지로 오늘날에도 명쾌하다. 스피노자가 제시하는 해결책이란 문제가 잘못 제기됐기 때문에 해결할 수가 없다는 것이다. 신이 정신(사유)과 육체를 하나의 복합체로 결합시키는 방법, 그리고 결합시키는 '행위'가 있기 전에 애초부터 서로 분리돼 존재하는 정반대되는 두 원리로 제시하는 방법(그 결과 정신과 육체는 분리되고 난 다음에도 존재할 수 있게 된다. 이는 영혼불멸설의 또 다른 정식화 내지는 기독교 신학과 윤리학의 초석 가운데 하나일 뿐이다)에 대해 골머리를 앓을 필요가 없다는 것이다. 사실 그런 상황이란 있을 수 없고, 따라서 '결합' 혹은 '통일'의 문제도 있을 수 없는 것이다.

근원적으로 반대되는 두 가지 탐구대상 ― 육체와 사유 ― 은 없고, 오직 하나의 대상만 있을 뿐이다. 그것은 서로 반대되는 두 측면을 모두 고려할 수 있도록 **사유하는 육체**를 지닌 살아 있는 현실의 실재 사람(혹은 우주 어딘가에 있을지도 모르는 사람과 비슷한 존재)이다. 우리에게 익숙한 사유하는 육체를 가지고 사유하면서 살아가는 현실의 사람은 데카르트의 주장처럼 '사유를 결여한 육체'와

'육체를 결여한 사유'라는 두 개의 반쪽으로 이뤄져 있지 않다. 현실의 사람과 관련해서 볼 때 '사유를 결여한 육체'와 '육체를 결여한 사유'는 똑같이 불합리한 추상물들이다. 따라서 똑같이 불합리한 두 개의 추상물로부터 사유하는 실재의 사람 모양을 만들 수는 없는 것이다.

이것이 전체 체계의 실질적 '요지'이고, 대체로 이해하기 쉬운 아주 단순한 진리다.

사유하는 것은 신에 의해 인간의 육체 속에 임시로 자리 잡고 있는 특별한 '정신'이 아니라 오히려 인간의 육체 자체. 다른 물체들 사이에 자신의 공간적 윤곽이나 위치를 점유하는 성질을 지닌 연장이 육체의 속성이고 존재양태이듯이, 사유도 육체의 속성이고 존재양태이다.

스피노자는 이렇게 단순하고 심오한 생각을 그 시대의 언어를 통해 다음과 같은 방식으로 표현했다. 즉, 사유와 연장은 데카르트가 생각했던 것처럼 특별한 두 실체가 아니라 동일한 실체의 두 가지 속성일 뿐이다. 다시 말해서 서로 분리돼 완전히 독립적으로 존재할 수 있는 특별한 두 대상이 아니라 동일한 것이 상호 대립적으로 현상되는 두 가지 측면, 두 가지의 다른 존재양태, 제3의 것을 표현하는 두 가지 형식일 뿐이다.

제3의 것이란 무엇인가? 스피노자는 실재하는 무한한 자연이라고 대답했다. 그것은 공간을 점유하면서 동시에 '사유하는' 자연이다. 데카르트 형이상학의 난점은 실재 세계와 단지 상상되거나 사유된 세계의 차이를 연장, 즉 공간적·기하학적으로 규정했기 때문에 생겨났다. 그러나 연장 '그 자체'는 바로 상상 속에, 사유 속에만 존재한다. 그 자체와 관련해서 볼 때 연장은 '빈 공간'의 형태로, 다시 말해서 한정된 기하학적 형태는 전혀 없이 사유될 뿐이다. 스피노자가 말했듯이 공간적이고 기하학적인 속성만을 자연에 돌리는 것은 자연을 불완전한 형태로 생각하는 것이다. 다시 말해서 자연을 완성하는 측면 가운데 하나를 미리 부정하는 것이다. 그 경우 자연으로부터 한 측면이 제거된 완성물이 어떻게 다시 자연을 완성시킬 수 있을 것인가 하는 의문이 제기될 것이다.

동일한 논법이 사유에도 적용된다. 사유 그 자체는 빈 공간과 동일한 종류의 불합리한 추상이다. 실제로 사유 자체는 공간적 속성을 지니고 있는 바로 그 육체의 성질·술어·속성일 뿐이다. 달리 표현하면 우리는 사유 자체에 관해서는 전혀 말할 수 없다. 사유는 육체로부터 분리돼 독립적으로 존재하는 실재가 아니라 '자연의 물체들'의 존재양태일 뿐이다. 사유와 공간은 그 자체로 존재하지 않고, 이 양자를 포함하는 무한한 전체와 상호작용하는 '자연의 물체들'로 존재할 뿐이다.

스피노자는 사유를 단순하게 변화시킴으로써 '정신물리학적 문제'에 관한 고르디우스의 매듭을* 끊었다. 그러나 이 문제는 철학·심리학·고등신경생리학, 그리고 그 밖의 해당 과학들 — 사유와 육체, 정신적인 것과 물질적인 것, 관념적인 것과 실재적인 것의 관계에 관한 예민한 주제를 이런저런 방식으로 다뤄야만 하는 여러 과학들 — 에 종사하는 대다수의 이론가들과 학파들을 여전히 괴롭히고 있는 해결하기 어려운 문제다.

---

* 고르디우스의 전차에는 아무도 풀지 못하는 아주 복잡한 매듭이 묶여 있었는데, 그 지역을 지나던 알렉산더대왕이 칼로 끊어 버렸다는 전설의 매듭이다. 대담한 방법으로 문제를 풀 수 있다는 속담이다.

스피노자는 그 문제가 잘못 제기됐기 때문에 절대로 해결할 수 없으며, 문제를 그렇게 제기하는 것은 상상의 소산일 뿐이라는 사실을 보여 줬다.

실제로 자연이 자명하게 수행하는 활동, 즉 흔히 '사고작용'이라고 불리는 바로 그런 활동은 인간을 통해 이뤄진다. 자연 자체는 인간을 통해 사고하지 결코 외부로부터 자연 속에 주입된 어떤 특별한 실체·근원·원리 때문에 사고하지는 않는다. 따라서 자연이 스스로 사고하면서 자기자신을 인식하고, 자기자신을 감각하고 자기자신에 의거해 활동하는 것은 인간을 통해서 가능하다. 그리고 데카르트가 사유의 양태들로 묘사했던 '추리', '의식', '관념', '감각', '의지' 그리고 다른 특별한 작용들은 자연 전체에 고유한 하나의 성질, 즉 자연의 속성들 가운데 하나의 속성을 나타내는 여러 양태들일 뿐이다.

사고작용이 언제나 공간적으로 한정된 자연적 육체에 의해 수행되는 활동이라면, 사고작용 자체도 공간적으로 표현되는 활동이다. 그렇기 때문에 데카르트주의자들이 찾고 있었던 사고작용과 육체적 활동 사이의 인과관계는 없으며 또 있을 수도 없다. 그들은 사고작용과 육체적 활동 사이의 인과관계가 자연 속에 존재하지 않는다는 단순한 이유 때문에, 그것을 찾지 못했던 것이다. 요컨대 데카르트주의자들은 사고와 육체가 분리돼 존재하면서 상호작용할 수 있는 두 가지 다른 대상들이 결코 아니라 다른 두 측면 또는 양태로 간주되는 동일한 대상이라는 점 때문에 좌절했다.

육체와 사고 사이에는 인과관계는 없고, 단지 하나의 기관(공간적으로 한정된 육체)과 그 기관의 활동양식 사이의 관계만 있다. 사고하는 육체는 사고에 변화를 일으킬 수도 없고, 사고에 영향을 미칠 수도 없다. 왜냐하면 사고하는 육체의 존재가 사고이기 때문이다. 사고하는 육체가 아무런 활동도 하지 못한다면 그것은 더는 사고하는 육체가 아니라 단순히 물체일 뿐이다. 그러나 사고하는 육체가 활동을 할지라도 사고에 영향을 주지는 못한다. 왜냐하면 바로 사고하는 육체의 활동이 사고이기 때문이다.

담즙이 간에 들어 있고 땀이 땀샘에 들어 있는 것과 같은 방식으로, 공간적으로 표출되는 사고활동이 마치 육체와 다른 하나의 특별한 '실체'처럼 그 활동을 수행하는 육체에 들어 있을 수는 없다. 예컨대 마치 보행이 다리의 활동양식이고 보행 공간이 보행의 산물인 것처럼, 사고작용은 활동의 산물이 아니라 그 활동을 수행하는 순간에 고찰되는 **활동 그 자체다**. 사고작용의 결과나 산물은 오로지 공간적으로 표현되고 기하학적으로 진술되는 육체상의 변화이거나 혹은 다른 물체들과 연관된 육체의 위치 변화다. 그래서 하나가 다른 하나의 원인이 된다고 말하는 것은 불합리하다. 사고작용은 공간적으로 나타나는 육체의 변화를 일으키는 것이 아니라 단지 육체를 통해서(혹은 육체 내에)만 존재하며 그 역도 마찬가지다. 다른 물체들의 영향으로 야기된 육체 내에서의 어떤 변화가 아무리 미세할지라도 그 변화는 직접적으로 육체의 활동양식인 사고작용에서의 변화로 나타난다.

여기서 제시되고 있는 입장은 매우 중요하다. 왜냐하면 이 입장은 사고하는 육체(두뇌, 뇌 조직) 내에서 일어나는 물질적 과정과 사고를 동일시하는 속류 유물론, 즉 기계적 유물론으로 취급될 수 있는 그 어떤 가능성도 직접 배제하고 있지만, 그럼에도 사고는 분명히 물질적 과정을 통해서 일어난다는 사실을 알려 주고 있기 때문이다.

스피노자는 사고하는 육체 내에서 구조적이고 공간적인 변화의 형태로 나타나는 것은 결코 공간적 변화 밖에서 독립적으로 발생하는 어떤 종류의 사고작용이 아니라는 사실을 잘 알고 있었을 뿐 아니라 그 역(사고의 변화는 그 변화가 일어나는 육체의 내재적 운동이 아니다)도 잘 알고 있었다. 따라서 두뇌 속에서 일어나는 공간적이고 기하학적인 변화에 대한 조사가 아무리 정교하고 철저하더라도 이를 통해 사고를 이해하는 것은 불가능하고, 또 반대로 두뇌에 존재하는 관념들에 대한 자세한 고찰로부터 두뇌 조직에서 일어나는 공간적이고 기하학적인 변화를 이해하는 것도 불가능하다. 스피노자가 끊임없이 반복했듯이 양자는 두 가지 다른 방식으로 표현된 동일한 것이다.

하나를 통해 다른 하나를 설명하려는 것은 아직 이해되지 않은 하나의 동일한 사건을 단순히 이중으로 기술하는 것이다. 비록 우리가 하나의 동일한 사건에 대해 서로 동등한 자격을 갖춘 두 가지 방식으로 정교하게 기술한다 할지라도, 그 사건 자체는 그런 기술과 무관한 '제3의 것', 즉 '하나의 동일한' 사건으로서 여전히 이해되지 못하고 설명되지 못한다. 그렇기 때문에 기술됐지만 이해되지 못한 그 사건을 일으킨 원인이 제시된 후에야 비로소 두 번 기술된(한 번은 '두뇌의 물리학'이라는 언어로, 또 한 번은 '관념의 논리학'이라는 언어로) 그 사건은 설명될 수 있고 이해될 수 있다.

주교였던 버클리Berkeley는 그 원인을 신에게 돌렸고, 데카르트·말브랑슈·횔링크스 역시 예외는 아니었다. 그에 비해 천박한 속류 유물론자는 모든 것을 감각기관과 두뇌 조직에 대한 외적 사물들의 순수 기계론적 작용으로 설명하려고 하며, 사고의 원인을 구체적 사물로 간주한다. 그리하여 구체적 사물은 특정한 순간에 우리의 신체기관에 영향을 미치고, 우리의 감각과 사고로써 경험할 수 있도록 그에 상응하는 육체적 변화를 야기한다.

스피노자는 첫 번째 설명을 종교적이고 신학적인 허황된 이론 앞에 철학이 굴복한 것으로 보고 거부했으며, 마찬가지로 사고의 원인에 대한 기계적 유물론의 피상적인 설명에 대해서도 비판적 자세를 취했다. 그는 앞의 두 입장이 데카르트가 신으로 설명할 수밖에 없었던 바로 그 난점을 방치하는 단편적 설명일 뿐이라고 아주 잘 이해했다.

우리가 '사고작용'이라고 부르는 사건을 설명하기 위해서는, 즉 사고작용의 원인을 밝히기 위해서는, 사건들의 연쇄 속에 사고작용을 포함시킬 필요가 있다(사고작용이라는 사건은 이 연쇄 속에서 우연히 일어나는 것이 아니라 필연적으로 일어난다). 이 연쇄의 '처음'과 '끝'은 사고하는 육체 내에 있는 것이 아니라 그 육체 밖에 있다.

순간적으로 우리의 눈 앞을 지나가고 감각적으로 지각된 단 하나의 개별 사태나 이런 사태들의 전체를 사고의 원인으로 설명하는 것은 정확하게 말해 아무것도 설명하지 못함을 의미한다. 왜냐하면 그런 '사태'는 마찬가지로 돌에 대해 영향(예컨대, 역학적이거나 광학적인)을 미치기는 하지만, 우리가 '사고작용'이라고 묘사하는 바로 그런 종류의 작용은 돌에서는 일어나지 않기 때문이다. 따라서 결국 사고의 원인에 대한 설명은 사고하는 육체가 외적 영향을 경험할 수 있도록, 그 영향을 굴절·변형시켜서 (돌과는 달리) 사고작용을 할 수 있는 그런 신체조직을 필연적으로 만들어 내는 인과관계를 포함해야만 한다. 이때 사고하는 육체는 외적 영향을 자기자신 내에서 일어나는 변화로 경험할 뿐 아니라 외적 사물, 즉 사고하는 육체 외부에 있는 사물의 형태로도 경험한다.

사고하는 존재는 달에서 반사된 광선에 의해 우리 눈의 망막 위에서 일어난 작용을 단순히 눈에서 일어난 역학적 자극으로 지각하지 않고 오히려 **사물 그 자체의 형태로**, 즉 눈 외부의 공간에 있는 달 모양으로 지각한다. 이것은 자아 또는 사고작용을 하는 생명체가 외적 사물에 의해 망막 위에서 생긴 결과를 지각하는 것이 아니라 오히려 전혀 다른 어떤 것, 말하자면 외적 물체의 형태(공간적이고 기하학적인 윤곽)나 위치를 지각함을 의미한다. 이 외적 물체의 형태나 위치는 역학적인 영향이나 광선의 영향의 결과 우리 내부에서 야기된 것이다. 사고하지 않는 물체와 구별되는 사고하는 육체의 활동양식인 사고에 대한 수수께끼나 그 전체적 본질은 여기에 있다. 그런데 한 물체가 그것의 작용을 통해 다른 물체에 변화를 불러일으키는 것은 쉽게 이해할 수 있다. 이것은 물리학적 개념에 의해 충분히 설명된다. 그런데 순수 물리학적 개념(그리고 스피노자 시대의 순수 역학적 개념과 기하학적 개념)만 가지고는 사고하는 육체가 외적 물체에 의해 야기된 결과를 자기 내부에서 외적 사물의 공간적 형태·윤곽·위치 등으로 느끼고 지각하는 이유와 그 방법을 설명하는 것은 어렵고 심지어 불가능하기까지 하다.

이것은 나중에 라이프니츠와 피히테Fichte가 부딪혔던 수수께끼였다. 그러나 스피노자는 일반적이고 이론적일지라도 이미 충분히 합리적인 해결책을 발견했다. 그는 사고하는 육체(두뇌)로 하여금 착각을 일으키게 만드는 물질적 메커니즘에 대한 매우 구체적인 탐구(해부학적 탐구와 생리학적 탐구를 포함하는)를 통해서만 위와 같은 문제가 충분하고도 궁극적으로 해결될 수 있으며, 순수 기하학적 개념만 가지고는 이해하기 어려운 수수께끼로 남으리라는 사실을 분명히 알고 있었다. 사고하는 두뇌가 착각을 한다는 것 ― 사고하는 두뇌가 빛의 영향으로 두뇌 내에서 발생하는 변화를 보는 것이 아니라 바로 그 '사물'을 본다는 것 ― 은 의심할 수 없는 사실이다. 이 사실은 근본적 설명을 요할 뿐 아니라 일반적 측면에서 볼 때 장차 더욱 구체적인 연구의 방향을 잡기 위한 개괄적 설명도 요한다.

생리학자나 해부학자 혹은 물리학자가 아닌 철학자가 여기에서 단언적으로 말할 수 있는 것은 무엇인가? 더구나 그가 관념의 유희에 빠져, 위에서 언급한 착각을 불러일으키는 원인이라고 생각되는 가설적 메커니즘을 만들어 내는 일 말고 무엇을 말할 수 있는가? 사고하는 육체의 내적 메커니즘에 대한 구체적이고 생리학적인 탐구와 무관하게 이미 알려져 확립된 사실들과 나아가서 눈과 두개골 안을 아주 면밀히 조사함으로써 반박하거나 의심할 수 없을 정도로 확립된 사실들의 수준에 머물러 있으면서, 철학자가 말할 수 있는 것이 과연 무엇일까?

이런 특징을 염두에 두고 특별히 주목하게 되면, 더욱 일반적인 또 다른 문제, 즉 구체적인 자연과학적 탐구와 특수과학이라고 볼 수 있는 철학의 관계문제가 도사리고 있다. 만약 우리가 철학이 '동시대의 자연과학들의 진보에 대한 순수경험적 일반화'에 의해서만 뚜렷한 성과를 이룩했다는 실증주의적 사상으로부터 출발한다면, 이 문제에 대한 스피노자의 입장을 원리적으로 이해할 수 없다. 왜냐하면 자연과학은 17세기 스피노자의 시대는 물론, 300년이 지난 오늘날까지도 우리가 직면하고 있는 문제에 대한 답을 찾지 못했기 때문이다. 더구나 스피노자 시대의 자연과학은 그런 문제가 있는지 생각조차 못 했으며, 설사 생각했다 할지라도 그 문제를 일종의 신학적 정식화로만 이해했다. '영혼' 혹은 '정신'에 대해서, 그리고 일반적으로 '정신적'·심적 삶과 관련된 그 어떤 것에 대해서도, 당시의 자연과학자들(뉴턴과 같은 위대한 사상가들조차도)은 당시 널리 퍼져 있던 환상에 사로잡혀 있었다. 그들은 정신적 삶을 기꺼이 교회에 맡겼고 교회의 권위를 겸허하게 인정했으며, 그들 자신은 오로지 주위 세계의 역학적 특성들에만 관심을 기울였다. 그리고 순수 역학에 근거해서 설명할 수 없는 모든 것은 과학적 탐구에 맡기지 않고 오히려 종교의 권능에 맡겨 버렸다.

만약 스피노자가 자신의 철학체계를 오늘날 실증주의가 그에게 추천했을 법한 그런 방법을 통해 실제로 구성하려고 했다면, 그가 제시한 체계가 어떤 것이었을지 짐작하는 것은 그리 어려운 일이 아니다. 그 역시 당대의 대다수 자연과학자들을 사로잡고 있었던 순수 역학적이면서 종교적 신비에 가득 찬 '일반적 관념들'을 제시했을 것이다. 스피노자는 종교적이고 신학적인 신비주의가 순수 기계론적(기하학적·수학적) 세계관에 대한 불가피한 보충물이라는 사실을, 다시 말해서 실재 세계의 유일한 '객관적' 성질을 오직 물체의 공간적이고 기하학적인 형태나 관계로 간주하는 관점에 대한 불가피한 보충물이라는 사실을 아주 분명하게 알고 있었다. 그의 위대함은 그가 동시대의 자연과학을 선도하는 인물들에게서 볼 수 있는 일방적이고 기계론적인 사고를 따르지 않고, 오히려 이런 사고방법을 특수 과학인 철학 고유의 개념들에 의해 구체화된 비판에 종속시켜 버렸다는 점에 있다. 엥겔스는 이런 스피노자의 사고의 특징을 아주 명확하게 제시했다. "스피노자의 사고가 당대의 제한적인 자연과학적 지식에 동요하지 않았다는 사실과, 더구나 스피노자부터 위대한 프랑스 유물론자들에 이르기까지 일관된 것인데, 스피노자의 사고가 세계를 세계 자체로부터 설명할 것을 주장하고 세세한 부분의 정당화를 미래의 자연과학에 맡겼다는 사실은 그 시대 철학의 최고의 명예라 할 수 있다."[3]

그렇기 때문에 스피노자는 갈릴레이Galilei나 뉴턴의 작업으로부터 끌어낼 수 있었던 일반적 관념들을 반복하는 그들의 후계자로서가 아니라 과학사를 발전시킨 동등한 공헌자로서 과학사에 기록될 수 있었다. 그는 스스로 철학 고유의 관점을 가지고 실재를 탐구했고, 다른 사람들이 탐구한 결과나 이미 확보된 발견들을 일반화시키지 않았으며, 당시의 과학을 지배하던 일반적 관념들과 그 당시를 특징 지은 과학적 탐구 방법인 과학의 방법론과 이를 뒷받침하는 논리학을 제시하지 않았다. 그는 이런 방법이 철학을 막다른 길로 인도하고, 그리하여 마치 온갖 환상과 편견을 포함하고 있는 당대 과학의 '일반적 관념과 방법'으로 무장한 공격부대를 배후에서 지원하는 수송부대의 역할을 담당할 수밖에 없는 처지에 철학을 빠뜨렸다고 생각했다.

그래서 스피노자는 당대의 자연과학은 전혀 제기하지 못했지만 미래의 과학에 이르러 무기화된 '사고의 일반적 관념과 방법'을 발전시켰다. 그가 발전시킨 사고의 일반적 관념과 방법으로 말미암아 그는 3세기 후의 아인슈타인Einstein에 의해 비로소 그 위대함을 인정받았다. 아인슈타인은 양자역학의 근본 문제들에 대한 보어Bohr와의 논쟁에서, 카르납Carnap이나 버트런드 러셀B Russell — 이들은 '근대 과학철학자'의 역할에 대해 논쟁을 벌이면서 스피노자의 철학을 "현대의 과학이나 철학에서는 받아들일 수 없는"⁴ 낡은 관점이라며 경멸했다 — 보다도 오히려 스피노자를 심판관으로 삼으면 좋았을 것이라고 썼다. 스피노자가 사고를, 연장 속성과 더불어 자연의 활동으로서 이해한 것은 20세기 현대 철학의 공리로 삼을 만하다. 오늘날의 진정한 과학은 참된 유물론의 관점을 견지하면서 위와 같은 공리(이것을 불신하려는 여러 시도들에도 불구하고)에 점점 더 자신감을 가지고 의식적으로 접근하고 있다.

사고 밖의(즉 인간 두뇌 밖의) 공간에 있는 물체세계와 사고의 관계문제에 관한 스피노자의 해결책, 즉 사유와 연장은 두 실체가 아니라 동일한 실체의 두 속성일 뿐이라고 정식화했던 명제는 탁월한 것이다. 이런 해결책은 정신주의적이고 이원론적으로 구성된 논리학에 의해 시도될 수 있는 사고에 대한 모든 종류의 해석과 탐구를 직접적으로 거부하고, 그래서 정신과 육체의 이원론과 헤겔주의의 막다른 길로부터 벗어나는 실질적 방도를 발견할 수 있도록 만들어줬다. 스피노자의 심오한 사상이 변증법적 유물론자인 마르크스와 엥겔스에 의해 최초로 올바르게 평가받은 것은 우연한 일이 아니다. 헤겔조차도 그 문제를 해결하지 못했다. 헤겔은 실제로 결정적 지점에서 두뇌, 감각기관, 언어, 노동 도구, 역사적 사건 등을 포함하는 인간활동과 그 결과를 망라하는 '사고하는 인간의 육체'에서 일어나는 모든 변화의 **능동적 원인**이 순수 사유라는 데카르트의 논제로 돌아왔다.

스피노자의 입장에서는 사고는 공간적 표현 이전에, 그리고 공간적 표현과 무관하게 적절한 물질 속에 단순히 존재하는 것은 아니다. 일반적으로 사람들은, 관념이 먼저 발생하고 그다음에 그것을 구체화하는 데 적합한 소재를 발견하려고 하며, 그 결과 인간 육체나 두뇌를 그 구체화의 가장 적합한 소재로서 이해하는 경향이 있다. 또 사고에 관해서도, 사고가 먼저 일어나고 그다음에 용어나 진술로 구체화되며 그리고 최종적으로는 행위와 그 결과로 구체화된다고 생각한다. 그러므로 스피노자의 관점에서는, 일반인들의 이런 생각은 단순히 무의미할 뿐 아니라 동시에 '실체 없는 영혼'을 인간의 육체 활동의 능동적 원인으로 간주하는 종교적이고 신학적인 사상의 실례에 불과하다. 바꿔 말하면 스피노자 입장에 대한 유일한 반론은, 관념이란 먼저 사고하는 육체 외부에 독립적으로 어떻게든 명백히 존재하고, 그다음에 육체의 활동으로 '스스로를 드러내 보일' 수 있는 개념이라는 사실을 입증하는 것뿐이다.

그러면 도대체 사고란 무엇인가? 우리는 이 물음에 대한 올바른 대답을 어떻게 찾아야 할까? 다시 말해서 우리가 사고라는 용어에 관습적으로 포함시키는 작용들(가령 추론·의지·환상 등등)을 데카르트가 했던 것처럼 모두 열거하는 것이 아니라 어떻게 이 개념을 과학적으로 정의할 것인가? 우리가 취할 수 있는 아주 분명한 한 가지 입장은 스피노자의 견해를 따르는 것이다. 즉 만약 사고가 사고하는 육체의 활동양식이라면, 사고를 정의하기 위해서 우리는 사고하는 육체의 활동양식을, 사고하지 않는 물체의 활동양식(존재양식과 운동양식)과 비교해서 아주 철저하게 탐구해야만 한다. 그러나 활동하지 않는 상태에 있는 '사고하는 육체'의 구조나 공간적 성질을 탐구하는 것은 전혀 불가능하다. 왜냐하면 사고하는 육체가 활동하지 않는다면, 그것은 더는 사고하는 육체가 아니라 단순히 하나의 '물체'이기 때문이다.

인간의 육체 내에서 사고에 영향을 미치는 모든 물질적(즉 공간적으로 제한된) 메커니즘을 탐구한다는 것, 예컨대 두뇌를 해부학적이고 생리학적으로 탐구한다는 것은 가장 흥미로운 과학적 문제다. 그러나 이것에 대한 충분한 대답도 '사고란 무엇인가?'라는 물음에 관한 대답과는 직접적 관계가 없다. 왜냐하면 이 물음은 성격이 다른 물음이기 때문이다. 우리가 묻고 있는 것은 걸을 수 있는 다리가 어떻게 구성돼 있는지가 아니라, 오히려 걸음(걷는 작용)이 무엇인지다. 물질적 메커니즘의 활동으로서 사고작용은 무엇인가?(사고는 물질적 구조의 영향을 받지만, 결코 구조 자체와 동일하지 않다. 그러나 양자는 서로 분리될 수 없다.) 이 물음은 한편으로는 기관의 구조에 관한 물음이고, 다른 한편으로는 그 기관이 수행하는 기능에 관한 물음이다. 물론 '구조'는 적절한 기능을 수행할 수 있어야만 한다. 가령 다리는 생각할 수 있도록 돼 있는 것이 아니라 걸을 수 있도록 돼 있다. 그러나 어떤 기관의 구조에 대한 완벽한 묘사, 즉 활동하지 않는 상태에 있는 그 기관에 대한 묘사는 그 기관이 수행하는 기능에 대한 묘사, 즉 그 기관이 수행하는 실재적인 것에 대한 묘사일 수는 없다.

사고하는 육체의 활동양식을 이해하기 위해서는 사고하는 육체와 사고하지 않는 물체 사이의 인과적 상호작용의 양식을 고찰할 필요가 있다. 그러나 사고하는 육체의 내적 구조, 즉 그 육체의 세포들과 기관들 사이에 존재하는 공간적이고 기하학적인 관계를 고찰할 필요는 없다.

데카르트와 데카르트주의자들은 사고하는 육체의 활동양식과 다른 물체의 활동양식 사이의 기본적 차이점을 아주 분명하게 지적했지만 그 특징을 이해하지는 못했다. 그 차이점이란 사고하는 육체가 공간 속에서 행하는 자신의 운동형태(궤도)를 다른 물체의 형태(윤곽과 위치)와 일치하도록 능동적으로 구성한다는 점이다. 다시 말해서 사고하는 육체는 그 자신의 운동(활동)형태를 다른 물체 — 그것이 무엇이든지 — 의 형태와 조화롭게 결합시킨다. 결국 사고하는 육체의 고유하고 특수한 활동형식은 보편성이다. 바로 이 특성은 데카르트가 인간의 활동 모습을 복사하는 자동기계장치 — 어떤 한정된 활동 영역 내에서는 인간보다 구조적으로 더 적합하도록 고안됐으나 바로 이 때문에 '그 밖의 다른 것'에는 적합하지 못한 장치 — 의 활동과 인간활동 사이의 중요한 차이점으로 지적했던 점이다.

그래서 인간의 손은 원, 사각형, 혹은 그 밖에 생각할 수 있는 모든 기하학적 도형의 형태로 운동할 수 있다. 이것은 인간 손이 이런 활동들 중에 어떤 하나의 활동만 하도록 미리 구조적으로 그리고 해부학적으로 고안된 것이 아님을 보여 준다. 바로 이 때문에 손은 어떤 활동이라도 할 수 있다. 이것이 손보다 훨씬 더 정교하게 원을 그리지만 삼각형과 사각형은 그릴 수 없는 컴퍼스와 손이 다른 점이다. 사고하지 못하는 물체의 활동은(가장 단순하고 가장 명백한 경우의 공간적 운동의 형식에서는) 그 자체의 내적 구조와 본질에 의해 규정되며, 다른 물체들의 형태와 일치하지 않는다. 따라서 그 물체의 활동은 다른 물체들의 형태를 깨뜨리거나 혹은 이겨 낼 수 없는 장애물들과 충돌할 때는 스스로 부서진다.

그러나 인간, 즉 사고하는 육체는 다른 모든 물체의 형태에 기초해서 자기운동을 한다. 인간은 극복할 수 없는 다른 물체의 저항이 자신의 길을 막을 때까지 기다리지 않는다. 다시 말해서 사고하는 육체는 가장 복잡한 형태의 장애물 주위도 자유로이 돌아다닌다. 스피노자는 다른 물체의 형태에 맞춰 자기자신의 활동을 능동적으로 구성하는 사고하는 육체의 능력, 즉 자신의 운동형태와 다른 물체들의 형태나 위치를 공간에서 조화롭게 결합시키는 사고하는 육체의 능력을 소위 '사고작용' 혹은 '이성활동'의 특징으로 파악했다.

이런 능력 자체는 그 '완성'의 고유한 단계와 수준을 지니고 있으며 우리에게 알려진 그 어떤 다른 생물보다 인간에게서 최대로 발휘된다. 데카르트는 '영혼' 혹은 '정신'이라는 개념으로 인간과 다른 하등 생물들 사이에 넘을 수 없는 경계선을 그었지만, 그것 때문에 인간이 하등 생물들과 구분되지는 않는다. 동물의 활동, 특히 고등동물의 활동은 비록 제한된 정도이기는 하지만 스피노자의 사유에 관한 정의에 포함된다.

이것은 실질적인 관심을 불러일으키는 매우 중요한 문제다. 데카르트는 동물을 자동기계장치일 뿐이라고 봤다. 다시 말해서 동물의 모든 활동은 본래부터 가지고 있는 내적 구조와 신체 내에 있는 기관들의 분포에 의해 미리 결정된다. 따라서 동물의 활동은 '외적 영향 → 신체의 내적 부분들의 운동 → 외적 반작용'이라는 도식에 따라 설명돼야 하고 또 설명될 수 있다. 여기서 맨 나중의 것은 외적 영향에 의해 일어난 신체의 반응(활동·운동)으로 나타난다. 그런데 외적 영향은 본질적으로 동물의 신체 구조 내에서 계획되고 예정된 도식을 따르는 신체의 내적 부분들의 활동으로 변형된다. 이것은 자동기계의 작동과 아주 유사하다(버튼을 누름 → 기계 내부 부속품들의 작동 → 외부 부속품들의 가동). 이 설명은 일종의 '형체 없는 정신'을 상정하려는 그 어떤 요구도 배제하고 있다. 즉 모든 것이 정신의 개입 없이 훌륭하게 설명된다. 일반적으로 말해 이런 반사에 관한 이론적 도식은 200년이 지난 후 세체노프Sechenov와 파블로프Pavlov의 자연과학 지작에서 발전했다.

그러나 이 도식은 인간에게는 적용될 수 없다. 왜냐하면 데카르트가 잘 이해했듯이, 인간에게는 연쇄적 사건들(외적 영향 → 신체의 내적 기관에 구조적으로 구체화돼 있는 도식에 따른 내적 기관의 활동 → 외적 반작용)에 추가되는 연결고리가 있기 때문이다. 이 연결고리는 예견되지 않은 외적 활동의 새로운 조건이나 상황이 주어질 때는 연쇄적 사건들에 강력하게 개입해 기존의 연쇄를 깨뜨리고, 그리하여 단절된 부분을 매번 다르게 새로운 방식으로 연결한다. 이 추가되는 연결고리가 '반성' 혹은 '숙고'다. 그러나 이 반성은 최초의 영향을 반응으로 변형시키는 바로 그 도식을 재구성하는(결코 외적으로 표현되지 않는) 활동이다. 여기서 육체 자체는 자기자신의 활동대상이 된다.

인간의 '반응' 메커니즘은 마치 적당한 버튼을 누르는 것처럼, 외부의 영향을 받자마자 작동하는 것이 아니다. 인간은 반응하기 전에 숙고한다. 다시 말해서 인간은 자동기계장치나 동물처럼 예정된 도식에 따라 직접 활동하는 것이 아니라, 오히려 미래의 활동계획을 비판적으로 숙고하고 그것이 새로운 요구 조건에 얼마나 부합하는지를 매번 분명히 밝히며, 그리고 외적 상황이나 사물의 형태에 맞춰 미래의 활동계획을 능동적으로 교정하고 심지어 완전히 다시 설계하기도 한다.

그리고 사물의 형태나 활동의 상황은 원리상 수적으로 무한하기 때문에 정신(숙고)도 무한히 활동할 수 있어야만 한다. 그렇지만 신체적으로 예정된 도식의 형태로 미리 준비하는 것은 불가능하다. 사고작용은 외부 활동의 계획을 새로운 환경에 적합하게 능동적으로 세우고 또 재구성하는 능력이다. 그리고 사고작용은 자동기계장치나 생명 없는 물체처럼 예정된 도식에 따라 활동하지 않는다.

데카르트는 "이성은 모든 우연적 사건들을 취급할 수 있는 보편적 도구임에 반해, 신체기관은 개별적인 하나하나의 활동에 대해 어떤 특수한 적응을 요한다"고 말했다.[5] 이 때문에 그는 사고하는 기관을 공간 속에 구조적으로 조직화돼 있는 육체적인 것으로 생각할 수 없었다. 왜냐하면 그럴 경우, 사고하는 육체가 접하는 원리상 무수히 많은 외적 물체들과 그 물체들의 결합물 그리고 우연적 사건들의 수만큼 많은 활동양식들이 사고하는 기관 속에 준비돼 있어야 하기 때문이다. 그래서 데카르트는 "우리의 이성이 생애의 모든 사건에 대처해 우리를 활동하게 하는 것처럼 어떤 기계가 그렇게 작동할 수 있도록 — 외적 활동의 무한한 조건과 상황 가운데 하나가 주어질 때마다 매번 다시 고려하면서 — 그 기계 안에 그만큼 많은 장치를 갖추게 한다는 것은 지성적으로 불가능할 것이다"라고 말했다.[6]

스피노자는 데카르트가 '정신' 개념을 매우 설득력 있게 제시했던 근거를 충분히 파악하고 있었다. 그러나 사고의 기관이 신체를 떠나서 존재할 수 없는 한, 육체적으로 조직된 구조 내에 미리 만들어진 본래적인 현재와 미래의 활동계획을 가질 수는 없지만 '외적 사물들'의 형태와 배열에 맞춰 매번 새롭게 그 계획을 능동적으로 수립할 수 있다는 사실을 데카르트는 왜 생각하지 못했을까? 사고하는 육체가 오히려 '미리 만들어진' 활동계획을 갖고 있지 않기 때문에, 외부에 있는 다른 물체들의 형태와 결합해서 특정 순간에 주어지는 그 어떤 계획이라도 그 계획에 맞춰 활동한다는 사실을 왜 생각하지 못했을까? 왜냐하면 이런 사실은 사고를 수행하는 기관에 대한 구조적 분석으로부터 도출될 수 없고, 오히려 이런 사실 자체가 사고하는 육체의 실질적 역할이나 기능, 요컨대 사고에 대한 유일한 기능적 정의이기 때문이다. 따라서 외적 사물의 형태에 따른 활동으로서의 사고작용에 관한 기능적 정의는 사고하는 기관이자 두뇌 기관인 신체에 대한 구조적이고 공간적인 연구를 올바르게 수행할 수 있도록 한다. 그렇기 때문에 어떤 구조적 특징이 사고하는 육체로 하여금 자신의 내적 구조가 아니라 오히려 자신을 포함한 모든 사물들의 조직과 위치에 따라 활동하는 특수한 기능을 수행하게 하는지를 밝힐 필요가 있다.

이로부터 사고를 유물론적으로 탐구하는 방법이 분명하게 도출된다. 사고에 대한 진정한 유물론적·기능적 정의는 사고를 특수한 방식으로 조직된 자연적 육체의 능동적 기능으로 파악하는 것이다. 사고를 이렇게 기능적으로 정의하는 것은 논리학(사고에 대한 기능적 정의체계)과 두뇌생리학(사고 기능을 수행하는 기관의 물질적 구조를 반영하는 개념체계)이 사고 문제를 과학적으로 탐구하는 데 실질적 도움을 주며, 그리고 정신주의적 이원론으로 구성된 논리학이나 기계론적으로 구성된 논리학이 사고 및 사고와 두뇌의 관계에 대해 내릴지도 모르는 그 어떤 해석 가능성도 배제하도록 한다.

사고를 일종의 기능으로 이해하기 위해서는, 즉 사물세계 내에서 이뤄지는 사고하는 육체들의 활동양식으로 이해하기 위해서는, 사고하는 육체 내에서 무엇이 어떻게 지속되고 있는지를 검토하기보다는 (그것이 인간 두뇌인지 또는 이 두뇌를 소유하고 있는 전체로서의 인간인지 하는 것은 중요한 문제가 아니다), 이 기능을 수행하는 실질적 체계, 즉 사고하는 육체와 그 대상 사이의 관계체계를 검토할 필요가 있다. 더구나 여기서 우리가 염두에 둬야 할 것은 특수한 상황에서 사고하는 육체로 하여금 활동하도록 하는 그 어떤 특정 대상이 아니라 오히려 '대상 일반', 따라서 가능한 모든 '의미 있는 활동' 혹은 대상의 형태에 따른 활동이다.

그러므로 사고는 사고하는 육체의 관계체계 — 전체로서의 자연(스피노자에게 이것은 '실체', '신'이다) — 내에서 이뤄지는 사고의 활동양식을 탐구함으로써만 이해될 수 있다. 그러나 만약 양적으로 제한된 특정 사물과 그 형태 내에서 사고하는 육체의 관계체계를 고찰한다면, 우리는 사고 일반(본질과 연관된 전체 체계 내에서의 사고)이란 무엇인지에 도달하지 못하고, 단지 특정 상황에서 일어나는 사고작용의 제한된 활동양식에만 도달할 수 있을 뿐이다. 그렇게 되면 사고작용의 부분적 사례에 대한 정의, 즉 스피노자의 표현을 빌리면 그 양태만을 사고 일반의 과학적 정의로 간주하게 될 것이다.

문제는 사고하는 육체가 그 본성상 결코 그 구조적·해부학적 조직에 의해 특정한 부분적 활동양식(외적 물체들의 특정한 부분적 형태)과 결합돼 있지 않다는 데 있다. 사고하는 육체는 그 외적 물체들과 본래부터 영원히 결합돼 있는 것이 아니라 특정 순간에만 결합돼 있다. 그 활동양식은 보편적 특성을 지니고 있다. 다시 말해서 그 활동양식은 점점 더 새로운 사물들이나 그 형태들을 포괄하고, 또 능동적이고 유연하게 그것들에 적응하면서 계속 확장돼 간다.

　그렇기 때문에 스피노자는 사유를 실체의 양태가 아닌 실체의 속성으로 정의했다. 그래서 스피노자는 사유가 우연적(존재할 수도 있고, 그러지 않을 수도 있는)이지 않고 필연적으로 존재하는 유일한 체계는 유일한 하나의 물체도 아니고, 생각할 수 있는 범위에 있는 모든 물체의 영역도 아니며, 오로지 **전체로서의 자연**이라고 그 시대의 언어로 단언했다. 개별적 육체는 우연의 일치로 사유를 지니게 됐을 뿐이다. 많은 인과연쇄들이 교차되고 결합됨에 따라 어떤 경우에는 사고하는 육체의 모습으로 나타났다가 또 다른 경우에는 단순히 하나의 물체, 즉 하나의 돌, 하나의 나무 등으로 나타나기도 한다. 그래서 개별적 물체는, 심지어 인간육체조차도 결코 필연적으로 사유를 소유하지 않는다. 비록 전체로서의 자연이 자신의 완전성을 어떤 하나의 물체 속에서 그리고 특정 순간이나 특정 양태 속에서 실현하지는 않을지라도, 스피노자에게는 전체로서의 자연만이 사유까지 포함해 모든 것을 필연적으로 지닌 완전한 체계였다.

　사유를 속성으로 정의함으로써 스피노자는 기계적 유물론의 대표자들보다 훨씬 뛰어났고, 적어도 200년을 앞서갔다. 200년이 지난 후에 스피노자의 이런 사상을 엥겔스가 다음과 같이 표현했다. "그러나 중요한 것은 기계론(그리고 18세기 유물론)이 추상적 필연성에서 벗어나지 못했고, 따라서 우연에서도 벗어나지 못했다는 것이다. 헤켈Haeckel이 볼 때, 비록 사고하는 두뇌의 발생이 단계를 밟아 필연적으로 규정된다고 할지라도, 사고하는 인간 두뇌가 물질로부터 진화돼 나온다는 것은 순전히 우연이다. 그러나 실제로 사고하는 존재의 진화를 촉진하는 것은 물질의 본질이며, 따라서 진화는 그 조건(모든 장소와 시간에서 반드시 동일하지 않다)이 갖춰진 곳에서는 언제나 필연적으로 일어난다."[7]

이것이 변증법적 유물론과 기계적 유물론의 차이다. 기계적 유물론은 기계적으로 해석된 물리학과 수학의 언어로 기술돼 있는 단 한 가지 종류의 필연성만을 인정한다. 자신의 부분적 형태들을 자기 자신으로부터 산출하는 시공적으로 무한한 전체, 즉 전체로서의 자연만이 시간의 어떤 계기마다 자신의 풍부한 모든 속성을 지니고 있다. 다시 말해서 전체로서의 자연만이 일어나지 않을 수도 있는 기적적인 우연의 일치에 의해서가 아니라 필연적으로 자신의 구조 내에서 재생산되는 그런 모든 속성을 지니고 있다.

따라서 엥겔스가 말한 것처럼, 다음과 같은 사실이 논리적으로 도출된다. "물질은 그 모든 변화에서도 영원히 동일한 상태로 남아 있고 그 속성들 중 어느 하나도 상실하지 않는다는 점, 따라서 물질은 지구 위의 최고 존재인 사고하는 정신을 필연적으로 절멸시킬 수 있을 정도의 강렬한 필연성을 가지고 다른 장소와 시간에 다시 사고하는 정신을 산출할 수 있다."[8]

이것이 스피노자의 입장이었다. 그렇기 때문에 엥겔스는 "당신은 사유와 연장이 동일한 실체의 두 속성일 뿐이라고 말한 스피노자가 옳았다고 생각합니까?"라는 플레하노프Plekhanov의 질문에 단호하고 분명하게 "물론 스피노자는 아주 옳았습니다"[9] 하고 대답할 수 있는 충분한 근거가 있었다.

스피노자의 정의가 의미하는 것은, 인간은 물론 존재할 가능성이 있는 사고하는 생물체라면 모두 돌이나 그 밖의 '사고하지 않는 물체'의 형태로 연장돼 있으면서도 사고한다는 점이다. 요컨대 사고는 물질세계와 실질적으로 분리될 수 없고, 형체 없는 특별한 영혼처럼 물질세계와 대립하지도 않는다는 것이다. 사고는 물질 자체의 완성이다. 헤르더Herder, 괴테Goethe, 라메트리La Mettrie, 마르크스, 플레하노프 등 모든 위대한 스피노자주의자들은 물론 초기 셸링Schelling조차도 스피노자를 이렇게 이해했다.

다시 한 번 강조하자면, 이것은 나중에 레닌이 수용했던 일반적인 방법론적 입장이다. 레닌은 감각과 동일하지는 않지만 유사한 성질, 즉 반영의 성질을 바로 물질의 토대로 이해하는 것이 합리적이라고 봤다. 레닌에 따르면, 사고는 물질과의 관계에서 결정적으로 중요한 보편적 성질 혹은 속성이 최고로 발전된 형태다. 만약 우리가 이와 같은 물질의 가장 중요한 속성을 부정한다면, 우리는 스피노자의 표현처럼 물질 자체를 '불완전하게' 생각하거나 혹은 엥겔스나 레닌이 지적한 것처럼 물질을 일방적이고 기계적으로 잘못 이해하게 될 것이다. 그러면 결국 우리는 버클리의 사상에서 계속 헤어 나오지 못하고 자연을 감각의 복합물로 해석하거나 생명 있는 존재(가령, 인간)가 관념세계 전체를 구성하기 위해 고유하게 지닌 요소로 해석해야 할 것이다. 자연에 관한 기계적 이해가 버클리의 사상으로 이어지는 이유는 버클리의 사상이 기계적인 자연 이해를 위해 반드시 필요한 보완물이기 때문이다. 이상과 같은 이유 때문에 스피노자는 보편적 물질세계인 실체가 '연장' 속성만 지니는 것이 아니라 물질세계로부터 제거할 수 없는(어떤 유한한 물체로부터는 분리될 수 있지만 물질세계로부터는 분리될 수 없는) 그 밖의 많은 성질들과 속성들도 지니고 있다고 말했던 것이다.

스피노자는 여러 차례에 걸쳐 속성으로서의 사고를 인간사고의 모습으로 기술하는 것은 불가능하다고 말했다. 즉, 속성으로서의 사고는 인간사고를 포함하면서 어떤 '유한한 사고'의 토대가 되는 실체의 보편적 성질일 뿐이기 때문에 인간사고와 동일하지 않다는 것이다. 사고 일반을 현존하는 인간사고의 모습으로 기술하는 것은 '불완전한 방식', 말하자면 완전한 모습과는 거리가 먼 '모형'(비록 우리에게 알려진 가장 완전한 모습이라 할지라도)을 통해 사고를 잘못 표현하는 것이다.

스피노자는 위와 같은 생각을 그의 심오한 진리론 및 오류론과 결합시켜 《기하학적으로 증명된 윤리학》(Ethica ordine geometrico demonstrata; Ethics), 《지성개선론》(Tractatus de intellectus emendatione), 《신학-정치론》(Tractatus theologico-politicus)과 기타 수많은 편지에서 상세히 서술했다.

만약 사고하는 육체의 활동양식이 이 육체의 내재적 구조에 의해 결정되지 않고 '다른' 형식에 의해 결정된다면, 도대체 우리는 오류를 어떻게 깨닫는가 하는 문제가 제기된다. 이 물음이 특히 첨예하게 제기되는 이유는 윤리학과 신학에서 '죄'와 '악'의 문제로 나타나기 때문이다. 신학의 관점에서는 스피노자를 한결같이 다음과 같이 비판했다. 즉, 스피노자의 이론은 바로 '선과 악', '죄와 정의', '진리와 오류'의 차이에 전적으로 입각하고 있다. 실제로 그것들은 도대체 어떻게 다른가?

그에 대해 스피노자는 또다시 단순하게 그리고 기본적으로 올바르게 대답했다. 오류(따라서 죄와 악)는 그 자체의 성질과 관련해서 볼 때 관념과 행위의 특성도 아니고, 그것들의 적극적 속성도 아니다. 잘못을 저지른 사람은 어떤 사물의 형식과 정확하게 일치하게 행동하지만 문제는 그 사물의 본질이 무엇인지다. 만약 그 사물이 그 자체로 '사소하고 불완전하고' 우연적이라면, 그에 따른 행동양식도 불완전할 것이다. 그리고 어떤 사람이 이런 행동양식을 또 다른 사태로 이전시킨다면, 그는 잘못을 저지르는 것이 될 것이다.

결국 오류는 제한된 영역에서 참된 행동양식에 보편적 의미를 부여하거나 상대적인 것을 절대적인 것으로 생각할 때 비로소 나타난다. 이제 스피노자가 왜 추상적 보편에 근거한 추상적·형식적 유추나 형식적 연역에 의한 행위에 아주 낮은 가치를 부여했는지를 이해할 수 있게 된다. 추상적 '관념'으로 고정돼 있는 것은 우리의 눈으로 가장 쉽게 접할 수 있는 것이다. 그러나 그것은 당연히 그 사물의 아주 우연적인 성질과 형식이었을 것이다. 그 추상적 관념으로 고정된 것이 우연성을 띤다는 것은 어떤 사람이 관심을 기울였던 자연 전체의 영역이 좁으면 좁을수록 오류의 정도는 크고 진리의 정도는 작다는 것을 의미한다. 바로 이 때문에 사고하는 육체의 활동은 사고하는 육체가 지니는 관념의 적합성에 정비례한다. 그 사람이 수동적이면 수동적일수록 그에게 가장 가까운 순수 외적 환경의 힘에 지배되는 정도가 더욱 크고, 그의 활동양식은 더욱더 우연적 사물들의 형식에 의해 결정된다. 반대로 그가 그의 행위를 결정하는 자연의 영역을 능동적으로 넓히면 넓힐수록 그의 관념은 더욱더 적합해진다. 따라서 속물적 사람의 자기만족 상태는 최대의 죄악이다.

인간의 활동이 상호작용하는 무수히 많은 사물과 그 형태 그리고 그 결합물 등이 인간활동에 부과하는 모든 조건들과 일치했을 때, 다시 말해서 인간의 활동이 자연 전체의 절대적인 보편적 필연성과 일치해 ─ 단순히 자연의 제한된 형태들 가운데 어떤 것과 일치하는 것이 아니라 ─ 행해졌을 때, 인간의 사고는 '최대의 완전'을 성취할 수 있다(그러면 인간의 사고는 실체의 속성으로서의 사고와 일치하는 것이다). 물론 지구상의 현실적 인간은 그런 상태와는 여전히 거리가 멀다. 따라서 사고의 속성은 인간 속에서 아주 제한되고 불완전한 형태로 실현돼 있다. 그리고 실체의 속성으로서의 사고작용에 대한 관념을 유한한 인간사고의 모습으로 내세우는 것은 잘못이다. 그와는 반대로 이제 인간의 유한한 사고는 사고 일반의 모습으로 확립되지 않으면 안 된다. 유한한 사고의 경우, 실체의 속성으로서의 사고작용에 대한 철학적·이론적 정의는 일종의 이념적 모형을 제시하는 것이다. 비록 인간 스스로는 '완전한' 수준에서 그 모형을 제시할 능력이 없지만, 그런 이념적 모형에는 접근할 수 있고 또 접근해야만 한다.

이것이 실체의 관념과 그 모든 것을 포괄하는 필연성의 관념이 지성을 지속적으로 완성시키거나 향상시키는 원리로 기능하는 이유다. 따라서 이런 관념은 그 자체로 중요한 의미를 지닌다. 그러나 모든 '유한한' 사물은 무한한 실체 내에서 '사라져 가는 계기'로 이해되고, 종종 접하는 실체의 '부분적 형태들' 중 어떤 것도 보편적 의미를 지니지는 못한다.

'완성된' 사고하는 육체는 사물의 일반적이고 보편적인 형식과 일치되게 활동하는데, 이런 형식을 드러내 보이기 위해서는 형식적 추상화와는 다른 지식의 기준과 양식이 요구된다. 실체의 관념은 연장과 사유가 같이 속해 있는 속성의 추상화를 통해 형성된 것은 아니다. 연장과 사유에서 추상화되고 일반화된 것은 그것들이 존재한다는 것, 존재 일반일 뿐이다. 다시 말해서 결코 연장과 사유의 본질을 해명하지 못하는 절대적으로 공허한 규정일 뿐이다. 사유와 공간적·기하학적 실재 사이의 일반적(무한한, 보편적) 관계인 실체의 관념은 자연 속에서 사유와 실재가 상호작용하는 양식을 이해함으로써만 획득될 수 있다. 스피노자의 이론 전체는 바로 이런 '무한한' 관계를 밝히는 것이다.

그래서 실체는 사고하는 육체와 그 활동이 이뤄지는 세계가 상호작용하는 양식을 원리적으로 이해하기 위해 절대로 필요한 조건이었다. 이것은 심오한 변증법적 문제다. 실체의 관념으로부터 출발함으로써만 사고하는 육체는 자신과 실재를 이해할 수 있다. 그리고 사고하는 육체는 이 실재 내에서 실재와 더불어 활동하고, 실재에 관해 사고한다. 그 밖의 다른 방식으로는 사고하는 육체는 자신과 실재를 이해할 수 없고, 오히려 외적 힘의 관념, 즉 신학적으로 해석된 '신'이나 기적에 의존해야만 한다. 그러나 일단 자신의 활동양식(즉 사고)을 이해하면, 사고하는 육체는 바로 실체를 외적 세계와 상호작용하는 데 절대로 필요한 조건으로 이해하게 된다.

스피노자는 이상에서 묘사된 지식 혹은 인식의 형태를 '직관지'라 불렀다. 자기자신에 관한 적합한 관념을 창출할 때, 다시 말해서 외적 대상의 형태와 외형에 따른 그 자신의 운동형태에 관한 적합한 관념을 창출할 때, 사고하는 육체는 대상 자체의 형태와 외형에 관한 적합한 관념을 창출한다. 왜냐하면 그것은 동일한 형태이고 또 동일한 외형이기 때문이다. 직관지를 이렇게 이해할 때, 직관지는 주관적 내성內省과 유사한 점이 전혀 없으며 오히려 그것과 반대가 된다. 스피노자의 주장에 따르면 직관지는 자연 내에서 성립하는 사고하는 육체의 활동법칙에 관한 이성적 이해의 동의어다. 사고하는 육체가 실제로 무엇에 관해서 어떻게 작용하는지를 이성적으로 이해할 때,

사고하는 육체는 동시에 자신의 활동대상에 관한 올바른 관념을 형성한다.

이것으로부터 "어떤 사물에 관한 올바른 정의는 정의된 그 사물의 본질 이외에 어떤 것도 포함하지 않으며 표현하지도 않는다"는[10] 일관된 유물론적 결론이 도출된다. 그렇기 때문에 동일한 본질을 갖는 여러 가지(다양하고 수많은) 개별적 물체들과는 대조되는 올바른 정의(관념)는 오직 하나가 있을 뿐이다. 개별적 물체들은 '사유 속성'에서는 정의로 표현되고 '연장 속성'에서는 실질적 다양성으로 표현되는 그것들 '본질'의 통일성(동일성)과 마찬가지로 실재적이다. 다양성과 다수성은 여기서 개별적 물체들과는 대립관계에 있는 그 본질의 동일성과 통일성을 실현하는 양식으로 이해된다. '통일성과 다수성', '동일성과 차이'가 실제로 다 같이 존재한다고 하는 무력한 절충주의적 체계(종종 변증법으로 가장하는)와 비교해 볼 때, 이것은 분명히 그것들 사이의 관계를 변증법적으로 이해하는 것이다. 왜냐하면 절충주의적 사이비 변증법은 지식의 문제와 '정의' 혹은 '규정'의 문제를 해결할 때, 스피노자의 해결책과는 명백히 반대되는 결론에 쉽사리 도달하기 때문이다. 요컨대 '개념의 정의'는 의식, 즉 감각적으로 주어진 실재의 다양성에 관한 관념을 말(언어)로 표현하는 양식이라는 생각에 도달한다.

그 결과 두뇌 외부에 존재하는 객관적 동일성, 즉 일정 범위의 다양하고 대립적인 단일한 현상들의 본질에 관해 말하는 것은 결국 감각적으로 관찰되고 경험적으로 주어진 사물들, 그리고 형식적으로 '개념'에 포섭되는 고립된 사실들의 순수 형식적 통일성(즉 유사성, 순수 외적 동일성)에 대해 말하는 것이 돼 버린다. 그러면 일반적으로 '개념의 정의'를 정의된 그 사물의 본질에 대한 규정이라고 간주하는 것은 불가능하게 된다. 또한 출발점은 현상들의 '동일성과 통일성'이 아니라 사실상 고립된 사실들의 '다양성과 다수성'이 된다. 그리하여 고립적 사실들은 원래 서로서로 독립해서 존재하고, 그 후에 '개념의 통일성'과 '이름의 동일성'에 의해 단지 형식적으로 통일되고 결합된다. 여기서 도출되는 유일한 결과는 처음에 이질적인 사실들이 의식(혹은 이름)의 동일성으로 판명되고 순전히 언어로만의 통일성으로 판명된다.

그러므로 왜 신실증주의자들이 스피노자에게 불만을 표시하고 그의 사고의 '논리적' 원리를 공격했는지를 이해하는 것은 어렵지 않다. "스피노자의 형이상학은 소위 '논리적 일원론'의 가장 좋은 실례다. 말하자면 전체로서의 세계는 하나의 실체이고, 그 어느 한 부분도 논리적으로 홀로 존재할 수 없다는 이론이다. 이런 견해의 궁극적 토대는, 모든 명제는 하나의 주어와 하나의 술어를 가지기 때문에 관계들과 다수성은 환상임이 틀림없다는 결론을 끌어내는 믿음이다."[11]

실제로 스피노자의 견해에 대한 유일한 반론은 세계의 어떤 '부분'도 그 밖의 모든 부분들과 독립해서 '존재할 수' 있을 뿐 아니라 사실 그래야만 한다는 주장이다. 이렇게 주장하는 경향의 또 다른 권위 있는 전거는 다음과 같다. 즉 "세계는 사실들의 총체이지 사물들의 총체가 아니며", 세계가 사실들의 총체이기 때문에 "세계는 사실들로 나뉘고", 그 결과 "사실들 각각은 경우가 천차만별이지만 그밖의 모든 것은 동일하게 남아 있다."[12]

그래서 '신실증주의의 형이상학'에 따르면 외적 세계는 일종의 '원자적 사실들'의 무한한 집적물, 단순한 덩어리다. 이 원자적 사실들은 서로 절대적으로 독립해 있기 때문에 그 각각에 대한 '적절한 규정'도 그 밖의 다른 사실과 절대적으로 독립적인 규정이어야 한다. 이 규정(정의, 기술)은 그 밖의 다른 사실들 일반이 존재하지 않는다는 조건이 주어질 때에 올바르다. 달리 표현하면, '세계에 대한 과학적 고찰'은 한 줌도 안 되는 사실들을 동일한 용어, 동일한 '보편'에 포섭시킴으로써 그 사실들을 순수 형식적 언어로 결합하는 것이다. '용어나 기호의 의미'로서만 해석되는 '보편'은 언제나 임의적이거나 '미리 동의된 협약적인' 것으로 판명된다. '원자적 사실들'을 '과학적·논리적으로' 취급함으로써 나타난 유일한 결과인 '보편'(통일성과 동일성)은 결국 결과가 아니라, 오히려 미리 확립되고 협약한 용어의 의미일 뿐이지 그 이상의 아무것도 아니다.

물론 스피노자의 입장은 사변과 상상에 주어진 현상들에 대한 이런 '논리적 분석'의 원리와는 아무런 관계가 없었다. 그에게 '보편', '동일', '통일'이란 말은 결코 우리의 언어, 즉 주어와 술어의 구조(러셀이 제시했던 것처럼)에 의해 창조된 환상이 아니었고, 오히려 본래부터 실재하는 사물들의 보편적 본질이었다. 그리고 그런 본질은 개념의 올바른 정의를 살릴 수 있는 언어로 표현돼야 한다. 더구나 러셀이 말했던 것처럼, 스피노자에게 '관계들과 다수성은 환상임이 틀림없다'는 것은 사실이 아니다. 이런 주장은 스피노자와 조금도 비슷한 데가 없으며, 현대과학의 눈으로 보면 '실체개념'이 "현대 논리학 및 과학적 방법과 양립할 수 없는 것"으로[13] 나쁜 평판을 얻도록 하기 위해 비열하게 굴었던 러셀의 양심의 문제다.

그러나 여기서 한 가지 사실은 의심할 여지가 없다. 즉 러셀이 '현대 논리학 및 과학적 방법'이라고 명명했던 것은 실제로 스피노자의 사고의 논리와 양립할 수 없으며, 또 과학적 정의의 발전과정에 관한 그의 원리나 '올바른 정의'에 관한 그의 이해와도 양립할 수 없다.

스피노자의 '관계들과 다수성'은 (러셀이 묘사했던 것처럼) 환상이 아니었고, '동일성과 통일성'은 (러셀 스스로 생각했던 것처럼) 오직 '주어와 술어의 구조'에 의해 창출된 환상도 아니었다. 관계들과 다수성 그리고 동일성과 통일성은 전적으로 실재하고, '신', 즉 다름 아닌 사물들의 본질로 존재하며, 소위 '과학언어'의 언어적 구조는 어떤가 하는 문제와는 전혀 무관하다.

그러나 러셀의 경우, 관계들과 다수성 그리고 동일성과 통일성은 똑같이 환상이었다. '동일성'(즉, 사물들의 보편적 본질인 실체의 원리)은 언어에 의해 창조된 환상이었고, '관계들과 다수성'은 우리의 감각에 의해 창조된 환상이었다. 그러나 실제로 우리의 환상과 무관한 것은 무엇인가 하는 질문에 대해, 러셀은 "나는 모른다. 나는 알고 싶지 않다. 알 수 없기 때문에 알고 싶지 않다"고 대답했다. 나는 나의 감각과 지각(다수성) 그리고 나의 언어(동일성)로 나에게 주어진 그 '세계'만을 알 뿐이다. 그런데 이런 세계 이외에 무엇이 존재하는가? 신만이 안다고 러셀은 대답했다. 이것은 비록 버클리를 본떠서 '그런 세계가 아직 알려지지 않았기 때문이지, 신이 존재히는 한 사실 신은 그것을 알고 있다'라고 감히 단호하게 주장하지 않았을지라도, 버클리의 명제를 말 그대로 반복한 것이다.

여기에 스피노자의 입장과 버클리, 흄Hume(신실증주의자들이 오늘날 뒤늦게 생명력을 부여한 철학자)의 입장 사이에는 극단적 차이가 있다. 버클리와 흄은 실체의 개념 전체를 우선적으로 공격했고, 실체개념을 '불경스러운 정신'의 산물로 설명하려고 했다. 왜냐하면 여기에는 진정 화해하기 어려운 양자택일의 문제가 있기 때문이다. 말하자면 외부에 관한 '의식 내의 세계'(특히 '올바른 정의'의 세계)와 '의식 밖의 세계'('언어적 정의' 외부의 세계)의 관계문제라는 단 하나의 문제에 대해 대립적이고 배타적인 두 가지 해결책이 존재하기 때문이다. 여기서 하나의 선택이 이뤄져야 한다. 즉, 인간을 자신의 한 부분으로 포함하는 자연에 대해 '실체개념'의 논리를 통해 이해하든가 아니면 인간 감각의 복합물로 해석해야 한다.

다시 스피노자의 개념을 고찰해 보자. 스피노자는 사물에 대한 단 하나뿐인 올바른 정의를 발견할 가능성에 대해 회의하는 모든 논의를 잘 알고 있었다. 사물에 대한 올바른 정의는 어떤 사물이 '우리 안에' 나타나도록 하는 기관들 특유의 상태나 배열에 대한 정의가 아니라 사물 자체의 본질에 대한 정의로 이해될 때 정당화될 수 있다. 동일한 사물에 대한 여러 가지 다른 해석들을 고찰하면서 스피노자는 다음과 같은 결론을 직접 끌어냈다. 즉 "이런 모든 점으로 미뤄 볼 때 모든 사람이 자기의 두뇌 구조로 사물을 판단하거나, 사물의 영향 대신에 상상력의 영향을 받는다는 사실은 충분히 예증돼 있다."[14] 달리 말하면, 우리는 사물 자체와 사물의 고유한 형식이 아니라 오히려 외적 사물의 영향으로 우리의 육체(두뇌)에서 야기됐던 내적 상태만을 우리 안에 관념의 형식으로 지니고 있다.

그러므로 직접적으로 외적 사물에 관해 지니고 있는 우리의 관념들 속에는 육체의 형식과 그 외부에 있는 물체의 형식이라는 아주 다른 두 가지 형식이 뒤섞여 있다. 소박한 사람은 무비판적으로 직접 이 혼합물을 외적 사물로 간주하고, 따라서 외적 영향에 의해 그의 두뇌와 감각기관에서 일어났던, 외적 영향과 조금도 닮은 점이 없는 특수한 상태에 비춰 사물을 판단한다. 치통은 기하학적 형식에서 치과 의사의 드릴과 결코 동일하지 않으며, 심지어 드릴이 치아와 두뇌에 일으켰던 변화의 기하학적 형식과도 동일하지 않다는 데 카르트주의자들의 논의(이 논의는 나중에 버클리에 의해 채택됐다)

에 대해 스피노자는 충분히 숙고했다. 더구나 모든 사람의 두뇌는 저마다 다르게 이뤄져 있고 다르게 변화한다. 이로부터 우리는 진리는 다수이며 사고하는 모든 존재에 대해 동일한 진리는 없다는 회의적 결론을 얻게 된다. "왜냐하면 모든 사람은 다음과 같은 격언들을 줄곧 들어 왔기 때문이다. 즉 '수많은 두뇌와 수많은 사고방식이 있기 마련이다. 모든 사람은 제각기 똑똑한 법이다. 두뇌의 차이는 기호의 차이처럼 흔한 법이다.' 이런 모든 격언은 사람들이 자신의 두뇌 구조에 따라 문제를 결정할 뿐 아니라 사물을 이해하기보다 사물을 상상한다는 사실도 보여 주고 있는 것이다."[15] 중요한 것은, 사물과 그 고유한 형식이 우리의 두뇌와 그 세부 구조에서 일어난 기하학적 변화의 형식으로 우리 내부에 나타나도록 하는 방법을 이해하고 규정하는 것이 아니라, 사물 자체와 그 고유한 형식을 올바르게 이해하고 규정하는 것이다. 그런데 이것은 어떻게 해야 이뤄질까? 아마도 사물의 순수 형식에 도달하기 위해서, 우리 자신의 육체에 속하는 감각기관이나 두뇌의 배열(성향)과 활동수단이 사물의 순수 형식에 끌어들였던 모든 요소들을 관념으로부터 제거하는 것이 필요하지 않을까?

그러나 (1) 우리는 외적 물체 자체에 관해서 아는 것처럼, 우리의 두뇌가 어떻게 구성돼 있으며 사물에 대한 관념의 구성물 속으로 무엇을 끌어들이는지에 대해서 아는 바가 거의 없다. 그리고 (2) 사물 일반은 그것이 우리 육체 내에서 일으켰던 특수한 변화를 통하지 않고서는, 우리에게 주어질 수 없다. 만약 우리가 육체, 즉 감각기관과 두뇌의 프리즘을 통해 굴절되는 과정에서 그 사물로부터 받아들였던 모든 것을 제거한다면, 우리에게 남는 것은 아무것도 없다. '우리 내부에는' 무無만 남고 어떤 종류의 관념도 남지 않게 된다. 그래서 이런 방식으로 시작하는 것은 불가능하다.

인간의 육체와 두뇌가 다른 사물들과 다르게 구성돼 있다 할지라도, 모두에게 서로 공통적인 어떤 것이 있다. 이성의 활동, 즉 '사고 작용'이라 부르는 우리 육체의 실질적 활동이 실제로 지향하고 있는 것은 바로 이런 공통적인 것을 발견하는 작업이다.

달리 표현하면, 적합한 관념은 그 형태에서 육체 밖에 있는 사물과 동일한 우리 육체의 의식상태일 뿐이다. 이것을 아주 분명하게 제시할 수 있다. 스피노자에 따르면 종이 위에(실재 공간에) 나의 손으로 하나의 원을 그릴 때, 나의 육체는 육체 밖에 있는 그 원의 형태와 완전히 동일한 상태, 즉 원의 형태로 실재하는 **활동** 상태가 된다. 나의 육체(나의 손)는 실제로 하나의 원을 그리며, 따라서 이런 상태에 대한 인식(사물의 형태와 일치하는 나 자신의 활동형태에 대한 인식)은 관념이고 더구나 '적합한' 관념이다.

스피노자가 전체적인 문제 해결의 관건으로 봤던 것은 다른 외적 물체의 형태와 일치하는 인간육체의 활동이다. 왜냐하면 "인간육체가 자신을 유지하기 위해 자신을 지속적으로 재생시키는 다른 많은 물체들을 요하고"[16] 또 "외적 물체들을 여러 가지 방식으로 움직이게 하고 배열하기"[17] 때문이다. 그러므로 "인간정신이 많은 사물들을 지각함으로써 인간정신의 소질은 육체가 배열될 수 있는 방법의 수에 비례해서 증가한다."[18] 달리 말하면, 외적 물체들을 움직이게 하고 배열하는 방법이 많고 다양할수록, 인간육체는 다른 물체들과의 공통점을 더 많이 갖게 되는 것이다. 그래서 육체는 원의 외형에 따라 운동하는 상태가 어떤지를 알고 있기 때문에, 같은 방식으로 모든 원 혹은 원운동을 하는 외적 물체들의 상태와 질서가 갖고 있는 공통적 상태가 어떤 것인지를 알게 된다.

나 자신의 상태(이런저런 외적 사물의 형태에 따른 활동)를 의식할 때, 나는 외적 사물의 형태에 대해 아주 정확하게 인식(적합한 관념)하는 것이다. 그런데 이런 인식은 나의 신체 상태, 즉 신체 활동을 나 자신의 신체와 그 부분들의 구조나 배열 상태에 따라 규정하지 않고, 오히려 외적 물체의 형태와 일치하게 능동적으로 규정하는 곳에서만, 그리고 그렇게 규정할 때에만 성립한다. 내가 이런 활동을 수행하는 방법을 많이 알면 많이 알수록 나의 사고작용은 더욱더 완전하게 되고, 그리하여 '정신'(스피노자의 표현을 살려, 당대에 통용됐던 언어를 사용한 것이다) 혹은 단순히 나의 육체의 의식상태(스피노자가 앞뒤 페이지들에서 '정신'으로 설명한 것이다)에 포함돼 있는 관념들은 더욱더 적합하게 된다.

그래서 스피노자가 설명을 시작하자마자 외적 대상의 세계와 인간육체의 내적 상태에 관한 데카르트의 이원론은 자취를 감춰 버린다. 데카르트의 이원론은 동일한 세계(물체들의 세계) 내의 차이로 이해되고, 물체들의 존재양식(활동)의 차이로 이해된다. 이제 비로소 인간육체와 두뇌 '특유의 구조'는 인간육체와 닮은 점이 없는 사물의 세계로부터 우리를 분리하는 장애물로 해석되지 않고, 오히려 반대로 사고하는 육체(그 밖의 모든 물체들과 대비해서)가 사물들과 동일한 상태로 존재할 수 있고 사물들과 공통된 형식을 가질 수 있도록 해 주는 보편성으로 해석된다.

스피노자 자신은 이것을 다음과 같이 표현하고 있다. 즉, "인간육체에 공통적이고 고유한 것에 관한 적합한 관념, 그리고 일반적으로 인간육체에 영향을 미치는 외적 물체들에 공통적이고 고유한 것에 관한 적합한 관념 — 외적 물체의 각 부분들에서와 마찬가지로 전체에서도 공통적이고 고유한 것에 관한 적합한 관념 — 은 인간정신 속에 존재할 것이다. 따라서 육체가 다른 물체들과 공통된 것을 많이 가지면 가질수록, 정신도 점점 더 지각에 적응할 것이라는 사실을 도출할 수 있다."[19]

따라서 "모든 물체는 말하자면 모든 사람들에 의해 적합하게(명석 판명하게) 지각되는 어떤 것들과 일치하기 때문에, … 모든 사람들에게 공통적인 어떤 관념 혹은 개념이 존재한다"는[20] 결론이 도출된다. 어떤 경우에도 이런 '공통관념'은 인간육체에 특유한 형식으로 해석될 수 없다. 그리고 "인간육체의 아펙투스[욕구, 쾌락, 고통]라는 관념을 통하지 않고서는, 인간정신은 실제로 존재하는 외적 물체를 지각하지 못한다"는[21] 사실(데카르트주의자들과 버클리에게서 나타났던 것처럼)에도 불구하고, '공통관념'을 외적 물체들의 형태로 잘못 이해하는 수가 있다.

사실 '인간육체의 아펙투스'는 물체의 세계 내에서 이뤄지는 육체의 활동이기 때문에 아주 객관적이지만, 그 육체의 활동과 다른 '형체 없는' 어떤 것에 근거한 물체의 활동결과는 아니다. 그러므로 "많은 사물들에 적합한 육체를 소유하고 있는 사람은 대부분 영원한 정신을 소유하고 있는 것이다."[22]

이상으로부터 "우리가 개별적 대상들을 더 잘 이해하면 할수록, 우리는 신(사물의 보편적 본질, 실체세계)을 더 잘 이해하는 것"이라는[23] 사실을 도출할 수 있다. 다시 말해서 개별적 대상들을 더 잘 이해하면 할수록, 우리의 활동은 더욱더 많은 개별적 사물들을 포함하는 것이고, 외적 물체 자체의 형태와 우리의 육체가 일치하는 활동을 더욱더 포괄적이고 깊이 있게 수행할 수 있게 된다. 그리고 우리가 자연 전체의 인과관계의 무한한 연쇄 고리에서 능동적 구성요소가 되면 될수록, 우리의 사고작용의 위력은 그만큼 덜 증가하는 것이고, 우리의 육체와 두뇌 '특유의 구조'에 '애매하고 부적합한' 관념(지성의 관념이 아니라 상상의 관념)이 그만큼 덜 섞여 있는 것이다. 우리의 육체가 능동적이면 능동적일수록, 우리의 육체는 더욱더 보편적으로 되는 반면, '자기자신으로부터' 비롯된 것을 더 적게 받아들이게 되며, 그리하여 사물의 실질적 본질을 더욱더 순수하게 밝히게 된다. 그러나 우리의 육체가 수동적이면 수동적일수록, 신체기관들(두뇌, 신경계, 감각기관 등등)의 구조나 배열 상태가 관념에 더욱더 영향을 미친다.

그러므로 심적인 활동을 실질적으로 구성하고 있는 것(사고의 논리적 구성요소를 포함하는)은 결코 인간육체와 두뇌의 부분들의 구조나 배열 상태에 의해 규정되지 않고, 오히려 '다른 물체들의 세계' 내에서 수행되는 보편적인 인간활동의 외적 조건에 의해 규정된다. 이런 기능적 규정은 두뇌의 구조적 분석에 대한 정확한 방향을 제시하고, 일반적 목표를 결정해 준다. 그리고 이런 기능적 규정은 두뇌 내에서 사고작용을 계속하도록 만드는 구조와 예컨대 소화·혈액순환 등을 지배하는 구조(사고과정과는 완전히 무관한)를 구별할 수 있는 기준을 제공한다.

이것이 스피노자가 역설적으로 그 당시의 모든 '형태학적' 가설들에 반대하고, 특히 제일의 '정신' 기관인 '송과선松果腺'의 특수한 역할에 대한 가설을 반대했던 이유다. 이 점에 대해 스피노자는 철학자들이 두뇌라는 신체 구조에 대한 사변적 가설을 세워서는 안 되고, 사고하는 육체 내에서 지속적으로 일어나고 있는 것들을 의사들, 해부학자들, 생리학자들에게 남겨 둬야 한다고 직설적으로 언급했다. 또한 철학자들은 과학자들을 위해 사고작용을 구조적으로 규정할 것이 아니라, 기능적으로 규정할 의무와 능력을 지녀야 한다. 나아가서 철학자들은 '형체 없는 정신', '신' 등등에 관한 애매한 관념에 호소해서는 안 되고, 사고의 기능적 규정을 엄격히 그리고 명확히 해야 한다.

그러나 만약 사고하는 육체(두뇌) 자체를 조사하는 것이 아니라, 오히려 무한히 다양한 우주 내에 있는 물체들 가운데 사고하는 육체의 객관적 활동을 구성하는 실질적 측면들을 신중히 고찰한다면, 사고의 기능적 규정을 발견할 수 있다. 두개골 안에서는 사고의 기능적 정의가 적용될 수 있는 그 어떤 것도 발견하지 못할 것이다. 왜냐하면 사고작용은 외적이고 객관적인 활동의 기능이기 때문이다. 따라서 두뇌의 해부학이나 생리학을 탐구해서는 안 되고, 사고를 능동적 기능으로 하는 그런 육체의 '해부학이나 생리학'을 탐구해야 한다. 다시 말해서 사고라는 능동적 기능을 수행하는 육체는 '인간의 비유기적 육체'이고, 인간의 문화세계의 해부학이자 생리학이며, 인간이 자신의 활동을 통해 생산하고 재생산하는 사물의 세계다.

그 특수한 본질(그 특수한 구조)을 확립하는 '필연성'으로부터 사고하는 유일한 '물체'는 결코 개별적 두뇌가 아니며, 두뇌·가슴·손을 가진 전체적 인간도 아니고, 인간에게 특수한 모든 해부학적 특징도 아니다. 스피노자에 따르면, 실체만이 필연적으로 사고를 지니고 있다. 사고작용은 전체로서의 모든 자연 내에서 그 필연적인 전제를 지닐 뿐 아니라 필수 불가결한 조건도 지니고 있다.

그러나 마르크스는 이것으로 충분하지 않다고 단언했다. 그에 따르면, 오직 자연만이 필연적으로 사유한다. 그리고 인간 자신의 삶을 사회적으로 창출하는 인간의 활동 무대를 이루고 있는 자연, 인간과 유사한 어떤 다른 생물이 되거나 혹은 인간이 돼 스스로를 변화시키고 스스로를 아는 자연, 보편적으로 변화하는 자연, 바로 이런 자연은 인간 외부에 있으면서 인간 자신에 속하는 것이기도 하다. 규모가 작거나 구조가 덜 복잡한 물체는 사고하지 못할 것이다. 노동은 사회적 인간의 활동을 통해 자연을 변화시키는 과정이고, 사고가 '술어'로 속해 있는 '주어'다. 그러나 자연, 즉 자연의 보편적 문제는 그 실체다. 실체는 인간 내에서 이뤄지는 모든 변화의 주체가 되기 때문에 자기원인causa sui이다.

3장
논리학과 변증법: 칸트

　이미 언급했듯이 변증법적 논리학이 어떻게 창출됐는지를 가장 직접적으로 알 수 있는 길은 경험이 가르쳐 준 '과거의 반복', 즉 마르크스·엥겔스·레닌의 작업을 반복하거나 혹은 18세기 말에서 19세기 초의 독일고전철학, 즉 칸트·피히테·셸링·헤겔과 연관된 급속한 정신적 성숙 과정이 논리학의 영역에서 인류에게 제공한 여러 성과들을 유물론적 관점에서 비판적으로 다시 고찰해 보는 것이다.

　'논리학의 문제'는 고대 이래 아주 짧은 기간 동안에 가장 급격한 '상상력의 비약'을 겪었으며, 그 자체로 내적인 변증법적 특성을 지니고 있다. 그래서 그 내적인 변증법을 아는 것만으로도 변증법적 사고가 계발될 정도다.

　특수과학으로서의 철학의 모든 문제가 사고란 무엇인가, 사고와 외부세계의 내적 관계는 무엇인가 하는 문제에 달려 있음을 분명하게 인식하고 정확하게 표현한 사상은 바로 독일고전철학이었다는 사실을 우선 염두에 둬야 한다. 데카르트·로크·스피노자·라이프니츠의 체계에서 이미 성숙된 이런 철학의 문제에 관한 이해는 모든 연구의 의식적 출발점이 됐고, 이전의 발전 결과들을 비판적으로 재정립하는 기본원리가 됐다. 200년 이상의 연구 성과가 칸트에 이르러 완성되면서, 철학은 그 자체의 특수한 문제를 이해하고 해결하는 데서 근본적으로 새로운 국면에 접어들었다.

이런 일련의 과정에 대한 비판적 검토와 분석은 물론 철학 자체의 내적 필요, 즉 완전함과 질서 정연함의 추구 ─ 철학자들 스스로는 이렇게 표현하지만 ─ 에 의해서만 요구된 것이 아니고, 오히려 주로 외적 상황의 강력한 압력, 즉 모든 지적 문화의 심각한 위기 상태나 혁명 직전의 상태에 의해 요구된 것이었다. 정치학에서부터 자연과학에 이르는 지적 활동의 모든 영역에서 발생한 심각한 사상적 갈등은 어쨌건 이데올로기 투쟁과 연관돼 있었다. 이런 사상적 갈등으로 말미암아 철학은 당시에 발생했던 문제의 근원을 궁극적으로 파헤치고 또 대중과 사상이 서로를 적대시하는 일반적 원인이 무엇인지를 밝혀서, 당시의 그런 상태로부터 벗어날 수 있는 합리적 방법을 발견해 내고 그것을 대중에게 제시해 줘야만 했다.

칸트는 파국적 대립의 상태로 서서히 들어서고 있던 시대에 서로 대립하는 사고의 중요한 원리들을 하나의 개념 틀 안에 포괄하려고 했던 최초의 철학자였다. 칸트는 그런 원리들을 하나의 체계로 통일시키고 조화시키려고 노력하는 가운데서 그의 의지와는 달리 기존의 철학 방법으로는 해결할 수 없었던 문제들의 본질을 분명히 드러냈다.

칸트는 과학의 현실적 상황을 홉스가 "불의와 폭력의 상태"로[1] 특징지었던 자연상태의 모습, 즉 만인에 대한 만인의 투쟁 상태로 이해했다. 이런 상태에서 과학적 사고(이성)는 "그 주장을 오로지 투쟁을 통해서만 확립하고 입증할 수 있을 뿐이다." 그런데 이 경우 "논쟁은 양쪽 모두 승리를 주장함으로써 끝나게 되고, 어떤 권위의 중재에 의해 일시적으로 휴전 상태로 조정되는 것이 일반적이다."[2]

달리 표현하면 칸트가 볼 때 '자연'상태를 이루고 있는 것은 대립하는 원리들의 긴박한 투쟁이었고, 그리고 그 원리들 각각은 보편적 의미와 승인을 주장하는 하나의 체계로 발전했다. 결국 사고의 실제적이고 분명한 '자연'상태는 바로 변증법이었다. 칸트는 이성의 궤적, 즉 전체적으로 진보하는 과학으로부터 '자연'상태를 완전히 제거하는 데에 관심을 두지 않고, 오히려 과학에서 발생하는 모순·논쟁·충돌·이율배반 등을 해소하는 데에 적합한 '합리적' 방법을 궁극적으로 발견하고자 했다. '권위'의 도움 없이 이성 그 자체가 불일치의 고통을 극복할 수 있을까? 칸트가 말했던 것처럼 "독단적일 뿐인 이성의 끝없는 논쟁은 마침내 사람들로 하여금 이성 자체에 대한 비판과 그 비판에 근거한 입법에서 구원을 모색하도록 했다."[3]

칸트는 이론가들 사이의 끊임없는 논쟁과 반목을 '학자들의 공화국'이 모든 사람들에게 승인되고 체계적으로 발전하는 단일한 '입법' 혹은 '이성의 헌법'을 갖지 못한 결과로 생각했다. 이때 '이성의 헌법'에 근거해, 모든 충돌의 해결책을 '생명을 건' 투쟁에서가 아니라 온건한 학적學的 논쟁의 영역, 즉 '합법적 절차나 소송'의 형태에서 찾을 수 있다. 이런 절차나 소송 과정에서 각 분파들은 자신의 주장을 논리적으로 입증할 때 의거할 수 있는 동일한 '법전'을 갖게 되고, 그래서 자기자신의 적대자들을 자기자신만큼 신임할 수 있는 동등한 분파로 인정함으로써 자신에게도 비판적 태도를 견지해 논리적 규칙에 위배되는 자신의 실수를 쉽사리 인정할 수 있게 된다. 오늘날에도 이의를 제기하기 어려운 이론가들의 상호관계에 대한 이런 이상을 칸트는 자신의 탐구 목표로 삼았다.

그래서 무엇보다도 전통적으로 논리학의 관할권이라고 인정돼 온 영역이 칸트의 중요한 관심사였다. 다른 한편 칸트는 기존의 논리학이 현 상황의 절박한 요구를 만족시켜 줄 수도 없고 또 현 상황을 분석하는 도구로 봉사할 수도 없다는 사실을 아주 분명히 인식했다. '논리학'이라는 용어는 그 당시 상당히 불신을 받고 있었으며, 그래서 헤겔이 논리학을 "수천 년 동안 존중받은 그만큼 이제는 멸시당하고 있다"고[4] 비웃은 것은 전적으로 정당했다. 논리학은 오직 독일고전철학자들의 근본적 쇄신 작업에 힘입어 사고과학이라는 이름에 어울리는 존엄과 위엄을 회복할 수 있었다. 특히 칸트는 논리학의 내용과 역사적 운명에 대한 비판적 분석을 통해 그 문제점을 제시하고 해결하고자 했던 최초의 인물이었다. 그는 처음으로 전통 논리학의 내용을 자연과학이나 사회 문제의 영역에서 일어나는 사고의 실제적 과정과 비교했다.

비록 진부하다고 비난받기는 했지만, 칸트는 특히 전통 논리학의 틀 내에서 체계화돼 있던 확실한 진리를 제시하고 정리하려는 목표를 세웠다. 바꿔 말하면 그는 사고작용의 본질에 관한 몇천 년간의 논의에도 전혀 영향을 받지 않고 남아 있었던 '변하지 않은 것', 즉 데카르트·버클리·스피노자·라이프니츠·뉴턴·하위헌스Huygens는 물론 어떤 이론가도 의심하지 않았던 '명제'를 제시하고자 했던 것이다. 칸트는 논리학으로부터 이런 '변하지 않는 것'을 뽑아낸 뒤, 그것이 아리스토텔레스와 그 주석가들에 의해 체계화된 몇 가지 보편명제라는 것을 깨달았다.

칸트가 논리학의 역사를 조망한 관점으로부터는 어떤 다른 결론을 끌어내기란 불가능하다. 왜냐하면 만약 스피노자와 버클리, 합리론적 자연주의자와 신학자 등 모든 사람들이 똑같이 동의하는 그런 명제만을 논리학에서 추구한다면, 그리고 모든 의견 차이나 논쟁을 괄호 밖에 둔다면, 괄호 안에는 한정된 전통 속에서 사고하는 모든 사람들에게 논의의 여지가 없는 것처럼 보이는 사고의 보편적 관념들(개념들) 이외에는 아무것도 남아 있지 않을 것이 분명하기 때문이다. 그래서 순수경험적 일반화가 존재하게 되고, 이것은 실제로 사고를 탐구하는 어느 이론가도 어떤 판단의 전체에 관해서는 논의할 수 없다는 사실만을 진술할 뿐이다. 그러나 이런 판단은 그 자체로는 참인지 아니면 일반적으로 수용된 공통적 환상일 뿐인지를 판가름할 수 없다.

지금까지 모든 이론가들은 수많은 규칙에 따라 사고했거나 사고하려고 했다. 그러나 칸트는 순수경험적 일반화를 논리학 일반의 주제에 관한 한계, 즉 논리학의 주제의 적법한 한계에 관한 이론적인 (보편적이고 필연적인) 판단으로 변형시켰다. "논리학의 영역은 아주 분명하게 한정돼 있다. 다시 말해서 논리학의 유일한 관심사는 사고의 모든 '형식적' 규칙들을 철저하게 설명하고 엄밀하게 증명하는 일이다."[5] 여기서 '형식적'이라는 말의 의미는 사고가 정확히 어떻게 이해되는가 하는 문제, 사고의 기원·대상·목표의 문제, 인간의 다른 능력과 사고의 관계문제, 외부세계와 사고의 관계문제 등과는 무관하다. 즉 규칙적인 사고작용을 규제하는 '외적' 조건의 문제가 어떻게 해결되는가, 그리고 형이상학적·심리학적·인류학적 고려 대상이 어떻게 해결되는가 하는 것과는 무관하다. "사고가 선험적이든 경험적이든, 사고의 기원과 대상이 무엇이든, 그리고 사고가 우리의 심성 Gemüt 속에서 우연히 혹은 당연히 만나게 되는 장애물이 무엇이든",[6] 칸트는 사고 일반의 이런 규칙들이 절대적으로 참이고 보편적 필연성을 지닌다고 언명했다.

그래서 논리학의 영역을 명확히 확정한 후에("논리학이 성공할 수 있었던 것은 논리학의 한계설정에 전적으로 기인한다. 이때 논리학의 한계설정이란 지식의 모든 대상과 그 차별성을 사상하는 것을 정당화한다 — 실제로 이렇게 사상하는 것에 근거한다."[7]), 칸트는 논리학의 근본적 가능성을 끈질기게 탐구했다. 논리학의 관할권은 아주 협소했다. 이미 언급했던 형식성 때문에 논리학은 대립하는 입장들의 차별성을 도외시했고, 그래서 라이프니츠와 흄의 논쟁에서 완전히 중립적이었다. 그뿐 아니라 밑도 끝도 없이 떠오른 생각이 아무리 불합리하고 어리석은 것이라 할지라도 어리석은 사람이 그런 생각들을 '올바르게' 말하는 한, 어리석은 사람과 현명한 사람의 논쟁에서도 완전히 중립적이었다. 불합리가 자기모순적이지 않는 한, 논리학의 규칙은 그 불합리를 논리적으로 정당화해야만 한다. 어리석음도 자기모순적이지 않다면 여과 없이 일반논리학을 자유로이 통과할 수 있게 된다.

칸트는 "일반논리학은 판단력을 위한 어떤 규칙도 포함하지 않으며, 포함할 수도 없다"는 점을 강조한다.[8] 여기서 판단력이란 "규칙에 **포섭시키는** 능력, 다시 말해서 어떤 것이 주어진 규칙의 적용을 받는지 받지 않는지(알려진 법칙의 사례인지 아닌지)를 식별하는 능력"이다.[9] 따라서 규칙 일반(일반논리학의 규칙을 포함하는)에 대한 가장 확실한 인식조차도 그 규칙의 올바른 적용을 보증하지 못한다. "판단력의 부족은 일반적으로 천치天痴라고 불리고, 그 결함은 치유될 수 없기"[10] 때문에, 일반논리학은 실질적 지식의 '오르가논'(도구·수단)이나 규준, 즉 기존의 지식을 검증하는 기준으로 사용될 수 없다.

그러면 도대체 이 경우에 일반논리학은 왜 필요한가? 칸트는 버클리·데카르트·라이프니츠에게 전적으로 동의하면서 다음과 같이 진술했다. 즉 이른바 분석판단의 정확성을 검사하기 위해서만, 말하자면 이미 머릿속에 존재하는 관념 — 이 관념이 그 자체로 불합리하다고 할지라도 — 을 궁극적으로 언어로 표현하기 위해서만 필요할 뿐이다. 일반논리학은 개념(즉 엄밀히 규정된 관념)과 경험, 개념과 사실(이 사실의 규정) 사이의 모순에 관해 아무것도 말할 권리가 없다. 왜냐하면 이런 모순은 이미 개념에 포함돼 있던 의미를 드러내는 문제가 아니라 사실을 개념의 정의에 포섭시키는 문제이기 때문이다.(예를 들어, 내가 "모든 백조는 희다"라는 사실을 확언하고, 그런 후에 모든 점에서 백조와 동일하고 색깔만 다른 어떤 새를 봤을 때, 일반논리학이 아무런 해결책을 제시하지 못함으로써 나는 난점에 봉착하게 될 것이다. 이 새는 모순 없이는 '백조'라는 나의 개념에 포섭되지 못할 것이 분명하고, 그래서 나는 '이 새는 백조가 아니다'라고 말해야 할 것이다. 그럼에도 만약 내가 그 새를 백조로 인정한다면, 개념과 사실의 모순은 개념의 규정들 사이의 모순으로 전환할 것이다. 왜냐하면 판단의 주어(백조)가 상호 배타적인 두 술어('희다'와 '희지 않다')에 의해 규정될 것이기 때문이다. 이것은 허용될 수 없고, 또한 최초의 나의 개념이 잘못 규정됐기 때문에 모순을 제거하려면 개념정의를 바꿔야만 한다.)

그래서 특정 사실이 주어진 개념에 포섭되느냐 포섭되지 않느냐하는 문제가 제기될 때마다, 모순의 출현은 판단의 정확성 혹은 부정확성의 지표로 간주될 수 없다. 모순이 최초의 개념을 뒤엎고 그 모순성, 즉 거짓임을 드러내 주는 특정한 경우에는, 판단이 참일 수도 있다. 이 때문에 우리는 경험판단과 사실을 개념정의에 포섭시키는 활동 그리고 경험적 사실을 통해 최초의 개념을 구체화시키는 활동이 문제가 되는 곳에서는 경솔하게 일반논리학의 기준을 적용할 수 없다. 이런 판단의 활동에서는 최초의 개념은 새로운 규정이 부가되지 않고서는 설명되지 않는다. 여기서는 이미 존재하는 규정들을 세분화하는 분석이 발생하지 않고, 오히려 규정들을 통합하는 종합이 발생한다.

모든 경험판단은 예외 없이 종합적인 성격을 지닌다. 이런 판단의 구조 속에 모순이 존재하는 것은 결국 경험적 사실에 맞춰 개념을 더욱 정확하게 만들어 가는 과정에서 일어나는 당연하고 불가피한 현상이다.

달리 표현하면, 일반논리학은 판단력에 관해 언급할 권리가 없다. 왜냐하면 판단력은 개념정의에 직접적으로 모순되는 사실을 개념정의에 포섭시킬 권리를 지니고 있기 때문이다.

따라서 경험적 개념은 언제나 경험에 의해, 즉 눈에 띄는 최초의 사실에 의해 거부될 위험에 처해 있다. 결국 순수경험적 성격의 판단, 다시 말해서 경험적으로 주어지고 감각적으로 고찰된 대상이 주어의 역할을 하는 판단(가령 백조에 관한 진술)은 필수적 조건이 덧붙여져야만 참이 되고 올바르게 된다. 이를테면 '지금까지 우리의 경험영역 내에 나타났던 모든 백조는 희다'와 같은 진술은 반박의 여지가 없다. 왜냐하면 이 진술은 여태껏 볼 수 없었던 동일한 종류의 개별자에게 적용된다는 주장을 하고 있지 않기 때문이다. 나아가 경험은 개념정의를 바로잡고 진술의 술어를 바꿀 권리를 지니고 있다.

사실상 우리의 이론적 지식은 이런 난점에 끊임없이 직면하고 있고 언제나 직면할 것이다.

그러나 이렇듯 과학이 개념과 사실의 끊임없는 상호관계를 통해서만 발전한다면, 즉 과학이 반복적 충돌을 해결하는 무한한 과정을 통해서만 발전한다면, 이론적인 과학적 개념의 문제가 즉각적이고 첨예하게 제기된다. 보편성과 필연성을 주장하는 이론적·과학적 일반화(개념)는 경험적·귀납적 일반화와 다른가?(러셀은 여기서 야기되는 혼란을 우화의 형식을 빌려 재미있게 묘사했다. 우리 속에 칠면조 한 마리가 있었다. 농부는 매일 칠면조에게 모이를 줬고, 그래서 칠면조는 농부가 나타나는 것은 곧 모이를 주는 것이라는 결론을 확실히 내릴 수 있었다. 그러나 어느 화창한 날 농부는 모이가 아닌 칼을 가지고 나타났다. 이것은 과학적 일반화에 이르는 길에 대해서 좀 더 정확한 생각을 갖는 것이 칠면조에게 이로웠음을 설득력 있게 입증해 주고 있다.)

달리 표현하면, 이런 일반화가 특정한 대상과 관련된 단편적 경험으로부터 도출됐음에도 불구하고, 이 일반화가 과학적 **예언**을 제공하는 개념이라고 주장할 수 있는가? 이 일반화가 자기동일적 대상(물론 이 대상이 미래의 관찰에서 처하게 될지도 모르는 다양한 조건의 영향을 고려해)에 관한 미래의 경험을 보증한다고 주장할 수 있는가? 개념은 다른 시간에 다른 장소에서는 존재하지 않을지도 모르는 다소 우연적인 공통의 속성들뿐 아니라 **특정한 종류의 대상의** '실체' 자체나 그 본질 그리고 그 존재법칙을 표현할 수 있는가? 이를테면 다음과 같은 규정들이 가능한가? 즉 그 규정이 없으면 그 개념의 대상도 없고(불가능하고 생각할 수도 없고), 따라서 이미 다른 대상이 존재할 때 그 개념정의를 반박할 수도 확증할 수도 없는 그런 규정이 가능한가?(예를 들어, 사각형이나 삼각형을 고찰할 때, 원이나 타원의 속성들에 관한 우리의 이해는 별로 관계가 없다. 왜냐하면 '원의 원주'라는 개념정의는 특정한 종류의 도형의 경계선, 즉 그것을 넘을 때는 다른 종류의 도형이 되는 경계선을 엄밀히 기술하는 술어들을 포함하고 있기 때문이다.) 그래서 개념은 미래의 '어떤 가능한'(칸트의 용어로) 경험에 의해 (특정 개념의 대상 자체를 제거하지 않고는) 제거될 수 없는 '술어들'을 전제하고 있다.

그래서 칸트주의자들은 순수경험적 일반화와 이론적·과학적 일반화를 구별한다. 개념의 규정들은 보편성과 필연성에 의해 특징지어져야 한다. 다시 말해서 미래의 어떤 경험에 의해 반박될 수 없는 방식으로 제시돼야 한다.

순수경험적 판단이나 일반화와는 달리, 이론적인 과학적 판단이나 일반화는 어떤 경우에도 보편적이고 필연적이어야 하며(그러나 이런 주장의 형이상학적·심리학적·인류학적 근거는 설명된다), 정상적 정신을 지닌 모든 사람의 경험에 의해 확인될 수 있어야 하고, 반박돼서는 안 된다. 그렇지 않으면 모든 과학은 아주 제한된 상황에서만 타당하고 정당화되는 짤막한 말을 편의대로 내뱉는, 말하자면 특별한 경우에만 적용될 수 있는 말을 어느 경우, 어느 시간, 어느 장소에서나 절대적이고 보편적인 진리인 듯 무심코 주장하는 동화 속에 나오는 바보의 말 이상의 가치를 지닐 수 없다.

과학의 이론적 일반화(그리고 두 개 이상의 개념을 연결하는 판단)는 개념의 정의를 진술해야 할 뿐 아니라 개념의 적용 조건인 필연성과 보편성도 충분히 보여 줘야 한다. 그러나 이것은 지극히 어렵다. 필요한 조건들의 전체 목록을 만들었다고 전적으로 확증할 수 있는가? 실제로 필요한 조건들만 그 속에 포함돼 있다고 확신할 수 있는가? 혹시 절대로 필요한 조건은 빠져 있고 불필요한 조건이 포함돼 있지는 않은가?

칸트는 이 문제 역시 미해결로 남겨 놨다. 여기에는 언제나 오류의 가능성이 있기 때문에 그는 옳았다. 실제로 과학은 얼마나 오랫동안 특수한 것을 일반적인 것으로 여겨 왔던가. 어쨌든 '일반'논리학, 즉 순수 형식논리학이 여기서 단순히 일반적인 것과 보편적인 것, 지금까지 관찰된 것과 미래에 관찰될 것 모두를 — 비록 우리의 경험이 아무리 오랫동안 지속되고 또 그 경험이 포괄하는 사실의 영역이 아무리 넓다 할지라도 — 구별할 수 있는 규칙을 형식화시킬 권리가 없음은 분명하다. 일반논리학의 규칙으로는 '모든 백조는 희다'라는 유형의 판단과 '모든 물체는 연장을 지닌다'라는 유형의 판단을 전혀 구분할 수 없다. 왜냐하면 이런 판단들의 차이는 판단의 형식에 있는 것이 아니라 오로지 그 판단에 포함돼 있는 개념의 내용과 기원에 있기 때문이다. 전자는 경험적이어서 지나간 과거의 경험과 관련해서만 충분한 설득력을 지닌다(칸트의 용어로 말하자면 이것은 후천적으로a posteriori 참일 뿐이다). 후자는 미래나 자연적 물체에 대한 가능한 경험과 관련해서 더욱 강력한 설득력과 정당성을 주장하고 있다(칸트의 용어로 말하자면 이것은 선험적으로a priori, 즉 경험적으로 검증되기 이전에 참이다). 이 때문에 우리는 다음과 같은 사실을 확신할 수 있다. 즉, 우리가 공간적으로 아무리 멀리 돌아다니고 아무리 깊이 물질을 꿰뚫어 봐도 어디에서도 결코 우리의 확신을 거스르는 '자연적 물체', 즉 '연장 없는 물체'를 발견할 수 없다(그리고 과학은 우리의 확신에 필연적 긍정성을 부여한다).

왜 그럴까? 본질상 연장 없는 물체는 존재할 수 없기 때문일까? 칸트는 여기에 답하려는 것은 건방진 일이라고 했다. 우리가 말할 수 있는 것은 다음과 같은 사실뿐이다. 이런 놀라운 물체 — 연장 없는 물체 — 들이 무한한 우주에 존재한다 할지라도, 어쨌든 그것들은 우리의 시야와 경험의 영역 내에 결코 들어올 수 없다. 만약 그 물체들이 시야와 경험의 영역에 들어온다면, 우리는 그것들을 연장된 것으로 지각할 것이다. 그러지 않으면 그것들은 결코 지각되지 않을 것이다. 왜냐하면 사물을 공간형식에서는 연장으로, 시간형식에서는 지속으로 지각할 수 있는 것이 우리의 지각 기관의 구조이기 때문이다.

사물들은 '그 자체로는' 그런 상태로 존재한다고 말할 수 있을는지도 모른다. 칸트는 이것을 긍정하거나 부정하는 것은 불가능하다고 생각했다. 그러나 '우리에 대해' 사물은 분명히 그런 상태로 존재하며 그 밖의 다른 방식으로 존재할 수 없다. 왜냐하면 다른 방식으로 존재할 경우에 사물은 일반적으로 우리의 경험의 부분일 수도 없고 경험의 대상이 될 수도 없으며, 따라서 과학적 진술과 명제, 즉 수학·물리학·화학 그리고 그 밖의 여러 분과의 기초일 수도 없기 때문이다.

사물의 시간적·공간적 규정(사물을 수학적으로 기술하는 양식)은 가능한 어떤 경험에 의해서도 반박될 염려가 없다. 왜냐하면 그런 규정은 바로 가능한 경험이라는 조건하에서는 분명히 참이기 때문이다.

모든 이론적 명제 자체(즉 둘 혹은 그 이상의 규정들로 결합돼 있는 모든 진술)는 보편적이고 필연적이며 더는 경험에 의해 확증될 필요가 없다. 이것이 칸트가 이론적 명제들을 선험적이고 종합적인 진술로 규정한 이유다. 이론적 명제의 이런 특성 때문에 '2×2'는 지구나 그 외 다른 행성에서도 5나 6이 아니라 4라는 사실, 정사각형의 대각선은 변과 같지 않다는 사실, 그리고 갈릴레이·뉴턴·케플러에 의해 발견된 법칙들은 우리의 탐구영역이나 그 외 우주의 어느 곳에서도 동일할 것이라는 사실 등을 확신할 수 있다. 왜냐하면 오직 전적으로 **보편적이고 필연적인** 정의들(상술한 의미로), 다시 말해 개념의 술어들이 이런 이론적 명제들 속에 함께 연결(종합)돼 있기 때문이다.

그러나 만약 과학이 취급하는 주된 문제가 분석판단이 아니라 종합판단이라면, 그리고 일반논리학이 분석적 올바름(참)만을 판단할 수 있다면, 일반논리학과는 다른 특수한 논리학이 있어야 한다는 결론이 도출된다. 그와 같은 특수한 논리학은 지성의 이론적 적용에만 관계하고, 또 이론적 판단(칸트의 용어로 선험적 종합판단), 즉 보편적이고 필연적인 따라서 객관적인 판단을 산출하는 규칙들에만 관계한다.

"우리가 어떤 판단을 필연적이고 보편타당한 것으로 간주할 수 있는 이유를 발견했을 때, … 우리는 그 판단을 객관적인 것으로 간주해야 한다. 즉, 그 판단은 우리의 주관에 대한 지각 관계뿐 아니라 대상의 성질도 표현하는 것으로 생각해야만 한다. 만약 판단들 모두가 관계하고 일치하는 대상의 통일성이 없다면, 나의 판단과 다른 사람들의 판단이 필연적으로 일치해야 하는 근거가 있을 수 없기 때문이다. 그러므로 판단들 모두는 서로 일치해야만 한다."[11]

사실 우리는 모든 인간의 일반적 경험영역 밖에 있는 물자체物自體에 대해 아직 아무것도 모르고 있다. 그러나 이론적 명제는 우리 자신과 똑같은 유기적 조직을 지닌 현재와 미래의 모든 인간의 경험이 우리의 경험과 필연적으로 동일하게 나타나리라는 것(따라서 누구나 우리의 진술의 올바름(참)을 검증할 수 있으리라는 것)을 보장해 줘야 한다.

그래서 칸트는 특히 사고를 이론적으로 적용하는 원리와 규칙을 취급하는 논리학이 있어야 한다는 결론을 내렸다. 그런 논리학은 일반논리학의 규칙을 특별한 이론적 문제를 해결하는 데에 적용하는, 즉 보편적이고 필연적인, 따라서 객관적인 판단을 산출하는 행위에 적용하는 조건의 원리와 규칙을 취급하는 논리학(혹은 논리학의 특수 분과)을 말한다. 일반논리학과는 달리, 이 논리학은 여전히 내용과 기원의 측면에서 지식들(관념들) 간의 차이점을 무시할 수 있는 자격을 부여받지는 않았다. 이 논리학은 결론이나 일반화 그리고 명제 등의 보편성과 필연성을 주장하는 사고작용에 대한 적합한 규준(비록 방법은 아니지만)으로 봉사할 수 있고 봉사해야만 한다. 칸트는 이것을 선험적 논리학, 즉 진리의 논리학이라 했다.

여기서 칸트가 무엇을 오성의 종합 작용, 즉 머릿속에 이미 존재하는 관념을 명확하게 하는 작용이 아니라 새로운 인식을 성립시키는 작용이라 명명했는가 하는 문제가 중요한 관심사로 등장한다. 칸트는 "나는 가장 일반적인 의미의 **종합**을 상이한 표상들을 함께 모으는 작용, 즉 하나의 인식(행위) 속에서 표상들의 다양성을 포착하는 작용으로 이해한다"라고 말했다.[12] 그래서 그는 종합에 내용과 시간의 두 측면에서 모든 분석에 선행하는 근원적 사고작용의 역할과 '의미'를 부여했다. 분석은 기존의 관념과 개념을 조정하는 작용이고 반면에 종합은 새로운 개념을 산출하는 작용이다. 따라서 일반논리학은 이런 작용에 대해 매우 제한적인 관계를 가지며, 그래서 일반적으로 사고작용의 근원적·원초적 형식에 대해서도 제한적 관계를 갖고 있다.

칸트가 주장했듯이, 사실 이성이 어떤 것과 미리 결합해 있지 않다면 이성을 나눌 필요가 없으며, 그리고 "우리의 표상을 분석하기 이전에 표상은 그 자체로 주어져 있어야 하며, 따라서 내용에 관한 개념은 분석을 통해 생겨날 수 없다."[13] 그래서 근원적이고 근본적인 논리적 형식은 일반논리학의 원리, 즉 분석판단의 근본원리(가령 동일률·모순율)가 아니라 오히려 잡다한 관념들을 새로운 어떤 관념으로 구체화해 하나로 **통일시키는** 보편적 형식·도식·수단이고, **다양성**에서 **통일성**을 보증하는 도식이며, 다른 것들을 통일시키고 이질적인 것들을 결합하는 수단이다.

그래서 칸트는 자신의 설명이 형식적 질서를 지니고 있음에도 불구하고 다음과 같은 사실을 본질적으로 확신하고 있었다. 즉 실로 보편적인 — 원초적이고 근원적인 — 논리적 형식은 결코 전통적 형식논리학에 의해 주어진 것이 아니며, 오히려 전통적 형식논리학이 논리학의 '두 번째 층'이며, 따라서 파생적이고 이차적인 것이다. 더구나 전통적 형식논리학은 더욱 보편적이고 중요한 것, 즉 개념과 판단을 구성하는 규정들의 '종합'에 관계하는 명제와 일치할 때에만 참이다.

이것은 분명히 사고과학으로서의 논리학의 주제에 관한 획기적 변화였다. 여기서 칸트가 과학으로서의 논리학의 발전과정에서 근원적으로 새로운 변증법적 단계를 실질적으로 창시했음에도 불구하고, 일반적으로 칸트의 사고이론을 설명할 때 이 점에 충분한 주의를 기울이지 않고 있다. 칸트야말로 범주를 사고의 주요한 논리적 형식으로 보기 시작한 최초의 철학자였다. 그래서 그는 이전의 전통철학이 논리학의 영역에 포함시키지 않고 존재론과 형이상학의 영역에 포함시켰던 모든 것을 논리학의 주제로 삼았다.

"하나의 의식에서 표상들이 결합하는 것이 판단이다. 따라서 사고하는 것은 판단하는 것 혹은 표상들을 판단 일반에 관계시키는 것과 같다. 그러므로 표상들이 오직 한 주관의 의식에 관계해 그 속에서 결합될 때만, 판단은 주관적이다. 그렇지 않고 표상들이 의식일반에서 필연적으로 결합될 때, 판단은 객관적이다. 모든 판단의 논리적 기능은 의식에서 표상들을 결합하는 다양한 양식일 뿐이다. 그런데 만약 이 양식이 개념의 역할을 한다면, 이 양식은 의식에 나타나는 표상들의 필연적 결합에 관한 개념이며 따라서 객관적으로 타당한 판단의 원리다."[14]

그러므로 범주는 '객관적으로 타당한 판단의 원리'다. 전통 논리학은 바로 이런 사고의 근원적·논리적 형식의 탐구를 무시했기 때문에, 이론적이고 과학적인 인식의 운동을 설명할 수도 없었고, 또한 그 이론 자체에서 풀리지 않는 문제를 매듭짓지도 못했다. 칸트는 "나는 논리학자들의 판단 일반에 관한 설명을 받아들일 수 없었다"고 말했다. "그들이 주장하는 바에 따르면, 판단은 두 개념의 관계에 관한 표상이다. 이런 설명은 정언판단에만 적용되고, 개념들의 관계가 아니라 판단들의 관계를 포함하고 있는 가언판단과 선언판단에는 적용되지 않는다. 여기서 나는 이런 설명 가운데 무엇이 골치 아픈 숱한 결론들을 야기시키는 결함인지에 관해서 그들과 논쟁하지 않는다. 다만 나는 그런 정의가 관계의 본질을 규정하고 있지 못함을 지적할 따름이다."[15]

분명히 칸트는 범주를 논리적 단위로 이해했고, 범주의 논리적 기능을 인식을 산출하고 변형하는 과정으로 해명했다. 우리가 살펴보게 되겠지만, 사실 칸트는 논리학이 존재론으로부터 수용한 범주의 정의에 대해서는 거의 무비판적인 태도를 보였다. 그러나 다음과 같은 문제점이 드러났다. 즉, 범주의 정의를 '객관적' 판단에서 관념들을 서로 연결하는 논리적(즉 보편적·필연적) 도식 혹은 원리로 이해했다는 점이다.

그래서 범주는 일반적으로 일관된 경험을 가능하게 하고 다양한 지각들을 인식의 형태로 구성하는 주관 활동의 보편적 형식(도식)이다. "경험은 연관을 맺고 있는 지각들에 의한 인식이기 때문에, 범주는 경험을 가능하게 하는 조건이고 따라서 모든 경험 대상에 대해 선험적으로 타당하다."[16] 그러므로 보편적 의미를 지니고 있는 모든 판단은 명시적이든 암묵적이든 언제나 범주를 포함하고 있다. 다시 말해서 "우리는 범주를 통하지 않고서는 어떤 대상도 사고할 수 없다."[17]

만약 논리학을 사고과학이라고 한다면, 바로 이런 범주 이론을 사고의 범주규정의 정합적 체계로 발전시켜야 한다. 그렇지 않으면 논리학은 사고과학이라고 불릴 자격이 없다. 칸트는 논리학의 주된 본질을 인식의 범주규정으로 이해하고, 논리학을 범주의 설명체계, 즉 대상 일반을 특징짓는 보편적이고 필연적인 개념들 ― 바로 이 개념들은 전통적으로 형이상학적 탐구의 독점물로 간주됐다 ― 의 설명체계로 이해한 최초의 철학자였다(종종 헤겔로 잘못 알고 있다). 동시에 이것은 바로 칸트의 사상의 본질과도 연결돼 있다. 범주는 주관의 인식활동에 대한 보편적 형식(도식)일 뿐이다. 다시 말해서 범주는 개인의 심리적 활동이 아니라 인간의 '일반적' 활동, 과학 발전의 비인격적(사회적) 과정, 보편적인 과학적 지식을 개별의식에서 구체화하는 과정 등으로 이해되는 사고의 순수논리적 형식이다.

칸트가 논리학을 이와 같이 이해했던 최초의 철학자를 아리스토텔레스라고 여기고, 동시에 중세 전통에서 논리학의 영역과 권한을 협소하고 형식적으로 이해하게 했던 ― 비록 논리학에 대한 이런 이해가 실제로 아리스토텔레스의 논리학은 아니지만 ― 책임도 또한 아리스토텔레스에게 있다고 한 것은 근거 없는 일이 아니다. 칸트는 아리스토텔레스가 범주표를 추론하는 과정을 제시하지 않고 그 당대의 현존하는 의식에 이미 작용하고 있던 범주들을 단순히 간추려 모았다고 비판했다. 그러므로 아리스토텔레스의 범주표는 '경험론'에 의해 시달림을 받았다. 게다가 칸트의 비판은 더욱 신랄했다. 범주의 논리적 기능을 설명하는 것으로 만족하지 않았던 아리스토텔레스는 '형이상학적 의미'를 범주에 부여했다는 것이다. 즉, 범주를 정신활동의 논리적(즉 이론적인 인식의) 도식으로 설명했을 뿐 아니라 존재의 보편적 형식, 물자체 세계의 보편적 규정으로도 설명했다는 것이다. 말하자면 아리스토텔레스는 가장 순수한 논리적 도식을 대상성 자체에 대한 보편적 이론인 형이상학으로 '실체화'했다.

그래서 칸트는 아리스토텔레스의 가장 큰 잘못이 사고의 형식을 존재의 형식으로 간주하고, 따라서 논리학을 형이상학, 즉 존재론으로 바꿔 놓은 데에 있다고 봤다. 그러므로 아리스토텔레스의 잘못을 고치기 위해서는 형이상학을 논리학으로 바꿔 놔야만 했다. 말하자면 칸트는 아리스토텔레스의 최초의 가르침을 다르게 받아들임으로써 아리스토텔레스의 진정한 중요성을 '논리학의 아버지'라는 점에서 찾았으나, 그런 이해는 《형이상학》(Metaphysics)의 저자라는 한계의 틀을 벗어나서 이뤄진 것은 아니었다. 그래서 칸트는 아리스토텔레스와 그의 논리학에 대한 중세적 해석 — 이는 아리스토텔레스의 논리적 가르침을 《오르가논》(Organon)에서만 찾았다 — 을 단번에 뿌리째 뽑아 버렸다. 논리학과 형이상학을 이처럼 부자연스럽게 분리한 것은 사실상 아리스토텔레스에 기인한 것이 아니라 스토아철학과 스콜라철학에 기인한 것이었지만(중세의 편견 때문에 생겼지만), 칸트에 의해 제거되고 극복됐다.

칸트는 《순수 이성 비판》(Critique of Pure Reason)에서 자신의 고유한 범주체계를 제시하지 않고, 다만 범주체계를 일반적 형태로 만들고자 했다. "왜냐하면 지금 우리는 체계의 완성에 관심을 갖고 있는 것이 아니라 단지 체계의 구성에 수반되는 원리에 관심을 갖고 있기 때문이다."[18] 또한 그는 논리학을 상세히 설명하지 않고, 오히려 새롭게 이해된 논리학의 주제에 관한 가장 일반적인 원리와 개요, 즉 논리학의 가장 일반적인 범주(양·질·관계·양상 등인데 이것들 각각은 다시 삼분돼 더욱 구체화된다)를 다뤘다. 칸트는 이런 원리에 사로잡혀 있었기 때문에 논리학의 체계를 발전시키는 것이 더는 특별한 작업이 아니라고 생각했다. 말하자면 "필요한 설명을 곁들인 용어 풀이는 가능한 작업일 뿐 아니라 손쉬운 작업이다."[19] "이것은 존재론 입문서의 도움으로, 가령 인과성의 범주에 힘·능동·수동이라는 속성을, 상호성의 범주에 현존·대립이라는 속성을, 양상의 범주에 생성·소멸·변화라는 속성을 위치시킴으로써 쉽게 이뤄질 수 있다."[20]

일반논리학의 경우에서와 마찬가지로, 여기서 다시 칸트는 전통 형이상학의 내용과 범주규정에 대해 완전히 무비판적인 태도를 취했다. 왜냐하면 그는 새로운 논리학을 창출하는 과제를 바로 무비판적으로 재정립하는 것, 즉 순수 형식적 측면에서 전통 형이상학(존재론)을 논리학으로 변형하는 것으로 생각했기 때문이다. 실제로 그의 작업은 이따금 '존재론적' 개념을 '논리적' 개념으로 단순히 바꿔 부르는 결과를 초래했다. 그러나 칸트에 의해 제기된 과제는 쉽게 성취될 수는 없는 것임이 곧바로 알려졌다. 왜냐하면 그 과제를 성취하기 위해서는 철학체계 전체에 대한 형식적 변화가 아니라 아주 광범위한 근본적 변화가 요구되기 때문이다. 칸트 자신은 여전히 이런 사실을 분명하게 깨닫지 못했다. 말하자면 그는 저 유명한 순수이성의 네 가지 이율배반이라는 형태로 전통 형이상학의 변증법적 모순을 부분적으로 간파했을 따름이다. 그렇지만 출발점은 마련된 셈이었다.

칸트에 따르면 범주는 감각적 경험(지각)의 사실들을 개념과 이론적(객관적) 판단의 형태로 서로 결합시키는 지성 활동의 순수 논리적 형식, 즉 도식이다. 범주 그 자체는 공허하다. 그리고 범주를 경험적 사실을 일반화하는 논리적 형식 이외의 것으로 사용하려는 모든 시도는 허무맹랑한 것일 뿐이다. 칸트는 이런 생각을 자기자신의 고유한 방식으로 표현했는데, 어떤 경우에도 범주를 인간의 의식과 경험 밖에 존재하는 물자체에 대한 추상적 규정으로 이해하는 것은 불가능하다고 단언했다. 범주는 보편적(추상적-보편적) 방식으로 인식할 수 있는 대상인 외적 대상만을 특징짓는다. 우리는 이 외적 대상을 필연적으로 사고하며, 이 외적 대상은 감각기관과 사고작용의 형식이라는 프리즘을 통해 굴절된 후에 의식에 나타난다. 따라서 선험논리학, 즉 진리의 논리학은 사고작용의 논리학, 사고작용의 이론일 뿐이다. 논리학의 개념들(범주들)은 경험영역 밖의 '선험적' 세계에서 물질의 모습이 어떤지, 그리고 인과성, 필연성, 우연, 양적·질적 차이, 발생한 사건의 개연성과 필연성의 차이 등등이 어떻게 존재하는지에 관해서 우리에게 아무것도 알려 주지 않는다. 칸트는 이 문제에 답하는 것은 불가능하다고 생각했다. 그러나 경험적으로 주어지는 세계에서는, 사태는 분명히 논리학이 보여 주는 것과 똑같이 존재하기 때문에 과학은 그 이상의 어떤 것을 요하지 않는다.

그러므로 과학은 언제 어디서나 원인과 법칙을 발견해야만 하고, 개연적인 것과 절대 필연적인 것을 구별해야만 하며, 임의의 특수한 사건이 발생할 개연성(확률)을 설명하고 수치로 나타내야만 한다. 과학이 관계하는 세계에서는 가설적으로 어떤 요인들을 상정한다 할지라도 '비연장적인' 혹은 '영원한' 요인들(즉 시간과 공간 범주의 영향력을 벗어나 있는), '영적인' 힘, 절대 불변의 '실체' 그리고 전통 형이상학의 또 다른 잡동사니 등은 전혀 필요하지 않다. 이제 전통적 존재론은 비록 원리적으로 새롭고 '비판'에 의해 명료하게 됐다 할지라도, 어떤 하나의 과학으로 대체돼서는 안 되고 수학, 역학, 물리학, 화학, 천체 역학(천문학), 지질학, 인류학, 생리학 등 실제적 실험과학 전체에 의해 대체돼야만 한다. 오로지 선험논리학의 범주를 통해서 경험의 자료를 일반화하는 현재의 모든 과학(그리고 미래에 나타나게 될 과학을 포함해)만이 전통적 존재론이 독점해 왔던 과제를 떠맡을 수 있는 위치에 있다.

그러나 칸트는 과학이 그런 과제를 떠맡아야 한다고 강조했지만, 그것을 해결해야 한다고 강조하지는 않았다. 실제로 과학은 그 과제를 해결할 수 없다. 왜냐하면 전체로서의 세계에 대한 상을 묘사하는 경험이 완전하지 않기 때문이 아니라, 다만 그 과제가 문제의 본질상 해결될 수 있는 것이 아니기 때문이다. 결국 칸트는 그런 과제가 해결 불가능하다고 본 이유를, 나날이 발전하는 과학이 더욱더 많은 새로운 사실의 영역을 발견해 원래의 전제를 수정하고 그래서 과학이 세계를 구성할 때 절대적 궁극성을 개념적으로 성취할 수 없다는 점에서 찾지 않았다. 만약 칸트가 이렇게 논의했다면, 전적으로 옳았을 것이다. 그러나 이런 올바른 생각이 오히려 칸트에게서는 다른 형태로 표현돼 불가지론의 기본명제로 바뀌었다. 다시 말해서 과학적으로 입증된 통일적 세계상을 그 어떤 순간에도 상대적으로 만족스럽게 구성하는 것조차 불가능하다는 주장으로 바뀌었다.

세계에 대한 상은 이율배반과 내재적 모순 그리고 변증법의 파괴력에 의해 즉시 무너지기 때문에, 그런 상을 구성하려는 모든 시도가 착수되는 순간에 부득이 실패한다는 사실이 문제점이었다. 세계에 대한 상은 필연적으로 자기모순적 — 칸트에서는 거짓과 동의어 — 이다. 왜 그럴까? 인간지성의 최고의 종합 기능인 이성의 논리적 구조에 대해 분석하고 있는《순수 이성 비판》의 한 장에 그 대답이 있다.

분명히 일반논리학과 선험논리학의 권한을 벗어나는 또 다른 과제가 있다. 이 과제는 과학적 이해와 끊임없이 충돌하는 것으로, 하나의 공통 원리로부터 전개된 단일한 이론을 구성하는 모든 개별적인 '실험적' 진술들을 이론적으로 종합하는 것이다. 이 일은 감각적으로 관찰돼 의식 속에 주어진 경험적 사실들을 일반화하는 것이 아니라, 즉 그런 사실들을 결합하고 통일시키는 것이 아니라, 개념들 자체를 결합하고 통일시키는 것이다. 이것은 더는 이성에서 감각적 사실들을 종합하는 도식의 문제가 아니라, 오히려 이론의 구조, 개념과 판단 체계의 구조에서 이성 그 자체와 이성 작용의 산물들을 통일시키는 문제다. 개념을 통해 사실적 자료를 일반화하는 것과 이론·'이념'이나 보편적 지도 원리를 통해 개념들을 일반화하는 것은 물론 전혀 다른 작용이다. 그리고 그 작용 규칙도 다른 것임이 틀림없다.

그러므로 칸트의 논리학에는 또 다른 층이 있다. 즉 이성적인 개별 행위가 아니라 전체로서의 이성 — 독립적이며 부분적으로 작용하는 종합의 도식이 아니라 최고의 종합 기능을 하는 사고 — 을 비판적으로 조정하고 감독하는 '진리의 메타논리학'이 있다.

하나의 통합적 이론을 창출하고자 하는 사고의 노력은 당연히 필요하다. 사고의 이런 노력은 단순한 집적, 즉 부분적 일반화를 단순히 쌓아 놓음으로써 충족될 수 없고, 그렇게 기대해서도 안 된다. 이것은 언제나 일반적 원리에 따라 집적물이나 부분적 일반화를 모아서 서로 결합시키려는 노력이다. 이것은 정당한 노력이다. 사고의 이런 노력은 활동에서 실현되고 독자적 힘으로 나타나기 때문에, 칸트는 이것을 오성Verstand과 구분해 이성Vernunft이라 불렀다. 그런데 이성이 특별한 과제를 해결하려 할 때, 즉 다양多樣의 절대적 통일과 모든 도식의 종합 그리고 그 도식을 경험에 적용한 결과 등에 대해 설명할 때, 오직 그때에만 이성은 오성과 동일하다. 이 경우에 이성도 당연히 논리학의 규칙에 따라 작용한다. 그러나 사고는 이런 과제를 해결하고자 할 때 분명히 논리학(일반논리학과 선험논리학)의 모든 규칙과 규범을 예외 없이 준수함에도 불구하고 필연적으로 모순에 빠지고 자기 파멸에 이른다. 이것은 결코 사고하는 개인의 소홀함과 부주의의 결과로 발생한 것이 아니라, 논리학의 규칙과 규범이 무력하고 영향력이 없는 곳에서 개인이 논리학의 요구를 절대적으로 따랐기 때문에 발생한 것임을 칸트는 애써 보여 주고 있다. 이성의 영역에 들어가면, 사고는 논리학의 법칙이 영향을 미치지 못하는 나라에 들어선 것이다. 전통 형이상학은 알맞지 않는 도구로 자신의 일을 수행하려고 완고하게 고집했기 때문에, 희망 없는 모순과 투쟁 속에서 완전한 천년왕국을 향해 몸부림쳤던 것이다.

칸트는 스스로 경험에 대한 모든 일반화와 판단을 하나의 통일성, 통합적인 이론적 도식의 구조 속에서 조직화하기 위해, 즉 이성의 입법을 확립하기 위해 사고작용을 지배하는(실제로는 사고의 무력함을 입증하는) 특별한 '규칙'을 발견해서 정식화하고자 했다. 지성의 최고 종합 기능으로서의 이성은 "완전히 무제약적인 통일에 이를 때까지 범주적 사고를 통해 종합적 통일을 수행하고자 한다."[21] 이런 기능에서 사고는 오성의 모든 부분적 일반화(모든 개념과 판단)가 무조건 정당한 것으로 간주될 수 있는 일체의 조건들을 완전히 설명하고자 한다. 왜냐하면 이런 경우에만 하나의 일반화가 새로운 경험에 의한 반박이나 다른 일반화와의 모순으로부터 벗어나 올바른 일반화로 보장될 수 있기 때문이다.

　기존의 개념규정들에 대해 절대적으로 완전하고 무제약적인 종합, 따라서 이런 규정들이 전적으로 참이 되는 조건들에 대한 종합을 주장하는 것은 물자체를 이해한다는 주장과 같다. 실제로 내가 주어 A가 경험영역에 존재하는 부분이 아니라 그 절대적 총체성 속에서 술어 B에 의해 규정된다고 감히 주장한다면, 나는 선험논리학이 모든 경험판단에 대해 확립했던 바로 그 한계를 나의 주장(진술)에서 제거하는 꼴이 돼 버린다. 다시 말해서 나는 더는 그런 사실이 우리 자신의 경험의 형식, 지각의 양식, 일반화의 도식 등등에 의해 부과된 조건에 국한해서만 참임을 주장하고 있지 않은 것이다. 나는 술어 B가 주어 A에 속한다는 진술이 이미 경험의 조건 내에서뿐 아니라 경험의 조건을 벗어나서도 참이라고 생각하는 것이다. 즉 그 진술은 가능한 경험의 대상인 A뿐 아니라, 그 경험과 무관한 대상인 A에도 관계하기 때문에 A를 그 자체로 존재하는 대상으로 규정하고 있는 셈이다.

　이는 경험에 의해 부과된 조건을 포함해서 그 진술을 지배하는 한계 전부를 제거한다는 것이다. 그러나 "경험은 무제약적일 수 없으므로 조건의 절대적 전체성이라는 개념은 모든 경험에 적용될 수 없는 까닭에"[22] 모든 조건은 제거될 수 없다. 칸트는 사고의 이런 '위법 조치'를 이성의 선험적 적용이라 불렀다. 즉, 칸트는 이것을 물자체가 과학적 사고에서 드러나는 그대로 존재한다고 주장하려는 시도라고 여겼다. 다시 말해, 가능한 경험의 대상으로서의 사물에 귀속되는 속성과 술어가 사물이 그 자체로 존재해 누군가의 경험(지각·판단·이론화)의 대상으로 전환되지 않을 때에 그 사물에 속한다고 주장하려는 시도로 여겼다.

오성의 이런 선험적 적용은 모순과 이율배반을 불러일으킨다. 논리적 모순은 이성 자체 내에서 일어나서 이성을 혼란시키고 사고 일반의 형식을 해체시킨다. 논리적 모순은 사고가 자신의 영역에서 벗어나 있는 문제를 해결하려고 했음을 알려 주는 지표다. 모순은 파악할 수 없는 것(무한한 것)을 파악하는 것이 불가능하다는 사실을 사고에 상기시켜 준다.

여기서 오성이 논리적 모순(이율배반)의 상태에 빠지는 것은 경험이 언제나 미완의 것이기 때문도 아니고, 경험을 전체로서 정당화하는 일반화가 부분적 경험을 토대로 도출됐기 때문도 아니다. 이와 같은 도출은 바로 이성이 해결할 수 있고 해결해야만 하는 것이다. 그러지 않으면 과학은 불가능할 것이다. 그러나 여기서의 문제는 이와는 아주 다르다. 즉 과거 경험으로부터 도출된 이론적 개념과 판단 전체를 완전히 종합하려 할 때, 만약 그 경험이 임의로 제한된 단편 혹은 국면 — 이 경우는 두말할 필요도 없이 모순을 피할 수 있다 — 이 아니라 전체로서 간주된다면, 과거의 경험은 이미 그 자체 내적으로 이율배반적임이 즉각 발견된다. 그리고 과거의 경험은 직접적으로 대립하는 서로 다른 범주들의 도식에 따라 종합화된 일반화와 판단을 포함하기 때문에, 그것은 이미 이율배반적이다.

선험논리학이 보여 줬던 것처럼, 오성의 영역에는 상호 대립하는 여러 쌍의 범주들, 즉 정반대 방향으로 진행되는 사고작용의 도식들이 있다. 가령 여러 대상들에서 동일한 불변의 규정들을 발견하도록 지성을 인도하는 동일성의 범주가 있을 뿐 아니라, 표면적으로 동일한 대상들에서 차이점과 변화를 발견하도록 하는, 동일성의 범주와는 명백히 반대로 작용하는 차이의 범주도 있다. 필연의 개념과 더불어 우연의 개념도 있다. 이처럼 모든 범주는 모순을 범하지 않고서는 결합할 수 없는 자신과 반대되는 범주를 가지고 있다. 분명히 차이는 동일성이 아니라 비동일성이고, 반면에 원인은 결과가 아니다(비결과다). 사실 원인과 결과는 상호작용의 범주에 순전히 형식적으로 동일하게 포섭된다. 그러나 이것은 다만 이 양자를 포섭하는 상위 범주가 그 둘의 차이를 무시하고 그 자체로 동일률에 종속됨을 의미할 뿐이다. 그리고 경험에 주어진 모든 현상은 자신과 직접적으로 대립하는 두 개의 범주도식에 의해 파악될 수 있다. 예를 들면 내가 어떤 사실을 결과로 파악했을 때, 나의 탐구는 해당 사실에 선행하는 무수히 많은 현상과 사건에 눈을 돌리게 된다. 왜냐하면 모든 사실의 배후에는 우주의 전全 역사가 있기 때문이다. 그러나 반대로 내가 특정 사실을 원인으로 이해하고자 한다면, 나는 시간상 그 사실에 뒤이어 나타나는 일련의 현상과 사실을 탐구해야만 하고, 따라서 어디서 다시 만날 기약 없이 시간적으로 그 사실과 계속 멀어지게 된다. 여기서 상호 양립 불가능한 두 가지 계열, 즉 동일한 사실을 탐구하면서도 서로 결코 결합할 수 없는 두 갈래의 길이 있다. 그리고 두 길의 목적지 사이는 시간적으로 무한하기 때문에 결코 수렴할 수도 없다. 그래서 원인에 대한 설명은 결과의 탐구로부터 계속해서 멀어질 것이다.

결국 우주의 모든 사물과 대상에 대해서, 상호 배타적인 두 관점이 나타날 수 있고 그리고 다른 두 가지 탐구 방법이 개진될 수 있다. 따라서 두 가지 이론, 두 가지 개념이 개진될 수 있다. 그런데 이들 각각은 논리학의 모든 요구와 또 그 문제와 관련 있는 모든 사실들(경험 자료들)과 완전히 일치하도록 창출됐는데, 그럼에도 오히려 명백히 일치하기 때문에 똑같은 논리적 모순을 유지하거나 재생산하지 않고는 하나의 이론 안에서 서로 결합될 수 없다. 오성의 비극은 오성 자체가 전체적으로 내재적이고 모순적인 범주들이기 때문에, 그 각각이 모두 정당하고 경험의 틀 안에서 그 적용범위가 어떤 것에도 제한돼 있지 않으며, 경험 자체만큼 넓은 범주들을 포함한다는 사실에 있다. 그러므로 어떤 대상과 관련해서 상호 대립적인 두 이론은 필연적으로 이전에도, 지금도, 앞으로도 영원히 전개될 것이고, 그 각각은 경험 전체와 관련해서 보편적이고 올바르다는 논리적 주장을 계속할 것이다.

종합의 범주도식들 가운데 나머지 하나를 논리학으로부터 제거함으로써, 즉 대립하는 두 범주들 중 하나를 정당하고 올바른 것으로 인정하고 다른 하나를 과학의 무기고에서 끌어내 사용하는 것을 금지함으로써, 이율배반은 제거될 수 있다. 이런 작업은 전통 형이상학이 했던 일이다. 예를 들면 전통 형이상학은 우연을 순전히 주관적인 개념, 즉 현상의 원인들 중에 우리가 모르는 부분의 특성으로 단언하고 따라서 필연을 판단에 대한 유일한 객관적 범주도식으로 바꿔 놨다. 그 결과, 필연은 아무리 하찮고 우스꽝스러운 것일지라도 어떤 사실에 대해 결정적이고 필연적인 관계를 인식하게 해 주는 범주가 된다.

바로 이 때문에 헤겔은 얼마 후에 이런 사고방식을 형이상학적이라고 불렀다. 실제로 이런 사고방식은 사고의 모든 정당한 범주들 중의 절반, 즉 객관적 의미를 지닌 판단 도식들 중의 절반을 무시함으로써 스스로 내적 모순으로부터 벗어났던 칸트 이전의 전통 형이상학의 특징이었다. 그러나 동시에 대립적인 두 범주들 중 어느 것을 선택·유지하고 어느 것을 폐기해 '주관적 환상'이라고 할 것인가라는 문제가 제기된다. 여기서 칸트는 선택의 어떤 객관적 근거도 없고 있을 수도 없음을 보여 주고 있다. 그것은 순전히 자의와 개인적 선호에 의해 결정된다. 따라서 두 형이상학적 체계는 모두 올바르고 (둘 다 똑같이 보편적 원리를 지니고 있고) 그 각각은 자신의 체계에 반대되는 객관적 원리를 부정하기 때문에 똑같이 주관적이다.

전통 형이상학은 규정상의 동일률과 모순율에 근거해 직접적으로 이성의 영역을 체계화하고자 했다. 그런데 이 일은 원리상 실행 불가능하다. 왜냐하면 만약 범주가 어떤 주어에 필연적으로 속하는 보편 술어로 간주된다면, 이 주어는 물자체여야만 하기 때문이다. 그러나 어떤 판단의 동일한 주어에 대한 여러 술어들로 간주되는 범주들은 서로 모순되고 역설적인 상황을 창출한다. 이때 그 진술은 모순율의 지배를 받게 되는데, 칸트는 이 점을 "어떤 사물에 모순되는 술어는 그 사물에 속할 수 없다"라고 정식화했다.[23] 그래서 만약 내가 하나의 범주를 통해 물자체를 규정한다면 나는 모순율을 어기지 않고서는 반대되는 범주규정을 물자체에 속하는 것으로 말할 수 없다.

칸트의 결론은 다음과 같다. 모든 규정(동일한 물자체에 대한 모든 술어)에 대한 무제약적 종합이라고 주장하는 이론, 즉 자신의 판단이 무조건 옳다고 주장하는 이론을 아주 엄밀히 분석해 보면 거기에는 다소 인위적으로 위장된 이율배반이 발견될 것이다.

칸트의 비판주의를 통해 분명해지는 것은 오성이 자신의 정당한 권리를 의식하고 금지된 초월적 영역을 주장하지 않는 점인데, 오성은 과학적 지식의 최고의 이상인 무제약적 종합을 언제나 추구하려고 노력한다. 그러나 오성은, 이미 그런 종합을 이뤘다거나 일련의 보편적이고 필연적인 술어를 통해 마침내 물자체를 규정했으며 따라서 그 개념의 진리 조건에 대한 전체 목록을 제시했다고 주장하는 것을 결코 용납하지 않을 것이다. 따라서 예로부터 이론적 대립을 보여 온 학파들은 목숨을 건 끝없는 전쟁을 벌이지 말고 상대적 진리, 즉 상대적으로 참된 종합에 대한 동등한 권리를 서로 인정하면서 상호 간에 일종의 평화로운 공존을 이뤄야 할 것이다. 또 그들은 자신들이 물자체와 관련해서 똑같이 옳지 않음을 알아야 한다. 그들이 모순율을 어기지 않았기 때문에 진리의 한 부분을 자신의 반대편에 남겨 둔 채 오로지 진리의 다른 한 부분만을 지니고 있음을 알아야 한다. 반대로 전체로서의 오성(즉 이성)이 언제나 자체 내에서 다양한 관심들을 가질 뿐 아니라 똑같이 정당하고 똑같이 성립하는 서로 대립적인 관심들을 가진다는 의미에서, 대립하는 학파는 모두 옳다. 어떤 이론은 현상의 특정한 영역에 대한 동일한 특성에 관심을 갖고, 다른 이론은 그 차이점(가령 사람과 동물, 사람과 기계, 식물과 동물 등의 과학적 규정들)에 관심을 갖는다. 그 이론들 각각은 아주 정당하지만 이성의 부분적 관심만을 실현하고 있기 때문에, 그 이론들을 따로따로 분리시켰을 경우 그 어느 이론도 사물의 객관적 상 — 의식에 앞서 그 외부에 존재하며 그리고 이런 이론의 관심과 무관하게 존재하는 사물의 모습 자체 — 을 드러내지 못한다. 그리고 그 이론들 사이의 이율배반적 관계를 한 이론 내에서 생긴 개념 간의 이율배반적 관계로 바꾸지 않고서는, 또 연역적이고 분석적인 그 개념들의 도식을 파괴하지 않고서는 이 이론들을 결합시키는 것도 불가능하다.

'이성비판'이 과학적 오성에게 무엇을 제시해 줘야 하는가? 물론 지식으로부터 변증법을 제거하는 비법을 제시하지는 않는다. 전체로서의 지식은 언제나 논쟁을 통해서, 즉 대립하는 원리들과 관심들 사이의 투쟁을 통해서 획득되기 때문에, 지식으로부터 변증법을 제거하는 것은 불가능하다. 따라서 과학 내의 대립적 입장들이 자기비판적 태도를 취하리라는 것은 당연하며, 또 그 원리들을 엄밀하게 사실 연구에 적용하려는 정당한 노력이 과대망상적 아집, 즉 대립하는 입장의 이론적 진술에서 합리적 핵심을 보지 못하는 맹목적 독단으로 바뀌지 않으리라는 것도 당연하다. 이럴 경우 대립적 입장에 대한 비판은 자신의 이론을 완전하게 하는 수단이 되고, 자신의 판단을 정확하게 하는 조건을 더욱 엄밀하고 분명하게 규정짓는 데 도움을 줄 것이다.

그래서 '이성비판'과 그 필연적 변증론은 칸트에 의해 논리학의 가장 중요한 부문으로 바뀌었다. 왜냐하면 오성이 자신의 아집에 머물러 있을 때 어쩔 수 없이 빠질 수밖에 없는 편협한 독단론(즉 일반논리학과 선험논리학의 법칙을 알고 준수하지만 변증론의 함정과 덫을 알아채지 못하는 사고)으로부터 사고를 구출할 수 있는 처방, 그리고 이런 독단론이나 회의론을 소박하게 보충하는 것으로부터 사고를 구출할 수 있는 처방이 칸트의 변증론에서 체계화됐기 때문이다.

이렇게 논리학의 주제를 확장하고 사고의 범주도식과 이론구성의 원리(모든 개념의 종합)를 논리학에 포함시켜 인식의 운동에서 관념의 구성적이고 규정적인 역할과 기능을 포착하고 나면 비로소 이 과학(논리학)은 사고과학으로 불릴 자격을 획득하게 된다. 여기서 사고과학이란 실질적 사고의 보편적이고 필연적인 형식과 유형에 관한 과학, 경험적(관찰·표상) 사실의 진행 과정에 관한 과학을 말한다. 더구나 변증론은 논리학 전체를 완결시켜 주는 가장 중요한 부문으로 논리학에 편입됐다. 칸트 이전에는 동일한 변증법이 '착오', 지성의 건강하지 못한 상태, 개념을 다룰 때 개인의 궤변적 무도함이나 부정확함의 결과로 여겨졌다. 칸트의 분석은 변증법이 지적 작용의 필연적 형식, 즉 보편적 의미나 객관성(칸트의 용어로)을 주장하는 이론의 구성과 최고의 종합적 문제에 관련된 사고의 특성임을 보여 줬다.[24] 그리하여 헤겔이 말하듯이, 칸트는 변증법에서 그 외관상의 자의성을 제거했고, 또 변증법이 이론적 사고에 절대적으로 필요한 것임을 보여 줬다.

최고의 종합이라는 과제가 그 당시 과학의 전면에 부각된 문제였기 때문에, 모순의 문제(개념규정에 관한 변증법)가 과학으로서의 논리학이 안고 있던 핵심 문제로 드러났다. 동시에 칸트 자신은 사고의 변증법적 형식을, 자아와 인간의 의식 외부에 있는 사물의 상태를 이해하고자(즉 과학적 개념의 엄밀한 체계로 나타내고자) 하는 과학자들의 무의미한 노력의 징표로 여겼기 때문에, 이 문제는 또한 곧바로 이데올로기적 의미를 띠게 됐다. 실제로 그 당시 과학의 발전은 과학의 이론, 이념, 개념 간에 이제까지 볼 수 없었던 팽팽한 충돌을 일으키고 있었다. 칸트의 '변증론'은 사실상 이념의 충돌을 해소시킬 수 있는 아무런 방책도 제시하지 못했으며, 다만 이념의 충돌은 과학의 자연상태라는 사실을 일반적 형식으로 진술했을 뿐이다. 나아가서 칸트의 변증론은, 이데올로기적 적대자들이 궁극적으로 주관적 관심에 사로잡혀서 모두 객관적 진리에 도달할 수 없기 때문에, 공생의 원리에 따라 이런저런 타협의 형태를 추구하고, 자신의 진리를 유지하되 다른 사람의 진리를 존중하도록 그들에게 충고해 줬을 뿐이다.

그러나 이런 훌륭한 충고에도 불구하고, 당시에 현실적으로 교전 중이던 어떤 이론도 그런 비관론적 결론과 조언을 따르기를 원치 않았다. 오히려 혁명적 분위기가 성숙했을 때, 현상을 유지하려는 정통주의가 모든 영역에서 더욱더 광란했다. 실제로 혁명이 일어났을 때, 칸트의 해결 방식은 정통을 고수하려는 사람은 물론 혁명에 관심을 갖고 있던 사람도 만족시키지 못했다. 이런 분위기의 변화는 칸트의 해결 방식의 부정합성, 침묵, 애매성에 대한 비판적 태도의 형태로 논리학에 반영됐다.

이런 분위기는 피히테 철학에서 가장 분명하게 나타난다. 유일한 이론, 유일한 의미의 법칙, 그리고 삶과 세계에 대한 모든 주요한 개념의 유일한 체계를 창출하고자 했던 그 당시의 일원론적 충동은 피히테 철학을 통해서 논리학의 영역, 즉 보편적 형식과 유형의 영역으로 표출됐다.

4-1장
논리학의 구조적 원리(이원론 혹은 일원론): 피히테

칸트는 자신의 사고이론에 관해 피히테가 제안했던 개선책을 받아들이지 않았다. 피히테는 칸트가 불가능하다고 언명했고 내적 모순에 의해 소멸됐다고 규정했던 하나의 통일된 형이상학을 다시 창출하기 위해 이런 개선책이 직접적으로 요구된다고 봤다. 사실 피히테 이전에 인간생활의 중요한 원리를 제공하는 개념체계가 그 모습을 어렴풋이 드러내기 시작했는데, 그것은 비록 선험적(칸트 특유의 의미에서)인 것이지만 여전히 단 하나의 무모순적 개념체계인 것처럼 보였다. 변증법은 변증법 이상도 이하도 아니다. 하지만 세계의 가장 중요한 것들에 관계하는 진정한 이론은 오직 하나만 존재할 뿐이다. "이 체계의 창시자는 오직 하나의 수학이 존재하듯이 오직 하나의 철학이 존재하고, 이런 하나의 철학이 발견되고 인정될 때에는 어떤 새로운 철학도 발생하지 않을 것이며, 나아가서 지금까지 철학이라고 불리던 모든 것을 하나의 시도나 준비 작업쯤으로 확신하고 있다."[1]

칸트의 조언에도 불구하고, 이 유일한 체계는 여전히 자신과 일치하지 않는 다른 체계를 타파해야 한다. 이 때문에 이런 체계는 모든 측면에서 '더욱 합리적'이어야 할 것이다. 바꿔 말하면 다른 체계를 설명하고 해석할 수 있어야 하고, 그래서 다른 체계보다 더 포괄적이어야 할 것이다.

피히테의 입장에서 볼 때, 칸트가 영원히 극복할 수 없는 것으로 파악했던 입장, 즉 둘 다 참이면서 동시에 둘 다 거짓인 이론들이 존재한다고 파악했던 칸트의 입장은 통일된 하나의 세계개념(세계관)에 의해 극복되고 해소돼야만 하는 정신문화의 일시적이고 과도기적인 상태일 뿐이었다. 따라서 피히테는 칸트가 모든 과학적 지식의 영역에서 인식했던 변증법을 변증법과 반대되는 원리를 포함하고 있는 단일한 과학적 체계로 통합하고자 했다. 이 과학적 체계는 여태까지의 변증법을 일종의 유행으로 해석하며 그리고 변증법을 자신의 부분적이고 파생적인 원리로 전환시켰다.

유일한 세계개념을 이전처럼 선험적이라고 해 보자. 즉 세계 자체에 대해 아무것도 알려 주는 바는 없지만, 정상적으로 생각하는 모든 사람들에게 동일하고 필연적으로 보편적이며 이런 의미에서 절대적으로 객관적인 세계개념을 상정해 보자. 칸트가 영원히 극복할 수 없는 정신문화의 특징으로 단언했던 이원론은 혁명적 기질을 지닌 피히테에게는, 사고가 자신의 원리를 일관되게 실현하지 못한 것으로 여겨졌을 뿐이다. 논리학은 상호 배타적인 두 체계를 동시에 정당화할 수 없다. 그럼에도 논리학이 그것을 정당화한다면, 논리학은 전혀 체계화돼 있지 못한 것이다.

피히테는 칸트가 모든 개념 구성의 토대로 의식적으로 제안했던

'물자체' 개념 때문에 칸트의 사고이론이 근본적 부정합성을 지니게 됐다고 이해했다. 사물들에 기인하는 모든 범주에 문제가 있는 것이 아니라, 물자체라는 개념에 이미 언어도단적 모순이 도사리고 있다. 요컨대 물자체 개념은 모든 분석적 진술의 최상의 근본원리인 모순율을 위배하고 있다. 그래서 이 개념은 논리적으로 전개된 체계이론 내에서 정합적이지 못하다. '어떤 가능한 경험 이전에 그리고 외부에 존재하는 어떤 것'이라는 개념에는 실제로 칸트가 주목하지 못했던 약간의 난센스가 포함돼 있다. 자아가 '의식 밖의'(의식 안에 들어오지 않는) 사물을 '의식'한다고 말하는 것은 호주머니 밖의 호주머니에 돈이 있다고 말하는 것과 같다.

'물자체'가 존재하는가 존재하지 않는가 하는 것은 여기서 문제가 되지 않는다. 왜냐하면 피히테는 그 개념이 논리적으로 불가능하다고 확신했기 때문이다. 더구나 이런 토대 위에 개념체계를 세우는 것은 불가능하다. 왜냐하면 모순이라는 결함이 칸트의 이론적 구성이 근거하고 있는 그 토대를 바로 관통하고 있기 때문이다.

물자체를 생각하는 것은 모순율에 입각해 볼 때 생각할 수 없는 것을 생각하는 것이고, 따라서 분석적 진술을 구체화하는 과정에서 견지돼야 할 최상의 근본원리를 위배하는 것이라는 피히테의 결론은 나무랄 데가 없다. 피히테는 칸트가 논리학 체계를 구체화하는 과정에서 논리학 자체의 규칙들을 왜곡하는 나쁜 선례를 남기고 있다고 비난했다.

피히테는 다음과 같이 문제를 제기했다. 논리학 자체도 하나의 과학이라면 올바른 사고를 위해 절대적이고 보편적으로 확립돼 있는 동일한 원리들을 따라야만 하는가? 아니면 논리학은 그런 원리들을 무시할 자격이 있는가? 논리학은 다른 여러 과학들 가운데 하나의 과학이어야 하는가? 아니면 오히려 스스로는 구속받지 않으면서 다른 모든 사람들에게는 법을 지키도록 명령하는 고집스러운 어린 군주에 비유돼야 하는가? 이 물음은 순전히 수사학적인 것처럼 보인다. 그러나 칸트에 따르면, 관찰에 의해 주어진 사물들(모든 특수과학의 영역)은 어떤 규칙(진리에 관한 논리학의 규칙)에 따라 사고하고, 또 사고 속에 주어진 사물들은 그와는 다른 규칙(선험적 변증론)에 따라 사고하는 것이 결국 올바른 것이다. 이율배반의 모순과 결함이 오성과 이성 사이는 물론 이성 자체 내에서도 나타났다는 것은 놀라운 일이 아니다.

그러나 이 경우에 사고작용·인식주관·자아의 개념은 처음부터 무의미하게 됐고 자기모순적인 것이 됐다. 논리학의 모든 기본 범주들은 차이가 날 뿐 아니라 정반대가 되는 사고의 대상들을 나타내는 개념들이 돼 버렸다. 그 결과 우리는 사고하는 모든 개인에게는 서로 끊임없이 논쟁하는 두 가지 다른 자아가 있다는 입장을 가지게 됐다. 그 가운데 한 자아는 세계를 관찰하고, 다른 자아는 사고한다. 이에 상응해서 관찰되는 세계와 사고되는 세계라는 서로 다른 두 세계(직접적 경험과 실제 생활에서는 하나로 통합돼 있다 할지라도)가 존재하는 셈이 된다.

일반적으로 칸트는 사고주관인 자아 자체를 '물자체'라고 생각하는 경향이 있었다. 이 때문에 이런 자아에 관한 모든 규정체계, 즉 사고의 논리적 매개변수에 관한 체계인 논리학을 창출하고자 할 때, 이 체계는 철저히 모순적이고 자기 파괴적이다. 그 결과 우리가 칸트를 따른다면, 논리학을 하나의 과학으로서 구성하는 것은 완전히 불가능하게 된다. 또한 논리학을 구성할 때, 다른 모든 과학에 보편적이고 필연적인 것으로 적용되는 규칙을 발견하는 것도 불가능하다. 나아가서 여러 과학들에 적용되는 동일한 능력을 지닌 사고 일반이란 존재하지 않고, 오히려 기본적으로 이질적이면서도 동일한 이름으로 불리는 두 개의 다른 주관, 즉 두 개의 다른 자아(이들 각각은 서로 무관하게 고찰되지 않으면 안 된다)가 존재하게 된다.

이런 칸트의 입장은 피히테가 볼 때 개념의 혼란(칸트 자신은 자아 중 하나를 현상으로, 다른 하나를 본체로 불러야만 했다)을 초래했을 뿐 아니라 과학으로서의 논리학의 이념을 의미 없는 것으로 만들어 버렸다. 왜냐하면 피히테는 '물자체' 혹은 본체로서의 '사고'에 관한 사고의 고찰로부터 끌어낸 모든 결론을 관찰과 표상에 주어진 사물에 관한 사고와는 전혀 무관한 것으로 봤기 때문이다. 그렇기 때문에 칸트의 주장을 따른다면 논리학(사고에 관한 사고)의 모든 명제는 사물에 관한 사고, 예컨대 자연과학자들의 사고에 대해 아무런 구속력을 가질 수 없을 것이다.

그리하여 피히테 철학의 중심 이념인 보편적 지식학의 이념, 말하자면 칸트의 논리학과는 달리 사고의 모든 적용에 대해 실질적 의미를 갖는 원리들로부터 출발하는 이론이 탄생하게 된 것이다. 보편적 지식학은 사고에 관한 사고와 사물에 관한 사고를 동등하게 결합하는 법칙과 규칙에서 출발하고 있다. 사고에 관한 사고인 논리학은 그 밖의 과학 일반을 위해 관찰에 적용시킬 수 있는 사고의 원리(지식학의 원리)의 모델과 사례를 제공해야만 한다. 이런 원리는 사고가 수학·물리학·인류학 등의 현상을 대상으로 삼을 때와 사고가 개념, 즉 사고 자체를 대상으로 삼을 때 모두 동일하게 적용돼야만 한다.

하나의 개념은 다른 대상과 마찬가지로 과학적 탐구의 대상이기 때문에, 어떤 대상이 다른 방식이 아니라 바로 개념으로 표현되는 한, 우리는 그 대상을 그만큼 더 **과학적으로** 인식하고 있는 것이다. 이것은 개념을 정의하는 것과 대상을 규정하는 것이 절대로 동일한 표현임을 의미하는 것이다.

따라서 피히테의 과학의 과학(지식학)에 관한 최초의 원리는 사물과 의식, 대상과 그 개념의 대비나 대립이 아니라, 자아 자체 내의 대립이었다. 서로 전혀 무관하면서 이원론적으로 분리된 두 가지 다른 원리에서는 하나의 통합된 체계가 창출될 수 없다. 필요한 것은 이원론이 아니라 일원론이고, 최초의 두 원리가 아니라 오직 하나의 원리다. 왜냐하면 최초의 두 원리가 서로 다름에 따라 하나로 통합될 수 없는 별개의 두 과학이 존재할 수 있기 때문이다.

따라서 피히테는 대상과 그 개념을 동일한 자아의 두 가지 다른 존재양식, 즉 자아가 그 내부에서 자기 분화된 결과로 해석했다. 칸트에게 대상 혹은 '물자체'(개념의 대상)로 나타났던 것은 실제로 무의식적이고 무반성적인 자아활동의 산물이었다. 왜냐하면 자아의 활동이 그 상상의 힘으로 감각적으로 관찰된 사물의 상(像)을 산출하기 때문이다. 개념도 동일한 자아활동의 산물이지만, 자아활동 자체의 과정과 의미에 관한 의식과 더불어 발생한다.

따라서 개념과 대상 사이의 최초의 동일성, 다시 말해 감각적으로 관찰된 세계를 구성하는 법칙과 사고나 개념의 세계를 확립하는 법칙 사이의 최초의 동일성은 양자가 유래하는 원천인 주관의 동일성 속에 이미 포함돼 있다. 자아는 먼저 상상의 힘으로 어떤 산물을 창출하고, 그런 다음 그것을 자신과 구별되는 어떤 것, 즉 개념의 대상, 비자아로 간주하기 시작한다. 그러나 실제로 자아는 비자아의 형태를 취하면서도 이전처럼 오로지 자기자신에만 관계하고, 마치 자기자신을 거울에서처럼 자기 외부에 있는 대상으로 간주한다.

그래서 사고 자체의 과제는 관찰된 상을 창출하는 자신의 활동을 이해할 뿐 아니라 자신의 활동을 분명하게 설명하는 것 없이 이전에 무의식적으로 산출했던 것을 의식적으로 재산출하는 자신의 활동을 이해하는 것이다. 사실 추론적 사고작용(의식적으로 규칙에 따르는 사고작용)에 관한 법칙이나 규칙은 직관적 사고작용에 대한 (논리적 도식으로 표현된) 의식적 법칙과 꼭 마찬가지다. 여기서 직관적 사고작용은 인식주관인 자아의 창조적 활동으로서, 관찰에 의해 관찰된 상像의 세계를 만들어 내는 것을 의미한다.

오직 이런 관점으로부터 개념과 그 대상을 비교하는 작업이 합리적 의미를 획득한다. 피히테는 칸트가 물자체와 그 개념 사이의 아무런 매개 없는 대립을 설정함으로써 개념 자체 내에서뿐 아니라 개념들의 체계 내에서조차 완전한 이원론에 빠지게 됐음을 보여 줬다. 피히테는 자신의 관점으로부터 논리학이나 논리적 사고의 제1원리인 대상과 개념의 동일성의 원리를 부정하는 것은 논리적 전제이자 논리적 사고의 보편적 형식인 동일률을 부정하는 것과 마찬가지라는 것을 아주 일관되게 보여 주고 있다. 달리 표현하면, 만약 과학으로서의 논리학이 동일률과 모순율(모순율은 단지 동일률을 부정적으로 표현한 형식일 뿐이다)을 올바른 사고작용을 위해 절대로 필요한 조건으로 생각한다면, 논리학은 그런 원리들을 사고작용 자체를 이해하는 데는 물론 특수한 대상이나 개념을 규정하는 데도 적용해야만 한다.

사실 논리학에서 개념은 또한 탐구대상이기도 하다. 즉, 논리학은 개념의 개념을 분석해야 한다. 논리학에서는 모든 과학의 개념이 개념적으로 분석된다. 그리고 어떤 대상이라도 이미 개념으로 전환되고 개념으로 표현되는 한에서만 논리학의 관심을 불러일으킬 수 있기 때문에, 논리학에서 개념과 그 대상은 완전히 동의어다. 왜냐하면 논리학은 감각적으로 관찰되거나 직관된 사물들에 직접 관계하지 않기 때문이다.

그러므로 사고의 규정들에 관한 과학적 체계인 논리학에서 '물자체'나 '개념으로 표현되기 이전의 대상'과 같은 표현 등은 들어설 여지도 없고 들어설 수도 없다. 논리학은 일반적으로 그런 대상들에 관해 언급할 자격이 없다. 왜냐하면 그런 대상들은 논리학의 표현 가능성이나 권한을 넘어서 있는 초월적인 것이기 때문이다. 이성을 초월한 이해나 신념, 비합리적 직관 그리고 그 밖의 다른 인식능력들은 논리학의 한계를 넘어서 있다. 이 능력들은 과학 내에서는 아무런 효력을 발휘하지 못한다. 그리고 피히테는 적어도 자신의 지식학이 이런 이성 초월적이고 비합리적인 인식능력들과 관련 맺기를 원치 않았다.

하나의 논리학을 창출하려 했던 칸트의 시도에 대한 피히테의 비판은 본질적으로 주관적 관념론의 입장에서 가해진 것이고, 또한 '우파'의 이원론 비판의 일관성 있는 고전적 모델이었다. 현대의 모든 신실증주의자들이 피히테의 말을 그대로 반복하는 것은 결코 우연한 일이 아니다. 그들은 피히테와 유사한 방법으로 외적 대상에 대한 개념의 관계문제를 폐기시키고, 그것을 개념에 대한 외적 대상의 관계문제로 대체시켜 버렸다. 후자의 관계는 당연히 '기호'('개념'을 대신하는 용어)와 지시체의 동일성으로 규정된다. 이때 동일률(따라서 모순율)은 결국 동일한 기호는 동일한 사물을 지시해야만 하고, 동일한 의미를 지녀야만 하는 것으로 이해된다.

다시 피히테로 돌아가 보자. 그는 세계에 대한 논리체계와 논리적 전형을 축조하려 함으로써 당연히 그의 스승 칸트의 생각과 충돌하게 됐다. 칸트는 피히테의 모험을 직접적으로 받아들일 수 없었다. "나는 다음과 같이 단언한다. 즉 나는 피히테의 지식학을 전혀 지지할 수 없는 체계라고 생각한다. 왜냐하면 순수지식학은 순수논리학처럼 원리적으로 지식의 소재를 획득하지 못하고 지식의 내용을 추상화하는 벌거벗은 논리학과 다름없기 때문이다. 그와 같은 논리학으로부터 실재 대상을 이끌어 내는 것은 공허한 일이고, 그래서 지금까지 아무도 시도하지 않은 것이다. 그러나 선험철학이 문제가 될 때, 논리학은 필연적으로 형이상학으로 변모돼 버리고 만다."[2]

칸트는 처음부터 형이상학을 창출하려는 시도를 거부했다. 형이상학이 물자체의 세계를 서술해야만 하기 때문은 아니었다. 오히려 이율배반의 돌풍에 의해서도 부서지지 않는 유일한 개념체계의 수립, 즉 모든 과학의 가장 중요한 결론과 일반화를 그 자체 내에서 종합할 수 있는 체계의 수립을 보증하는 논리학을 창출하려는 시도(피히테)는 칸트가 보기에는 실현될 수 없었기 때문이다. 그런 체계가 객관적으로(유물론적으로) 해석되거나 아니면 주관적으로(선험적으로) 해석될 수 있다고 하더라도 성립 불가능하기는 마찬가지다. 그러므로 칸트가 '하나의 체계를 창출하지 못하고', 오로지 과제만을 제시하고 과학을 체계로 구성하기 위해 필요한 가장 중요한 원리(그것도 완전히 일관되게 성취하지는 못했다)를 갖추도록 했을 뿐이라는 자신에 대한 비판을 전혀 근거 없는 비난이라고 생각한 것은 아주 당연하다. "철학 자체의 체계가 아니라 선험철학에 대한 예비학을 제시하는 것이 나의 의도라고 생각하는 것을 나는 이해할 수 없다."[3]

피히테는 칸트의 철학적 개념체계는 하나의 체계가 아니라 단지 체계를 구성하기 위해 필요한 원리나 견해, 더구나 일관되지 못한 원리나 견해를 접합시켜 놓은 것에 불과하다고 주장했다. 따라서 논의는 새로운 수준으로 이행했다. 즉, 체계란 무엇인가? 과학적 개념체계를, 각각은 참일지 모르지만 다른 판단들과 연관 정도가 똑같지 않은 일련의 판단들로부터 구별 짓는 원리와 기준은 무엇인가?

'체계'라는 개념을 설명할 때 피히테는 그것을 다음과 같이 정식화하고 있다. 즉 "모든 과학적 설명이 그러듯이 나의 설명도 가장 무규정적인 것에서부터 시작하는데, 이것은 독자들이 보는 앞에서는 다시 규정된다. 따라서 설명 과정에서, 원래 대상에 결합돼 있던 술어와는 아주 다른 술어들이 그 대상과 결합될 것이다. 나아가서 나의 설명은 나중에 논박할 명제들을 빈번하게 제시하고 전개할 것이며 이런 방법으로 반反을 통해 합合으로 나아갈 것이다. 그런 방법을 통해 최종적으로 규정된 참된 결과가 마침내 발견된다. 물론 여러분은 이런 결과만을 추구한다. 말하자면 여러분은 그 결과가 발견되는 방법에 대해서는 관심을 두지 않는다."[4] 그러므로 피히테에 따르면 체계는 모순들이 제거된 결과다. 그리고 모순들은 체계 외부에서 매개되지 않은 채로 남아 있고, 모순들 자체는 서로를 부정한다. 그러므로 칸트에게는 체계란 없고, 다만 발전에 의해 매개되지 않은 명제들만 있다. 칸트는 기존의 매개되지 않은 명제들을 받아들여서 형식적으로 서로 결합시키려는 헛된 노력을 기울였으나 그런 명제들이 이미 서로를 부정하기 때문에 실현이 불가능했다. 피히테에게서 전체는 오직 부분들의 성공적 통일에 의해서만 발생한다.

피히테는 칸트의 입장에 반대하면서 다음과 같이 말했다. "보편성은 결코 단일성을 통해 다수성을 이해함으로써 발생하는 것이 아니라, 오히려 단번에 포착된 단일성으로부터 무한한 다수성을 이끌어 냄으로써 발생한다고 생각한다."[5] 분화되는 최초의 보편성은 무엇보다도 먼저 과학적 체계로 확립돼야만 한다.

그러나 칸트가 그리고 있는 체계 전체의 모습도 그 전체를 구성하고 있는 특수한 것들, 즉 부분들로부터 설명된다. 이제 칸트 이후의 과제는 전체로부터 특수한 것들을 끌어내 비판적 검증과 재검증 과정을 거침으로써 불필요하고 우연적인 것들을 모두 전체 체계로부터 제거하고 전체를 구성하기 위해 필연적으로 요구되는 다양한 정의들만을 그 체계에 보존하는 데 있다. 그리하여 전체(보편성)는 특수한 것들을 선택하는 기준이 된다. 이제 유일한 원리로부터 출발해 특수한 것들의 전체 체계를 점차 체계적으로 발전시키는 것이 필요하다. 그럴 경우 우리는 과학, 즉 하나의 체계를 획득할 것이다.

다시 말해서 칸트철학을 분석하는 피히테의 논리학은《순수 이성 비판》의 '선험적 변증론'에 나타나 있는 문제들, 다시 말해 개념들과 판단들을 단 하나의 이론체계 내에 절대적으로 종합하는 문제들에 집중적 관심을 보이고 있다. 여기서 논리학의 '출발점'이 발견될 수 있다. 피히테는 사고에 대한 새로운 탐구영역을 '지식학'(과학적 규정체계를 발전시키는 보편적 형식과 법칙에 관한 과학)이라고 부를 것을 제안했다. 물론 과학적 체계 내의 규정들은 수학·생리학·천문학·인류학 등과 같은 모든 특수과학에 대해 불변적인 것이어야 한다. 이런 규정들이 모든 대상에 적용돼야 한다는 것은 과학적 탐구가 가능한 모든 대상과 그 논리적 '매개변수'에 대한 보편적 규정체계로 나타나야만 하는 것을 의미한다.

결국 과학은 자기활동의 근거를 분명하게 제시해야 하고, 자기의식을 성취해야 한다. 그리고 과학은 경험에 주어지는 모든 대상을 이해하도록 만드는 동일한 범주들을 통해 자신의 자기의식을 표현해야만 한다. 사실 '과학의 과학'은 가능한 모든 대상을 개괄하는 규정체계이자 동시에 모든 대상을 구성하는 주관의 구조인 것이다. 그리고 '과학의 과학'의 논리적 형식은 이성적 의식일반의 체계를 추상적으로 표현하고 확립시키는 형식이다. 여기서 이성적 의식일반이란 여러 개인들의 경험적 의식이 아니라 사고를 소유하고 있는 모든 존재의 활동에 대한 필연적·보편적 형식(도식)을 의미한다.

우리가 흔히 '논리학'이라고 부르는 것은 가능한 모든 대상을 구성하는 의식의 보편적 활동에 관한 추상적 도식일 뿐이다. 피히테는 특히 지식학과 '논리학'의 관계를 탐구하고 그에 대한 자신의 입장을 피력했다. 피히테는 논리학을 지식학에서 수행되는 의식활동에 관한 추상적 도식일 뿐이라고 봤다. 따라서 피히테가 언급하고 있는 지식학은 논리적으로 논증될 수 없고, 지식학에 대해 어떤 논리적 명제, 심지어 모순율을 전제하는 것조차도 불가능하다. 반대로 모든 논리적 명제나 논리학은 지식학으로부터 연역돼야만 한다. 따라서 논리학은 그 의미를 지식학에서 획득하지만, 그 역은 성립하지 않는다.

사실 이론적 '도식화'(논리적 규칙과 명제의 지배를 받는 활동)는 결코 필연적이고 자연적인 전제를 결여하고 있는 것은 아니다. 본질적으로 모순적이고 대립하는 규정들을 결합시키는 어떤 변화에 직면해 사고작용이 일어날 때, 그 전제에 대한 분석은 결정적으로 중요하다. 칸트는 변화란 "대립하는 두 규정을 지닌 동일한 주관의 존재를 전제하고"[6] 있다는 사실과 동일한 것이 다른 시간 계기에 어떤 술어 A를 가질 수 있고 그 후에는 그것을 상실하고 not-A를 가질 수도 있다는 사실을 아주 잘 이해했는데, 피히테는 칸트와 전혀 다르지 않다. 그러나 하나의 사물이 자기동일성을 유지하면서 술어 A를 상실하고 다른 어떤 것(또 다른 개념의 대상)으로 변형될 수 있다고 하더라도 칸트는 소멸하는 술어 A는 그 사물의 개념에 속하지 않으며, 또한 필연적이고 보편적인 규정들 가운데 하나도 아니라고 이해했다. 경험적으로 보편적인 표상과 대비해서 개념은 절대적으로 변하지 않는 그 사물의 특징만을 표현한다. 이론이 변화와 무관하다는 견해는 또한 칸트를 사로잡고 있었던 오래된 편견이기도 했다. 모든 변화는 이론의 문제가 아니라 경험적 관점의 문제라는 것이다. 논리학의 규칙에 따라 구성된 이론은, 말하자면 시간의 힘이 거세되고 난 다음의 대상을 취급해야 한다. 이론은 시간의 진행에 따라 하나의 사물로부터 제거돼 버린 규정들을 개념의 정의 안에 포함시킬 권리를 갖고 있지 않다. 따라서 개념은 언제나 모순율의 보호막 아래에 들어 있다.

만약 이론적으로(논리학의 규칙에 따라 구성된 이론적 도식의 형태로) 표현된 대상을 절대로 변화하지 않는 것으로 이해하지 않고 피히테처럼 의식 내에서만 생성되는 어떤 것으로 이해한다면, 어떤 사태가 발생할 것인가? 다시 말해 만약 논리적 도식이 의식 내에서 이뤄지는 **변화 과정**(사물의 시원과 생성)만을 취급해야 하는 것이라면, 의식은 모순율과 어떻게 양립할 수 있는가? 논리학 자체는 독자들의 눈에 대상을 구성하는 추상적 도식, 즉 더욱 새로운 술어들로 최초의 개념을 계속해서 풍부하게 하는 추상적 도식으로 비칠 것이다. 만약 논리학이 이처럼 처음에 A, 그다음에는 B(A가 아닌 not-A로 이해될 수 있는)가 필연적으로 발생하고 그리하여 C, D, E, … Z까지 발생하는 과정으로 이해된다면, 논리학이 설 땅이 있는가? 왜냐하면 A와 B의 단순한 결합마저도 A와 not-A의 결합이기 때문이다. 그게 아니라면 B를 A로 봐야 할 것인가?

피히테의 결론은 다음의 두 명제 중 하나를 선택하라는 것이다.

⑴ 모순율은 절대적이다(이때 어떤 종합도 불가능하고, 서로 다

른 규정들 사이의 결합도 불가능하다). (2) 개념의 규정들에는 발전도 있고 종합도 있다(이 개념규정들은 모순율이라는 절대적 전제를 따르지 않는다).

피히테는 또 다른 제3의 길을 따랐다. 즉, 그는 개념으로 나타낼 수 없는 상호 배타적인 규정들의 결합과 종합은 관찰이나 직관(사물의 상을 구성하는 활동)에서 언제나 발생한다는 관점으로부터 출발했다. 그래서 유명한 제논Zenon의 역설을 분석해 그 어떤 유한한 길이라도 무한히 나눌 수 있다는 사실을 보여 줌으로써 피히테는 다음과 같이 결론을 내렸다. 즉 "그러므로 여러분은 개념에서는 불가능하고 모순적인 것이 공간의 직관에서는 현실적으로 일어난다는 사실을 알게 된다."[7]

그러므로 논리적 표현에서 모순에 부딪힌다 하더라도, 그 사물이 존재할 수 없다고 서둘러 단언해서는 안 되고, 형식논리학보다 고차적인 권리를 지닌 직관으로 되돌아가야 한다는 것이다. 직관활동을 분석해 보면 하나의 규정에서 **필연적으로** 그 규정에 대립하는 또 다른 규정으로 나아갈 수밖에 없다는 사실, 즉 A는 필연적으로 not-A로 전환한다는 사실을 알게 되는데 그렇게 되면 모순율의 요구를 희생시킬 수밖에 없다는 것이다. 그 결과 모순율은 논박할 수 없는 진리의 척도로 간주될 수 없게 돼 버린다.

피히테는 이와 같은 변증법을, 자아의 활동에 의해 비아(非我; Non-Ego)를 정립하는 의식의 근원적 활동을 예로 들거나 인간을 사고주체로서의 인간과 사고대상으로서의 인간으로 구별함으로써 논증했다. 한 개인이 그 자신의 의식적 구성 활동을 인식할 가능성이 있는가? 분명히 인식할 수 있다. 그는 대상을 사고할 뿐 아니라, 자신의 사고작용에 대해서도 사고한다. 그리하여 사고작용 자체를 하나의 대상으로 바꾼다. 이런 훈련이 언제나 논리라고 불린다.

위에서 살펴본 것처럼, 이 경우에 출발점은 자아 자체와 구별되는 어떤 결과를 산출하는 활동주체로 이해되는 자아일 수밖에 없다. 자아는 처음에 자기자신과 동일하고(자아=자아) 능동적·창조적이며 자기자신이 비아로 전환할 필연성을 이미 자신 속에 포함하고 있다. 우리는 이런 사실을 자기 성찰을 통해 직접적으로 이해하고 있다. 왜냐하면 의식일반은 자신 이외의 어떤 것에 대한 표상, 예컨대 비아·대상·사물 등에 대한 표상이 의식 내에서 발생할 때에만 자각된다. 어떤 것에 의해 충만되지 않은 공허한 의식이란 있을 수 없다.

자아가 비아로 전환하는 것은 물론 논리학의 규칙에 대한 탐구에 앞서 그런 탐구와 완전히 무관하게 발생한다. 이런 전환은 자연적(원초적) 사고의 문제로서, 논리적이고 반성적인 사고작용의 원형이다. 논리적이고 반성적인 사고작용은 사물의 상을 구성하는 자신의 활동 내에서 합법칙적 필연성을 발견하고 난 다음부터는 수많은 규칙과 논리의 형태로 합법칙적 필연성을 표현하게 되는데, 그 결과 의식적으로(자유롭게) 그런 규칙과 논리를 따를 수 있게 된다.

그러므로 모든 논리적 규칙들은 현실적 사고작용의 분석을 통해 연역되고 도출돼야만 한다. 바꿔 말하면 논리적 규칙들은 그것들이 비교되고 대비될 수 있는 어떤 원형을 가지고 있다. 이런 접근방법은 칸트의 입장과 근본적으로 다르다. 칸트의 입장에 따르면, 모든 기본적인 논리적 원리와 범주는 자신의 술어가 모순을 포함하지 않도록 자기 일관성을 유지해야만 한다. 따라서 칸트는 논리학의 법칙과 범주를 전제하고 있는 반면, 피히테는 논리학의 법칙과 범주가 연역될 것을 요구하고, 또 보편적 필연성에 의해 논증될 것을 요구하고 있다.

피히테 역시 칸트와 마찬가지로 논리적 형식과 법칙의 실질적 내용을 침해하지 않았다. 반대로 그는 칸트 이전의 논리학과 칸트의 논리학에서 알려진 모든 논리적 도식을 적용할 때 더욱 엄격한 조건을 제시함으로써, 그 도식의 정당성을 논증하고자 했다. 그러나 그는 논리적 도식의 정당성을 논증하는 과정에서 논리적 도식을 제한했다. 예컨대 그는 모순율이 하나의 규정과 관련해서는 충분한 근거를 지니지만 발전 체계에서는 무시해도 좋다는 견해를 표방했다. 왜냐하면 뒤에 나타나는 모든 규정은 앞선 규정을 개별적으로 그리고 절대적으로 부정하기 때문이라는 것이다.

피히테는 이와 같은 방식으로 논리적 공리와 범주를 보편적 도식으로 여길 수 있도록 그 도식과 범주에 대한 전체 체계를 연역하고자 했다. 그리고 그는 경험적 자료를 개념 산출의 단계로까지 끌어올려 종합하고 아직 분화되지 않은 최초의 개념을 수많은 보편적이고 필연적인 술어 규정들로 구체화하기 위해 끊임없이 노력했다. 여기서 피히테가 왜 논리적 범주의 전 체계를 연역하고자 했던 그의 계획을 성취하지 못했는지, 그리고 왜 논리학을 엄밀한 과학적 체계로 전환시키지 못했는지를 설명할 필요는 없다. 이 경우에는 문제를 제기하는 것이 중요하다.

주지하다시피 피히테 이후의 피히테 비판은 그의 실패 이유를 분명히 설명해 주고 있다. 피히테에 대한 비판은, 논리학을 개혁해 현실적 사고작용의 탐구로부터 논리학의 전체 내용을 연역하고자 한 피히테의 생각을 방해했던 전제들을 분석하는 데 초점이 맞춰져 있었다. 그리고 이런 비판은 칸트가 이율배반적이어서 결합될 수 없고 무모순적인 하나의 체계 내에 포함될 수 없는 것으로 여겼던 범주들, 즉 서로 직접적인 부정(형식적 모순)의 관계에 있는 범주들을 하나의 동일한 체계 내에 결합시키고자 한 피히테의 생각을 방해했던 전제들에 대해 분석하는 것이기도 했다.

4-2장
논리학의 구조적 원리(이원론 혹은 일원론): 셸링

셸링도 처음부터 지식의 **체계** 문제에 관심을 기울였다. 그는 이런 체계를 창출하고자 할 때 어쩔 수 없이 발생하는 이율배반의 문제에 특히 관심을 기울였다. 셸링이 부딪힌 어려움은 세계는 하나이고, 사고도 체계적으로 제시하고자 할 때 그 자체로 하나라는 사실(사고하는 모든 존재에게 명백하고 직관적인 사실)을 논리적이고 체계적인 방식을 통해 표현하고자 한 데 있었다. 그러나 유일한 세계는 논리학의 규칙과 지성의 활동법칙에 의해 굴절돼 이성의 눈에는 둘로 나뉜다. 그리고 그렇게 형성된 각각의 절반은 저마다 전체 세계를 절대적·무조건적으로, 논리적·체계적으로 드러내는 유일한 진리의 역할을 한다고 주장한다.

칸트처럼, 셸링도 규정들을 논리적으로 일관되게 구성하는 수준에서 해결책을 발견한 것이 아니라 인간정신에 가치 있고 가장 잘 받아들여질 수 있으며 그 본래적 지향과 일치하는 것으로 나타나는 바로 그런 체계를 실질적으로 구체화함으로써 해결책을 발견하려고 했다. 형식논리학을 통해 모든 것을 논증하는 것은 불가능하다. 다시 말해서 그 반대되는 체계와 대립하지 않는 무모순적 증명체계를 완성하는 것은 불가능하다. 그런 체계라면 직접 믿어야 하고 무조건 따라야만 할 것이다. 셸링 자신이 선택한 체계는 다음과 같은 원리로 나타난다. 즉, "비판주의에서 나의 사명은 **불변적 자기성**Selbstheit, **무조건적 자유, 무제한적 활동** 등을 위해 노력하는 것이다."[8] 이 체계는 결코 완성될 수 없으며, 언제나 미래에 대해 '개방적'이어야 한다. 그와 같은 체계는 바로 **활동**이라는 개념이다. 활동이 완성되고, 구현되고, 자신의 산물로 '고정'될 때, 활동은 이미 활동이 아니다.

이런 셸링의 논의에서 피히테가 자랑하는 고고한 원리를 분간하는 것은 어렵지 않다. 단 한 번의 구체화된 체계로는 결코 완성되지 않고 완성될 수 없는 절대적이고 무조건적인 것이 활동이다. 다시 말해 새로운 차이, 분화, 특수성 등을 생겨나게 해 이미 확립된 것과 무한히 일치(동일)시키는 절대적 보편성이 활동이다. 셸링에 따르면 이런 비판주의의 형식은 독단론을 자신의 계기로 포괄한다. 왜냐하면 비판주의의 형식은 인간의 정신문화의 전체 체계가 명확하게 확립된 토대 위에서만 수립돼야 한다고 주장하고 있기 때문이다. 여기서 절대적으로 확립된 토대는 모든 가능한 술어들의 유일한 주어가 자아(모든 인간이 지니고 있는 무한한 창조적 원리, 그리고 인간 자신은 물론 인간이 보고 관찰(직관)하고 사고하는 전체 대상세계를 자유로이 상상하는 무한한 창조적 원리)라는 사실, 그리고 이미 성취된 어떤 결과도 자아가 지닌 절대적이고 '객관적인' 권위의 힘, 즉 독단의 힘을 지니고 있지 못하다는 사실을 의미하고 있다.

셸링이 말하는 체계는, 인간을 이미 주어진 영원한 객관적 힘을 적용하는 수동적 요소나 소용돌이치는 만물의 요소(지수화풍) 가운데 있는 미세한 먼지, 그리고 신의 손 안에 있는 장난감이나 지구상에 있는 신의 대리인으로 간주하는 체계 등과는 대립적이다. 참된 비판주의의 지지자라면 그와 같은 독단적 체계가 비록 자기모순적이지 않고 형식적으로 그 타당성이 입증된다 할지라도 최종적으로 승리할 때까지 그런 체계와 싸울 것이 틀림없다.

피히테처럼, 셸링도 새롭고 비판적인 '계몽된' 독단론을 대표한다. "독단론 — 이것은 우리의 공통적 탐구의 결과다 — 은 이론적으로는 논박될 수 없다. 왜냐하면 독단론은 자신의 체계를 실천적으로 완성하기 위해 이론적 영역을 스스로 포기했기 때문이다. 그렇다면 독단론과 절대적으로 대립되는 우리가 구체화시킨 체계는 실천적으로는 논박될 수 있다."[9]

실천적 활동은 상호 모순적인 모든 체계가 함께 나타나는 공통적 지반으로서 '제3의' 것이다. 이길 수 있고 이겨야만 하는 현실적 투쟁이 전개되는 곳은 순수이성의 추상개념이 아니라 바로 실천적 활동에서다. 이 실천적 활동의 영역에서, 확고하게 자신의 원리를 따르는 하나의 당파가 그 당파의 사적 이해관계뿐 아니라 절대적이고 무조건적인 객관성(보편성)과 일치하는 이해관계도 변호할 수 있는 증거를 찾을 수 있다.

"비판주의는 독단론에 의지해서 절대자(순수 이론적으로 이해된)의 영역에 도달할 수 없으며 그 역도 마찬가지다. 왜냐하면 독단론이나 비판주의는, 대립적 체계에 주목하면서도 그 체계에 대해 아무런 규정도 내리지 못하는 절대적 단언으로서 오직 하나의 주장만 있을 뿐이기 때문이다. … 양자가 서로 부딪친 이후에는 그중 하나가 다른 하나를 더는 무시할 수 없다. 반면 (순수 이론적·논리적 영역에서) 하나의 입장은 아무런 저항이 없도록 다른 입장을 설득하기 이전에는 다른 입장에 의해 설득당할 수밖에 없다."[10]

이런 입장이 피히테와 셸링을 칸트로부터 분리시키는 요점이다. 인류의 지적 문화는 인생의 가장 중요한 것에 관해 똑같이 논리적인 두 사상체계 사이에서 뷔리당의 당나귀처럼 왔다 갔다 할 수는 없는 것이다. 인간은 실천적으로 행동하면서 살아갈 수밖에 없는 존재다. 그러나 마음에 들지만 대립되는 두 체계에 모두 부합되게 행동히는 것은 불가능하다. 우리는 그것들 중 하나를 선택한 연후에 그 원리의 정신에 따라 엄격하게 행동해야만 한다.

사실상, 칸트 자신도 그의 마지막 저작에서 비록 두 체계가 순수 이론적 수준에서 절대로 동일하다 할지라도 실천이성에 대한 논의는 어떤 쪽이든 상관없이 한 체계의 편을 들어야만 한다고 논증했다. 그러나 칸트에게 이 주제는 단지 그의 사고경향 중의 하나로 나타난 반면, 피히테와 셸링은 이 주제를 그들의 모든 성찰의 출발점으로 전환시켰다. 충돌하는 논리적 입장들 가운데 하나는 다른 대립적 견해보다 우월해야만 한다. 그 때문에 하나의 논리적 입장은 더는 순수 논리적이고 현학적인 논의에 의해 강화돼서는 안 되고, 오히려 실천적인(도덕적이고 심미적인) 장점을 마땅히 갖춰야 한다. 그럴 경우 그런 입장은 단순히 영원한 이론적 논쟁을 벌일 권리나 기회를 보장받는 것이 아니라 승리를 보장받는다.

피히테처럼 셸링도 종합명제들로 이뤄져 있는 이론체계의 중요한 문제점을 잘 알고 있었다. "비판 철학자를 압박하는 것은 이런 난점들이다. 그의 중요한 질문은 분석명제가 어떻게 가능한가가 아니라 종합명제가 어떻게 가능한가이다. … 가장 알기 쉬운 것은 동일률에 따라서 어떻게 모든 것을 규정할 것인가라는 문제이고, 가장 불가해한 것은 동일률을 벗어나 있는 것을 어떻게 규정할 수 있는가라는 문제이다."[11]

이것은 적절히 정식화된다. 하나의 판단 — A는 B다 — 에서 규정들을 종합하는 기본적 활동은 실제로 우리로 하여금 동일률을 넘어서도록, 다시 말해서 모순율에 의해 확립된 경계를 어기도록 이미 요구하고 있다. 왜냐하면 인접한 진술 B가 무엇이든지 간에, 그것은 어쨌든 A는 아니고 not-A이기 때문이다. 모든 새로운 지식은 낡은 지식의 엄격한 한계를 침해해 그것을 반박하고 교정한다는 사실에 관한 분명한 논리적 표현이다.

이미 획득된 지식을 완강하게 고집하는 모든 독단론은 새로운 지식이 낡은 지식과 모순된다는 이유 하나만으로 처음부터 모든 새로운 지식을 언제나 거부할 것이다. 그런데 사실 새로운 지식은 낡은 지식과 형식적으로 모순된다. 왜냐하면 새로운 지식은 분석적으로 낡은 지식에 포함돼 있지도 않고, 어떤 논리적 장치에 의해서도 낡은 지식으로부터 '도출될' 수 없기 때문이다. 새로운 지식이 낡은 지식과 모순됨에도 불구하고, 새로운 지식은 낡은 지식과 **결합**해야만 한다.

셸링에 따르면, 진정한 종합은 논리학의 규칙을 엄격히 고수하는 순수 이론적 능력에 의해 실현되는 것이 아니라, 논리학적 토대의 엄격한 한계에 묶여 있지 않은 아주 다른 능력, 나아가서 그렇게 할 강한 필요를 느꼈을 때 그 한계를 넘어설 수 있는 권리를 지닌 능력에 의해서 실현된다. "하나의 지식체계는 필연적으로 관념의 요술·유희이거나 아니면 다음의 것일 수밖에 없다. 관념의 유희가 아닌 하나의 지식체계는 이론적 능력이 아니라 실천적 능력을 통해서, 지각 능력이 아니라 구체화시키는 생산적 능력을 통해서, 그리고 지식이 아니라 **활동**을 통해서 실재를 **포괄해야만 한다.**"[12]

칸트는 이런 생산적 능력을 구상력Einbildungskraft이라 불렀다. 칸트의 뒤를 이어 셸링은 외적 세계의 실재에 관한 명제를 받아들일 뿐 아니라 외적 세계를 이해하는 하나의 이론을 수립하는 객관적 관념론에 근거해 구상력을 분석했다. 비록 셸링 자신에게서 이 이론이 논리학과 아주 다른 것이고, 오히려 일종의 미학, 즉 우주의 신비를 예술적·심미적으로 이해하는 이론의 경향을 띠기는 했지만, 셸링의 이런 분석은 객관적 관념론에 근거했기 때문에 피히테와는 다른 길을 가도록 했다. 과학자들이 볼 때, 셸링은 전통 논리학 ― 피히테의 뒤를 이어 셸링 스스로도 아주 불만족스러운 지식 획득의 수단이라고 단언했고, 비논리적이고 심지어 몰논리적인 그 밖의 다른 수단에 의해 획득된 자료를 표면상 체계화하고 분류하는 규준으로서만 정당화된다고 주장했던 ― 을 이론작업의 도구로 보존하고 있다.

피히테가 일관된 주관적 관념론의 권리와 관점을 내세우면서 칸트와 그의 논리학을 비판하는 고전적 모델을 제시한 반면에, 청년 셸링은 자신의 혁신적 노력을 통해 유물론적 경향이라 할 수 있는 또 다른 특색을 분명히 보여 주기 시작했다.

셸링의 사고를 성숙시키고 활동 무대가 됐던 서클에서는, 피히테 철학에 의해 일어났던 분위기와는 아주 다른 분위기가 지배했다. 피히테의 모든 사고는 1789~1793년에 일어난 사건들로부터 자극을 받은 사회적·정신적 혁명에 집중돼 있었다. 피히테가 펼친 상상력의 날개는 그 당시의 사건과 문제에 연결돼 있었다. 혁명적 파도가 가라앉았을 때, 피히테의 철학도 날개를 접었고 그래서 그는 새로운 영감의 원천을 발견할 수 없었다. 혁명에 고무돼 생긴 셸링의 열정은 그가 피히테의 지지자 혹은 제자로서 머문 특정한 단계일 뿐이었다. 그러나 마치 냉혹한 현실의 힘이 가장 열정적인 자코뱅 당원들로 하여금 당원으로서의 활동을 청산하도록 한 것처럼, 셸링이 보기에 피히테에게서 나타난 완고한 외적 세계 앞에서 무한히 창조적인 자아의 힘이나 자아의 도덕적 열정의 강렬함을 고집하는 것은 전혀 알지 못하는 벽에 자신의 머리를 부딪는 것과 같았다. 셸링은 괴테나 낭만주의 작가들과 친분을 맺음으로써, 자연(자연과학)에 관해서뿐 아니라 전승돼 온 전통적인(칸트와 피히테의 표현에 따르면 '객관적인') 사회적 생활양식에 관해서도 피히테보다 훨씬 더 많은 관심을 기울이게 됐다. 자연과학과 예술은 처음부터 탐구자의 정신을 갖도록 영감을 불러일으킨 매개였다.

사실 셸링도 피히테와 똑같은 방법으로 출발했다. 셸링 역시 인간의식 내에서의 주관과 객관의 대립관계, 그리고 인간이 '자유로이' 산출한 외적 세계의 상과 인간에게 알려지지 않은 필연적이고 강압적인 힘에 복종해 인간이 무의식적으로 산출한 외적 세계의 상 사이의 대립관계를 다뤘다. 피히테처럼 셸링도 필연성을 외적 신에 귀속시키는 정통 종교와 필연성을 외적 사물 혹은 '순수한 대상'에 귀속시키는 철학적 유물론을 통합하려는 의도에서 독단론과 맞서 싸웠다. 셸링이 볼 때 비판주의는, 인간정신에 대한 객관적인(보편적이고 필연적인) 규정들은 처음부터 인간정신에 본유적인 것이며 능동적 자기 발견의 과정에서 정신 내에서 발견되는 것이라고 주장하는 입장과 동일한 의미를 지니고 있었다.

피히테의 뒤를 이어 셸링도 이와 같은 방법으로 칸트 사상의 이원론을 극복하고자 했다. 그러나 피히테의 사상 내에서 이원론은 여전히 유지됐을 뿐 아니라 심지어 더욱 첨예한 형식으로 재생산되기조차 했다. 실제로 칸트의 모든 이율배반은 피히테에 의해 동일한 자아 내의 두 부분 사이의 모순이라는 하나의 이율배반으로 나타났다. 그 가운데 한 부분은 인과율·공간·시간 등을 통해 객관세계의 상을 무의식적으로 창출하는 반면, 다른 한 부분은 선험적 이념의 요구나 '도덕'의 요구에 따라 그 상을 재구성한다.

앞에서 살펴본 것처럼, 모든 개인은 두 개의 다른 자아를 가지고 있다고 전제하고 있는데, 그 두 자아가 어떻게 왜 서로 연관돼 있는지는 알려져 있지 않다. 비록 피히테가 활동이라는 개념으로 두 자아를 결합시켰지만, 그 대립관계는 다른 두 가지 활동원리라는 형태로 자아 내에서 다시 재생산된다. 그리고 종전대로 인간 자아의 두 부분 사이의 내적·필연적 관계가 무엇인가 하는 미해결의 문제가 남아 있다. 분할을 통해 필연적으로 두 부분이 발생했지만, 그것들은 과연 공통적 뿌리, 공통적 원천, 공통적 '실체'를 지니고 있는가?

피히테는 활동이라는 개념에도 불구하고 해결책을 발견하지 못했다. 필연적 관념의 세계는 인간이 그 관념을 자각하기 전에 '더욱 뛰어난' 개별적 자아의 활동과는 독립적으로 모든 자아 내에서 형성된다. '더욱 뛰어난' 자아는 관념의 세계를 자각하는 동안 자기 내부에서 현존하는 세계를 발견한다. 그다음으로 실천이성이나 이념의 순수 형식은 마치 모르는 어떤 곳으로부터 나타나서 자아의 과거 노동의 결실을 평가하고 재평가할 기준을 제시하는 재판관처럼, 말하자면 외부로부터 필연적으로 산출된 관념의 세계에 나타난다.

인간 자아는 원래부터 이질적인 두 원리가 서로 싸우는 끝없는 전쟁터로 다시 바뀐다. 절대적 자아라면 불완전하고 연관성이 없으며 심지어 상호 모순적으로 존재하는 관념의 세계를 자기자신과 일치하는 것으로 받아들여야 한다. 그러나 이런 일치는 무한에서나 이뤄질 뿐이다. "인간의 자기자신과의 완전한 일치 그리고 인간 외부의 모든 사물과 그 사물에 관한 필연적이고 실제적인 개념 — 사물이 어떻게 존재해야 하는지를 규정하는 개념 — 의 완전한 일치"(피히테가 정식화한 문제의 본질)는[13] 현존 세계에서 이뤄질 수 없다.

피히테 자신은 칸트적 이율배반의 형식으로부터 해방됐으나, 바로 '활동' 개념 내에서 이율배반을 모순의 형식으로 그대로 재생산했다. 문제는 개별 정신의 영역으로 단순히 이전됐고, 그래서 완전히 해결할 수 없게 돼 버렸다. 셸링은 청년 헤겔과 더불어 새로운 길을 모색했다. 피히테를 비판하는 과정에서 점차 새로운 입장의 윤곽이 드러나기 시작했다.

셸링과 헤겔은 칸트와 피히테의 다음과 같은 입장을 아주 불만으로 여겼다.

(1) 당시에 뜨겁게 달아오른 구체적 쟁점들을 주관적·심리학적 형식으로 제시한 점.

(2) 철학자를 설교자 — 훌륭하고 고귀하지만 실행할 수 없는 문구나 표어를 제시하는 — 의 위치에 놓음으로써 '양심'과 '의무'에 나약하게 호소한 점.

(3) 감각적이고 경험적인 전체 세계를 '의무'와 '이념'의 명령에 대한 장애물, 비록 적대적이지는 않지만 적어도 수동적인 장애물로 해석한 점.

(4) 순수 도덕을 제외한 모든 것(인류의 역사와 자연의 변화를 포함하는)에 대한 절대적 무관심, 그리고 자연과학에 대한 절대적 무관심(이것은 피히테 사상의 저변에 깔려 있다).

(5) 인간의 '이기적'·'비도덕적'·'비합리적'인 사회적 행위의 동기에서 보이는 정언명령(이념)의 무기력, 그리고 더욱 고차적인 도덕을

전파하는 설교자에 대한 지구상 현실 인간들의 무관심.

(6) 실재적인 것과 타당한 것, 필연적 활동과 자유로운 활동, 현상계와 능동적인 인간 본질 사이의 원리적으로 해결할 수 없는 차이 등등.

이 모든 것들은 결국 하나의 문제로 집약된다. 다시 말해 결국 인간의 두 자아가 유래하는 '공통적 뿌리'를 발견하는 것이 필수적이라는 사실로 집약된다. 그러면 개인은 외적 힘(자연 혹은 신)이 적용되는 수동적 요소(대상)로 나타나지 않고, 오히려 독립적으로 활동하는 주체로 나타날 것이다.

이것으로부터 동일철학의 사상이 탄생했다. 다른 모든 사상이 그런 것처럼, 동일철학은 원래부터 아직 세부적으로 실현되지 않은 원리인 가설의 형태로 존재했고 대부분의 이론적 내용, 특히 칸트와 피히테의 사상을 비판적으로 교정함으로써 등장했다.

처음부터 청년 셸링은 칸트와 피히테에 의해 원래 본질과 기원에서 이질적인 것으로 묘사된 인간의 두 부분(이것들을 결합시키고자 한 그들의 노력에도 불구하고)은 결국 어떤 공통점을 지니고 있는 것으로 단언했다. 즉, 문제의 본질상 그 두 부분은 논쟁과 논의 과정에서 이율배반적으로 분화되고 분리되기 이전에 하나의 상으로 결합돼 있었다. 셸링은 자아활동의 두 형식(무의식적인 것과 의식적으로 자유로운 것)은 실제로 하나의 줄기에서 성장한 두 개의 가지이기 때문에, 먼저 그 줄기를 발견한 후 분기되기 이전의 성장 과정을 추적하는 것이 필수적이라고 주장했다.

그러나 셸링은 그런 동일성이 과거와 현재를 통틀어 존재했음이 틀림없다는 것 이외에 더는 구체적이고 뚜렷한 주장을 내놓지 않았다. 그는 이런 최초의 동일성이 어디에서 정확하게 발견될 수 있는지에 대해서는 아무런 말도 하지 않았다. 그의 서술은 본질적으로 소극적인 것이었다. 최초의 동일성은 의식도 아니고 물질도 아니며, 정신도 아니고 실체도 아니며, 이념도 아니고 실재도 아니다. 그렇다면 도대체 그것은 무엇인가?

여기서 하이네Heine의 재치 있는 경구를 들어 보자. "철학은 셸링 씨와 더불어 종말을 고하고, 시詩 — 나는 어리석음의 뜻으로 말한다 — 가 시작된다. 그러나 셸링 씨는 이제 철학의 통로를 내버려 둔 채, 신비로운 직관활동을 통해서 절대적인 것 자체를 통찰하고자 한다. 그는 그 중심과 본질에서 절대자를 직관하고자 한다. 거기에는 이념적인 것도 없고 실재적인 것도 없으며, 관념도 없고 연장도 없으며, 주체도 없고 객체도 없으며, 정신도 없고 물질도 없지만, 그것이 무엇인지를 아는 사람은 있다."[14]

그런데 왜 셸링은 철학의 통로, 즉 엄밀한 규정을 동반하는 사고작용의 통로에서 은유와 일종의 감성적 직관의 통로로 방향을 바꿨을까? 그 유일한 이유는 그가 알고 있었던 논리학이 대립하는 상호 모순적 술어들을 동일한 하나의 주어의 개념으로 통합하는 것을 허용하지 않았기 때문이다. 칸트처럼 셸링도 동일률과 모순율은 개념적 사고작용에서 절대로 어길 수 없는 법칙으로서 신성불가침의 것이라 생각했고, 그 원리들을 어기는 것은 사고 일반의 법칙, 과학적 방법의 형식을 어기는 것과 같다고 생각했다. 여기서 그는 피히테의 견해를 좇아, 모순 때문에 하나의 개념으로 이해하기 불가능한 모든 것은 사변 혹은 직관으로는 포착 가능하다고 생각했다.

셸링은 논리학의 규칙에 따라 의식적으로 수행되는 모든 활동은 칸트와 피히테의 선험철학에서 충분하고 정확하게 서술됐다고 생각했다. 논리학의 규칙에 따라 의식적으로 수행되는 활동을 다루는 철학에 관한 한, 셸링은 거의 완성됐다고 생각했다. 다시 말해 그는 결코 그것을 새롭게 구성하려 들지 않았다. 그는 다만 활동·활동원리의 영역과 범위를 확장시키고자 했고, 피히테의 시야에서 벗어나 있었던 자연과학의 영역을 포괄하고자 했다.

여기서 자연과학으로의 전환은 결코 우연한 일이 아니었다. 사실 무의식적 활동의 영역을 더욱 상세히 탐구하려는 시도는 결국 인간이 자신을 특수한 탐구대상으로 전환시켜 자기자신 내에서 발생한 것이 무엇이며 그것이 어떻게 발생했는지에 관해 특유의 반성을 시작하기 전에, 그런 반성과는 무관하게 인간이 수행하는 생명활동의 양식을 탐구하려는 시도를 말한다. 그러나 공간, 시간 그리고 인과성이라는 조건에 종속된 인간의 모든 생명활동(칸트의 관점으로부터 발생한 것)은 자연과학의 관할 영역 내에 있다. 바꿔 말하면 무의식적 활동의 형식과 양식은 물리학·화학·생리학·심리학 등의 개념을 통해서 과학적으로 분명히 서술된다.

왜냐하면 무의식적 활동은 생명, 유기적 자연 혹은 유기체의 존재양식과 다름없기 때문이다. 그러나 유기체(생물학적인 모든 개체)의 생명활동에서 역학적·화학적·전기적 운동은 서로 결합돼 있으며, 따라서 유기체는 역학, 화학, 물리학 그리고 광학 등에 의해 탐구될 수 있다. 자연은 모든 비밀과 규정을 살아 있는 유기체에 응집시킴으로써 그 비밀과 규정을 종합한다. 유기체가 그 구성요소로 분해된 이후에는 다음과 같은 중요하지만 잘 이해되지 않는 의문점이 생겨난다. 도대체 왜 유기체의 구성요소들이 다른 방식이 아니라 바로 그런 방식으로 결합돼 있는가? 왜 그 구성 성분의 덩어리가 획득되지 않고 실제로 살아 있는 유기체가 획득되는가?

순수 역학적 접근만으로는 유기체를 제대로 이해하기 어렵다. 왜냐하면 기계의 원리는, 이미 만들어지고 이전에 주어진 부분들을 결합하는(일관되게 종합하는) 것이기 때문이다. 그러나 살아 있는 유기체는 부분들을 전체로 조합함으로써 생기는 것이 아니라, 반대로 원래 분화되지 않은 전체로부터 부분들(기관들)이 근원적으로 발생함으로써 생겨난다. 여기서 전체는 부분들에 선행하고, 부분들과 관련해서 부분들이 봉사하는 목적으로 기능한다. 각각의 부분은 단지 전체 내에서 수행하는 그 역할과 기능을 통해 이해될 수 있다. 부분은 전체를 떠나서 존재하지 않으며, 더구나 그 자체로 존재하지 않는다.

칸트는 《판단력 비판》에서 유기적 생명을 이해하는 문제를 생명체의 구조와 기능의 목적 문제로서 분석했다. 그러나 선험적 관념론이라는 입지점 때문에, 그는 다음과 같이 생각하지 않을 수 없었다. 즉 비록 우리와 우리의 이성이 목적 개념 이외의 다른 개념으로는 유기체를 이해할 수 없다 할지라도, 어떤 목적을 유기체 자체에 기인하는 것으로 생각하는 것은 불가능하다. 왜냐하면 목적은 의식(이것은 선험적 통각의 작용을 의미한다)을 전제하는데, 동물과 식물은 그런 의식을 지니고 있지 않기 때문이다.

생명의 문제는 셸링으로 하여금 선험적 관념론 철학의 특정 개념들을 포기하고 비판적으로 재검토하도록 했다. 칸트처럼 그도 초자연적 원인을 자연과학의 사고 틀에 도입하는 것을 단호히 반대했다. 이 때문에 그는 활력론vitalism, 즉 비유기적 자연(역학·물리학·화학의 세계)의 경우 어떤 '더욱 고차적인 원리'가 외부의 어디서부터 내려와서 물리적·화학적 입자들을 생명체로 조직화한다는 사상을 단호히 거부했다. 칸트의 입장을 이어받아 셸링은 의식 외부에 이런 원리는 없다고 단언했다. 자연주의자라면 비유기적 자연에서 유기체가 발생한 원인과 기원을 자연 자체 내에서 찾아야만 한다. 생명은 일종의 자연 외적인 힘이나 초자연적 힘을 전제하지 않고서 자연과학의 방법에 의해 충분히 설명돼야만 한다. "유기체와 생명은 자연의 원리로 설명할 수 없다는 고루한 망상이 있다. … 이 점에 대해서는 대체로 다음과 같이 말할 수 있을 것이다. 즉, 유기적 자연의 최초의 원천은 물리학적으로 설명될 수 없다. 그래서 이렇게 입증되지 않은 진술은 탐구자의 용기를 약화시키는 것 말고는 아무런 소용이 없다. … 만약 우리가 모든 유기체의 계통이 동일한 유기체의 점진적 진화를 통해 발생했다는 사실을 보여 줄 수 있다면, 이것은 그런 허황된 설명보다 적어도 한 걸음 앞서 있을 것이다."[15]

인간과 그 특유의 유기적 조직은 논리적으로 볼 때 생명체의 피라미드의 정점에 있다. 그리고 이 경우에 우리는 선험적 의미에서 목적은 아니라 할지라도 적어도 우리의 이성에서(특히 그 선험적 구조에 의해서) '목적의 형태로' 재생산되는 객관적 특성을 자연 자체에 돌릴 수 있는 근거와 권리를 갖고 있다.

셸링은 이런 특성이 무엇인지를 말할 수 있다고 생각하지는 않았다. 어쨌든 더욱더 복잡하고 고도로 조직화돼 있는 생물 — 정신·의식이 깨어 있고 선험적 구조가 갖춰져 있으며, 그리고 자연에서 목적 없이 무의식적으로 발생하는 모든 것을 의식적으로(자유로이) 재생산하는 능력을 지닌 인간까지 포함해서 — 의 계통을 발생시킨 것은 자연 자체에 수반돼 있는 능력의 문제였다.

그런데 자연과학들이 지금까지 해 왔던 것처럼(수학자·물리학자·화학자·해부학자는 저마다 자신들의 고유한 영역에 종사하면서도 자신의 탐구 결과를 인접 과학의 탐구 결과와 결합시키려고 하지 않는다), 그렇게 자연을 고찰해서는 안 된다. 자연은 특수과학의 주제가 분화돼 나온 일종의 최초의 전체로 간주돼야 한다. 따라서 우리는 전체와 모습을 특수과학으로부터 모자이크처럼 조립해서는 안 되고, 반대로 특수과학을 최초에 분화되지 않은 하나의 동일한 전체의 발전과정에서 나온 연속적 단계들로 간주해야만 한다. 고대 그리스인들과 스피노자에게서 아주 특징적으로 나타난 전체로서의 자연관을 셸링은 기계와 유기체 사이의 이율배반을 과학적으로(초자연적 요인에 호소하지 않고) 해결하는 중요한 원리로 발전시켰다. "우리의 탐구가 자연을 실체로 생각하는 자연관으로 상승하자마자, 기계와 유기체 사이의 대립, 즉 오랫동안 자연과학의 진보를 방해하고 대다수 사람들이 우리의 노력을 좌절시킬 것이라고 생각한 그런 대립이 즉시 사라진다."[16]

셸링은 실로 하나의 보편원리로부터 역학과 유기적 생명의 개념을 전개시킴으로써 해결책을 찾았다. 그는 결국 이 보편원리를 통해 뒤에 나타나는 단계가 앞의 단계를 부정하고 새로운 특성을 포함하는 동적인 과정으로서의 전체적 자연관을 제시했다. 따라서 더욱 고차적인 과정에 대한 순수 형식적(분석적) 규정은 더욱 낮은 과정의 규정으로부터 추론될 수 없다. 이것은 오직 새로운 규정을 부가하는 종합 과정을 거쳐서 도출된다. 동적인 과정에서 더 고차적인 단계와 더 저차적인 단계를 직접적으로 병렬시켰을 때, 그것들은 동시에 '공존하는' 두 대상으로 생각되고(공존하는 두 대상이란 바로 경험적 직관에 포착되는 방식으로 존재한다) 그리고 직접적으로 상호 모순적이라는 사실은 놀라운 일이 아니다.

결국 자연철학의 기본적 과제는 하나의 동적인 과정에서 최초의 규정이 어떻게 발생하고 또 직접적으로 대립하는 규정들이 어떻게 발생하는지를 추적해서 보여 주는 데 있다. 바꿔 말하면, 전체로서의 자연이라는 동일자 내부에서 상호 부정하는 규정들 및 대립물들이 점진적으로 발생하는 과정을 동적인 과정으로 이해하는 것이다.

셸링은 여기에서 역학, 화학, 전자기학, 유기적 생명 등의 영역에서 동일하게 작용하는 자연 전체에 관한 보편적 법칙을 발견했다. 이것은 실로 최초의 상태가 이분화 혹은 양극화하는 보편적(모든 자연현상에 동일한) 법칙이다. 역학에서 질량의 인력과 척력, 자기학에서 남극과 북극, 양전기와 음전기, 화학반응에서 산과 알칼리 등, 이런 것들은 모든 측면에서 셸링의 정당성을 입증하는 사례들 — 볼타 Volta, 패러데이Faraday, 라부아지에Lavoisier, 킬마이어Kielmeyer 등에 의해 발견되고 거듭 확인됐다 — 이다. 매우 다양한 과학적 발견은 셸링의 예언의 실현으로 여겨졌기 때문에 그의 명성은 점차 높아졌다. 그의 제자 중에는 의사, 지질학자, 물리학자, 생물학자도 있었다. 이것은 결코 우연한 일이 아니다. 셸링의 철학은 이론적 자연과학 내부에서 이미 절실히 필요했던 사고의 형식을 제시했다. 셸링은 자신의 성공에 만족하면서 그가 발견한 가치 있는 광맥을 계속해서 찾아 나갔다.

그러나 대립물의 상호 전환은 자연철학과 선험철학이 만나는 경계선에서 가장 뚜렷하게 나타난다. 이 경계선은 무의식적·동적 과정의 영역(비아)으로부터 자아가 발생하고 선험적·정신적 유기체가 발생하는 지점이며, 또 반대로 자아의 의식적 활동으로부터 비아에 대한 객관적 지식이 발생하는 지점이기도 하다. 자아에 대한 규정과 비아에 대한 규정의 상호 전환은 동적 과정의 보편작용을 가장 순수하고 가장 일반적인 형식으로 입증하는 것이다. 즉 A가 not-A로 전환하는 활동, 원래 분화돼 있지 않은 최초의 상태가 '이원화'되고 이분화되는 활동을 입증하는 것이다.

그런데 그 자체로 동일한 최초의 절대적 상태 — 이것의 양극화로부터 자연 전체의 '이중성', 즉 자아와 비아, 자유롭고 의식적인 주체의 창조성과 '죽고' 응고되고 화석화된 창조적 활동의 거대한 영역(대상세계)이 발생한다 — 는 어떤 방식으로 존재하는가?

셸링의 철학 행위는 바로 이 지점에서 시작된다. 최초의 동일성을 사고하는 것, 다시 말해서 엄격히 제한된 개념의 형식으로 그 동일성을 표현하는 것은 불가능하다는 사실이 판명됐다. 최초의 동일성은 하나의 개념으로 표현되자마자 곧바로 이율배반적 이분화로 나타난다. 동일성이 분화되지 않은 경우에, 그리고 분화된 것들 사이에 형식적으로 비교할 아무런 공통점이 없는 경우에 동일성은 분명히 개념적으로(과학적으로) 이해된다.

우리는 아주 중요한 지점에 이르렀다. 셸링은 자신의 체계가 자아와 비아에 공통된 규정체계 혹은 정의체계를 제시하고 있기 때문에 자신의 체계를 동일철학이라고 부른 것은 결코 아니다. 오히려 그 반대다. 셸링은 이런 개념체계의 가능성을 원리적으로 부인했다. 그의 철학은 형식적으로는 결합되지 않는 두 개념체계, 즉 형식적으로는 그 규정들이 서로 대립하지만 그럼에도 상호 전제하고 있는 두 개념체계의 형태로 제시됐다. 그 가운데 하나는 자아 자체의 규정체계(선험철학)이고, 다른 하나는 대상·비아에 대한 총체적이고 보편적인 규정체계(자연철학)이다.

전자는 인간의식 외부에, 인간의식에 앞서 존재하는 자연에 그 근거를 둘 수 없는 인간활동 특유의 주관적 형식을 형식적으로 무모순적인 구조의 형태로 드러내고 서술했다. 반대로 후자는 의식적이고 의지적인 인간활동에 의해 도입된 모든 것이 면밀하게 제거된 순수객관성을 드러내고자 했고, 대상을 '인간의식에 들어오기 전에' 존재하는 모습 그대로 묘사하고자 했다.

자연철학(이론적 자연과학)의 한계 내에 갇혀 있는 이론가들은 "이런 종류의 인식에 주관이 끼어드는 것을 두려워하며", 반대로 선험철학(논리학과 인식론)의 한계를 벗어나지 못하는 이론가들은 "객관적인 것이 순수 주관적 인식 원리에 포함되는 것을 가장 두려워한다."[17]

요컨대 만약 선험철학이 자연철학만큼 정확하게 구성된다면 각각의 구조 내에 다른 요소는 전혀 없을 것이고, 서로 공통적 개념이나 이론적 규정도 없을 것이다. 왜냐하면(하나의 구조에 다른 구조의 요소가 있거나 공통적 개념이나 규정이 있다면) 이런 규정은 논리학의 최상의 두 원리인 동일률과 모순율을 직접 위배하기 때문이다. 또한 그와 같은 규정은 객관적인 것과 주관적인 것을 동시에 표현할 것이고, 동일시되는 대립물을 직접 포함할 것이기 때문이다. 그러므로 특정한 두 학문(선험철학과 자연철학)은 형식상 하나로 결합될 수 없는 것이다. 동일한 하나의 개념으로부터 두 개의 과학적(형식적으로 올바른) 규정들을 전개시키는 것은 불가능하다. 왜냐하면 그것은 논리학의 규칙에 입각해 볼 때 형식적으로 올바르지 못하며 또 용인될 수도 없기 때문이다.

따라서 철학은 전반적으로 볼 때 하나의 과학으로 존재할 수 없다. 이로부터 셸링은 다음과 같이 결론 내렸다. 즉 철학의 전체 체계는 "원리와 방향에서 서로 대립하지만, 서로 교섭하고 서로 보완하는 두 기초과학 내에서 완성"될 것이다.[18] 의식 내부의 세계와 의식 외부의 세계에 공통된 것들을 발견하는 '제3의 과학', 두 세계에 똑같이 필수적 법칙과 규칙체계가 되는 '제3의' 과학이란 있을 수도 없고 있지도 않다. 과학의 형식으로 이런 법칙과 규칙을 제시하는 것은 원리상 불가능하다. 왜냐하면 그런 과학은 처음부터 동일률을 어긴 상태에서 구성될 것이기 때문이다.

그럼에도 세계와 인식에 공통된 법칙은 존재한다. 그렇지 않으면 일반적으로 인식, 즉 주관적인 것과 객관적인 것의 일치에 관해 말하는 것은 무의미할 것이고, 인식과 그 대상의 일치로서의 진리의 개념은 허튼소리일 것이다. 셸링에 따르면, 결국 **보편법칙**은 완고하게 구속하는 규칙으로 작용하는 것이 아니라, 오히려 인식 대상이나 자연의 통일을 직접 체험하는 시인·예술가의 영감과 관계있는 이성(엄격히 정식화되지 않은 이성)으로 작용한다. 재능 있는 예술가와 자연은 동일한 법칙에 의해 움직인다.

주관적 세계와 객관적 세계에 작용하는 법칙의 동일성은 창조적 활동에 의해서만 실현될 수 있다. 그러나 창조 활동은 형식적 체계화에 종속되거나, 그 체계 내로 소멸해 화석화되지도 않는다. 그래서 "절대적 단순성·동일성은 결코 개념을 통해 이해되고 전달될 수 있는 것이 아니라, 묘사를 통해 이해되고 전달될 수 있다. 그것은 단지 지관될 뿐이다."[19] 여기서 지관은 강력한 영감에 의한 창조적 통찰의 직관이며, 지성적이고 심미적인 직관이다. 따라서 셸링의 체계는 예술철학에서 절정에 도달했고 예술철학에 의해 완성됐다고 볼 수 있다.

그래서 최초의 동일성은 실재하지만 개념으로 표현할 수 없고, 그리고 모든 개념의 최초의 전제이지만 개념을 통해 규정되지는 않는다. 말하자면 동일성은 언제나 둘로 나뉘어 있는 탐구방향, 즉 객관적인 것이 어떻게 주관적인 것으로 전환하는지에 대한 논증(이것은 역학에서 화학을 거쳐 생물학·인류학, 요컨대 인간까지를 다루는 이론적 자연과학의 관할권이다)과 주관적인 것이 어떻게 객관적인 것으로 전환하는지에 대한 논증(이것은 인식과 그 형식에서 출발해 인식의 객관성·필연성·보편성을 논증하는 선험철학의 관할권이다)에 의해 결정된다.

결국 문제는 다음과 같이 표현될 수 있다. 즉, 정면으로 대립하는 두 영역은 그 모든 특성에서 서로 비교된다. 이 두 영역의 동일성(이것들이 일치한다는 사실은 진리다)은 한 영역이 다른 영역으로 이행함으로써 명백히 실현된다. 그러나 이행 및 이행 자체의 계기는 비이성적이기 때문에 무모순적인 개념에 의해 표현될 수 없다. 왜냐하면 바로 그 이행의 계기에서 A의 not-A로의 이행, 그 둘의 일치와 동일성이 발생하기 때문이다. 그 둘의 일치와 동일성을 하나의 개념으로 표현하는 것은 그 개념의 형식을 깨뜨리는 것을 의미한다.

여기서 셸링은 개념적 사고 가능성이 지니는 절대적 전제의 성격을 동일률과 모순율에 기인하는 것으로 생각한 칸트 논리학의 편협성에 직접적으로 대항했다. 왜냐하면 모순율과 동일률에는 대립물의 상호이행의 계기가 들어설 여지가 없을 뿐 아니라 이행의 계기는 그 두 법칙을 깨뜨리기 때문이다. 여기서 셸링은 사고형식에는 자기 파괴적 측면이 있다는 사실에 동의함으로써 현실적 진리는 개념을 통해 포착될 수도 없고 표현될 수도 없다는 결론을 내리지 않을 수 없었다. 따라서 그의 입장에서는 과학이 아닌 예술이야말로 정신적 활동의 최고 형식을 드러내게 된다.

만약 일반논리학의 규칙이 절대적이라면, 주관과 객관의 동일성을 실현시키는 의식과 자연의 상호이행은 개념적으로 표현될 수 없으며, 나아가서 인식활동은 절대이념·진리를 시적으로 포착하는 비이성적 직관활동으로 거듭 비약하지 않을 수 없다.

바꿔 말하면 셸링은 칸트의 논리학이 실제로 대립물의 개념(엄격히 정의된 규정)적 상호이행을 표현하거나 이해하는 것을 막는 도저히 극복할 수 없는 장애물이라는 사실을 아주 당연한 주장으로 받아들임으로써 논리학 일반을 거부해 버렸다. 그는 논리학을 직관(관찰)에 자명하게 나타나는 것을 표현하는 수단으로 삼기 위해서 논리학 자체를 개조하지는 않았다. 그 대신에 그는 기존 논리학(그는 논리학을 사고 자체보다 열등한 것으로 잘못 이해했다)의 한계와 부족한 점을, 배우거나 가르칠 수 없는 비이성적 능력, 즉 지성적이고 심미적인 직관 능력을 통해 보완했다. 이 신비로운 능력은 이성(사고 일반)이 서로 결합시키지 못하고 오히려 부문들로 나누고 분해해서 사라지게 만든 모든 것을 결합시키는 힘을 지니고 있다.

셸링의 고유한 이론체계는 19세기의 과학 발전에 영향을 끼쳤으며, 본질적으로 뚜렷한 변증법적 특성을 보여 줬다. 그러나 천재적이기조차 한 대담한 추측과 발상에도 불구하고 셸링은 그 당시 과학자들에게는 기본적으로 결합할 수 없는 것처럼 보였던 개념들을 두려움이나 의심 없이 결합하는 신적 영감을 지닌 예언자나 천재를 계속 자처했다. 셸링 자신은 젊었을 때 자연과학 분야에 상당한 재능과 소질이 있었고 가끔 직관적으로 요점을 찔렀으나, 그에 비해 그의 제자들이나 계승자들은 공허한 도식을 받아들이고 과학에 박식하지도 못하고 재능도 없었으며, 오히려 나중에 헤겔도 그랬듯이 셸링의 철학하는 태도나 방법을 조롱했다. 그러나 셸링은 칸트 논리학의 경직성을 폭로했다. 그리고 그 자신은 칸트 논리학을 근본적으로 개조하지는 않았지만, 헤겔이 그렇게 할 수 있도록 충분한 근거를 제공했다.

논리학 자체는 셸링의 사상체계에서는 하나의 삽화로 남아 있을 뿐이며, 선험철학에서도 하찮은 부분에 불과하다. 또 전혀 이질적인 인식능력과 방법을 통해 획득된 지식을 정식화(분류·도식화)하는 것이 필수적이라 할 수 있는 형식적 규칙들에 대한 현학적 서술일 뿐이다. 결국 셸링에게 논리학은 지식을 산출하는 도식이 아니라 오히려 말 그대로 '다른 것들을 위해' 지식을 서술하는 수단이자 엄격히 정의되고 무모순적으로 규정된 용어들(셸링은 이것을 '개념'이라 불렀다)의 체계를 통해 지식을 표현하는 수단인 것이다. 셸링은 궁극적으로 논리학에서 취할 점은 지식의 외적 언어형식뿐이라고 봤다.

사실 지식을 산출하는 과정 자체는 셸링이 다양한 '직관'의 형태 내에서 아주 상세하게 분석한 상상력에 의해 이뤄진다. 직관과 상상력의 영역에서 셸링은, 표상의 세계와 과학의 개념을 이해하는 인간의 주관적 인식능력의 진정한 도식, 즉 변증법을 발견했다.

그래서 셸링은 변증법을 순수 과학적 인식론으로 확립하기는 했지만, 논리학과의 모든 연관성을 단절시켜 버렸다. 셸링은 자신의 입장 때문에, 칸트와 피히테가 당시의 시대적 요구에 부응해서 재구성하려는 시도를 하기 전의 한심스러운 상태로 논리학을 후퇴시켜 버렸다.

셸링 이후의 문제는 인식과정의 진정한 도식인 변증법과 사고 일반의 규칙체계인 논리학을 결합시키는 것이다. 논리학의 규칙과 인식과정의 실질적 도식(법칙)의 관계는 어떤가? 그 둘은 서로 다른가? 또 상호 연관성은 없는가? 그렇지 않다면 논리학은 단지 과학의 현실적 발전과정에 의식적으로 적용되고 계획적으로 적용된 도식일 뿐인가? 그렇다면 논리학을 그 구태의연한 전통적 형식으로 방치해 두는 것은 더는 용납될 수 없다. 바로 이 지점에서 횃불은 헤겔에게 넘어간다.

5장
논리학으로서의 변증법: 헤겔

논리학의 주제에 관한 헤겔의 해결 방식은 논리학의 역사에서 특별한 역할을 수행했다. 헤겔 논리학의 명제들이 갖는 직접적 의미를 해명하는 것만으로는 그의 논리학을 충분히 이해할 수 없다. 헤겔식의 환상적 방향 전환을 통해서 그 실질적 주제를 고찰하는 것이 더 중요하거니와, 이것은 어려운 일이기도 하다. 이제 우리는 이 문제에 관해 논의함으로써 헤겔을 비판적으로 이해하고, 또 원상原象의 왜곡된 서술로부터 원상의 모습을 되찾을 기회를 갖고자 한다.

레닌이 그렇게 했고, 또 그렇게 하기를 권했던 것처럼 헤겔을 유물론적으로 파악한다는 것은 대상에 대한 헤겔의 묘사를 대상 자체와 비판적으로 비교해, 원상과 모상模像 간의 괴리를 낱낱이 추적함을 의미한다.

이런 일은 만약 독자가 그와 같은 두 가지 비교 대상 ― 원상과 모상 ― 을 이미 가지고 있다면 더 수월해질 것이다. 모상은 존재한다. 그러나 원상은 어디에 있는가? 과학자가 갖고 있는 현재의 논리적 의식을 원상으로 간주할 수는 없다. 왜냐하면 이 의식 자체는 그 논리성을 검증받아야 하는 것이고, 또 그 의식 자체가 과학 발전의 현실적 요구에 상응한다는 관점에서 기존의 논리적 형식을 비판적으로 분석할 필요가 있기 때문이다. 관념론과 연루된 그 모든 결함들에도 불구하고, 헤겔의 《논리학》은 이론적 인식의 실질적인 형식과 법칙의 이해를 위해서 '과학의 논리' 이상의 것을 제시해 줄 수 있다.

과학의 참된 논리는 우리에게 직접적으로 주어지지 않는다. 말하자면 그것은 탐구되고 이해돼야 하며, 그리고 개념으로 행하는 작업에 의식적으로 적용되는 수단, 즉 전통적 논리학의 방법으로는 해결할 수 없었던 문제들을 해결하는 논리적 방법이 돼야 한다. 따라서 헤겔의 《논리학》을 비판적으로 연구하는 일이 《논리학》의 명제들을 일반적인 논리학의 명제들 — 이것은 과학자들에게 의식적 지침이 되는 것인데, 그들은 이것을 반박 불가능한 것으로 받아들이고 의심할 수 없는 것으로 인정한다 — 과 비교하는 것으로 환원될 수는 없다.

그래서 모상(논리학)과 원상(이론적 오성의 실질적 형식과 법칙)을 비교하기란 상당히 어려운 일이다. 여기서 난점은 헤겔이 언급한 주제(이 경우에는 '사고')를 이전부터 알려져 있는 사고의 전형典型과 비교해서는 안 되고, 관념론적 구조를 극복하는 과정에서 처음으로 윤곽이 드러나기 시작하는 대상과 비판적으로 비교해야 한다는 점에 있다. 헤겔이 자신의 탐구대상을 고찰했던 시각의 구조를 분명하게 이해한다면, 헤겔의 견해를 재구성하는 것은 어렵지 않을 것이다. 굴절 렌즈, 특히 볼록렌즈(헤겔 논리학의 기본원리 체계)는 관념론적으로 왜곡된 형태일지라도, 그로 하여금 사고의 **변증법**을 올바르게 간파하도록 만들었다. 이 사고의 변증법은 철학적으로 훈련받지 못한 시각이나 소박한 상식으로는 파악하기 어려운 논리다.

헤겔의 서술과 관련해 비판적 영역을 직접 발견하기 위해서는 우선 그가 《논리학》에서 탐구하고 기술한 실재 대상이 무엇인지를 분명히 이해하는 것이 중요하다. 헤겔은 "누구나 논리학의 주제가 사고라는 것에는 동의한다"고 그의 《소논리학》에서 강조했다.[1] 그럴 경우 하나의 과학으로서 논리학이 사고에 관해 사고하는 것, 혹은 자신에 관해 사고하는 사고라는 정의를 획득하게 된 것은 지극히 당연한 일이다.

이렇게 표현된 정의나 개념은 비단 헤겔이나 관념론자만이 갖는 독특한 것이 아니다. 그것은 논리학이 과학으로서 갖는 주제에 관해 극히 간명하게 표현한 전통적 생각일 뿐이다. 논리학에서는 과학적 이해의 대상이 사고 자체인 반면에, 여타 과학들은 그 밖의 다른 것에 관해서 사고한다. 논리학을 사고에 관해 사고하는 것으로 정의함으로써, 헤겔은 논리학과 다른 과학의 독특한 차이를 아주 정확하게 지적했다.

그러나 여기서 다시금 사고란 무엇인가라는 질문이 제기되며, 이것은 분명한 답을 요구한다. 이에 대한 헤겔의 답변은, 우리가 동의할 수밖에 없는 것으로 문제의 핵심의 개진, 즉 구체적으로 전개된 이론인 사고과학 혹은 '논리학'만이 단 하나의 만족스러운 해답일 수 있으며 일상적 정의는 해답이 될 수 없다는 것이다. 《반反뒤링론》에 나타난 엥겔스의 견해와 비교해 보자. "생명에 대한 우리의 정의는 물론 매우 불충분하다. 모든 정의는 과학적으로 큰 의미가 없다. 실제로 생명이 무엇인지를 완전히 알려면 최하급에서 최상급에 이르기까지 모든 생명의 현상형태에 정통하지 않으면 안된다."[2] 또 엥겔스는 "정의定義란 늘 불충분하기 때문에, 과학에 대해서는 무가치한 것이다. 단 하나의 참된 정의는 오직 사물 자체의 발전과정이다. 그러나 이것은 더는 정의가 아니다" 하고 말했다.[3]

그런데 논리학을 포함해 어떤 과학에서건 비록 탐구대상의 극히 일반적인 경계에 불과할지라도 우리는 모든 것을 미리 설계해서 그 윤곽을 개략적으로 그려 놔야 한다. 즉, 특정 과학이 주의를 기울여야 하는 사실의 영역을 지적해 둬야 한다. 그렇게 하지 않는다면 탐구해야 할 사실을 선택하는 기준이 불분명해질 것이고, 그리고 그 기준의 역할이 전횡적이고 자의적으로 돼, 해당 과학의 일반화를 확증하는 사실들만을 고려함으로써 그 밖의 모든 것을 그 과학의 소관 사항이 아닌 것이나 그 권한을 벗어나는 것으로 무시하는 셈이다. 헤겔은 자신이 '사고'라는 말을 어떻게 이해했는지를 독자에게 숨기지 않고 예비적 설명을 했다.

그런 예비적 설명은 매우 중요하며, 그 밖의 모든 것은 그에 대한 적확한 이해에 달려 있다. 지금까지 헤겔에 대한 주된 반론이, 그것이 정당하든 부당하든 '사고'에 관한 그의 설명에 집중돼 있음은 우연한 일이 아니다. 예컨대 신실증주의자들은 헤겔이 통상적 의미에서나 엄밀한 의미에서 '사고'라고 부를 수 없는 '것'들, 특히 전통적으로 형이상학과 존재론 — 사물들 자체와 범주(인간의 심리적 능력으로 이해된 주관적 사고작용, 즉 의식 외부에 존재하는 객관적 실재에 관한 보편적 정의들) 체계에 관한 학 — 의 영역에 속하는 '개념'들을 모두 연구 영역에 포함시킴으로써, 유별난 '사고' 개념을 가지고 논리학의 주제를 마구 확장시켰다고 비난한다.

사고작용이 이렇게 이해된다면, 신실증주의자들의 비난은 실제로 합리적인 것으로 간주돼야 한다. 헤겔이 사고를 인간으로부터 동떨어진 외부에서 인간의 두뇌와 무관하게 일어나는 것, 즉 '사고 그 자체', '순수사고'로 설명했을 때, 그리고 논리학의 대상을 바로 그런 초인간적 '절대'사고로 여겼을 때, 그는 실제로 사고를 일견 불가사의한 것으로, 심지어 신비한 것으로 이해하고 있었다. 그가 정의한 논리학은 나아가서 "자연과 유한한 정신을 창조하기 이전에, 신의 영원한 본질을 그대로 드러내 보여 주는"[4] 내용을 갖는 것으로 이해돼야 한다.

그런 정의들은 혼란을 야기할 수 있고 애초부터 방향을 잘못 설정한 것일 수 있다. 우주 어딘가에서 그 자체로부터 자연과 역사, 인간, 인간의 의식을 창조하는 초인간적 힘으로서의 사고는 물론 존재하지 않는다. 그렇다면 헤겔의 논리학은 비실재적 주체의 현존에 관해 언급하는 것인가? 아니면 순전히 가상적이고 조작된 대상에 관해 언급하는 것인가? 그럴 경우에 우리는 그의 논리학의 구조를 어떻게 비판적으로 재음미해야 하는가? 그리고 그의 이론적 정의들에서 옳은 것과 그른 것을 구별하기 위해, 일련의 이론적 정의를 어떤 실재적 대상과 비교·대조해야 하는가? 인간의 실재적 사고작용과 비교·대조해야 하는가? 그러나 헤겔은 자신의 《논리학》에서 그것은 전혀 다른 대상의 문제라고 대답하고 있다. 즉 어떤 이론에 대한 비판은 다른 대상이 아니라 그 이론이 표현하고 있는 동일한 대상과 비교될 때에만 의미를 갖기 때문에 경험적으로 관찰된 인간의 사고가 자신이 말하는 '사고'와 같지 않다면, 그것은 자신의 논리학에 대한 반박이 될 수 없다는 것이다. 사람들은 헤겔이 염두에 두고 있는 고차적 논리를 따르지 않는 것은 물론이고, 매 단계마다 대단히 비논리적으로 사고하며 나아가서 근본적으로 비논리적 사고를 하기 때문에, 논리학을 사람들의 머릿속에서 실제로 일어나고 있는 사고작용과 비교하기란 불가능하다.

어떤 논리학자에게 인간의 현실적 사고작용이 그의 이론대로 발생하지 않는다는 것을 지적할 때, 그는 오히려 그 실재적 사고작용이 그만큼 부정확한 것이고, 또 이론이 경험적인 것에 적합할 필요는 없으며, 현실적 사고가 논리적이어야 하고 논리적 원리와 조화를 이뤄야 한다고 합리적으로 대답할 수 있을 것이다.

그러나 논리학이 하나의 과학으로서 갖는 근본적 난점은 여기서 발생한다. 만약 논리적 원리들을 논리적 사고와 비교하는 일이 용인된다면, 이것은 그 원리들이 정확한지를 검토할 가능성마저 제거해 버리는 것이 아닌가? 이런 원리들이 원래부터 그 원리에 들어맞게끔 돼 있는 사고와 언제나 일치한다는 것은 아주 당연하다. 결국 이것은 논리적 원리들이 자기자신과 일치한다는 사실을 의미하며, 또 사고의 경험적 작용에서 자기자신을 구체화한 것과 일치한다는 사실을 의미할 뿐이다. 이 경우에 이론은 상당히 어려운 상황에 처하게 된다. 논리학은 논리적으로 흠이 없는 사고작용만을 염두에 둘 뿐이기 때문에 논리적으로 그릇된 사고작용이 논리적 도식들에 대한 논박이 될 수 없게 된다. 즉 논리적으로 흠이 없는 사고작용을 사고에 관한 논리학 고유의 이념을 정확하게 확증하는 것으로 간주함으로써, 논리학이 법칙에서 벗어나는 것은 논리학의 주제 이외의 사실, 즉 '바로잡아야' 할 필요가 있는 '실수'로 평가하는 것이 용납된다.

이런 주장은 그 밖의 다른 학문에서는 깜짝 놀랄 만한 일이다. 도대체 어떤 종류의 학문이 그 자체를 확증해 주는 사실들만을 고찰 대상으로 허용하고, 모순적 사실들 — 이런 것이 아무리 많다고 할지라도 — 은 고려하기를 꺼리는가? 바로 이것은 분명히 논리학의 전통적 입장이었는데, 이런 전통적 입장은 맹신적으로 추론에만 집착함으로써 한편으로는 논리학이 자기비판적일 수 없게 했고, 다른 한편으로는 발전할 수 없게 했다.

덧붙이면 칸트가 품었던 착각도 바로 이런 것에서 유래했다. 논리학이 하나의 학으로서 이미 오래전에 완결성과 완전성을 획득했고, 그것의 명제들은 발전할 필요가 없으며, 본성상 발전할 수도 없다는 것이 그런 착각이다. 또한 셸링도 칸트의 논리학을 사고작용의 원리와 법칙을 아주 정확하게 개념화한 것으로 이해했다.

헤겔은 개념이 대상으로 이행하고 주관적인 것이 객관적인 것으로 이행하는 과정(그리고 일반적으로 이 두 가지의 대립물들이 상호 이행하는 과정)을 이해할 수 없도록 만드는 것이 논리 법칙이 아닐까 하는 의구심을 품었다. 헤겔은 그런 의구심 속에서 사고가 분명히 근본적 결함을 지니고 있는 것이 아니라, 사고에 관해 칸트가 품었던 생각이 한계를 지니고 있다는 사실을 간파했다. 칸트식의 논리학은 부분적으로만 옳은 사고이론이었다. 논리학이 하나의 학으로서 갖는 실질적 주제인 현실적 사고는 그것과는 다른 것이다. 따라서 사고이론을 논리학의 실질적 주제와 일치시킬 필요가 있다.

헤겔은 칸트가 극히 보편적인 사고형식이라고 여겼던 원리·법칙과 사고의 발전과정에서 인간의 문명에 의해 이룩된 현실적 결과 사이의 차이점을 이해함으로써, 전통 논리학에 대한 비판적 재음미가 절대적으로 필요함을 깨달았다. "정신이 실천과 종교의 세계에서, 그리고 실증적이거나 사변적인 지식 분야에 속하는 모든 학문의 세계에서 나타나는 형식들을 정신 자체의 고유한 본질에 관한 지식인 논리학이 획득한 형식들과 비교해 보면, 아주 피상적으로 관찰한 사람도 뒤의 형식들이 고도로 발전된 앞의 형식들에 부적합하고, 또 그만한 가치를 지니지 못한다는 사실을 금방 알아볼 수 있을 정도로 분명한 차이점이 드러난다."⁵

이처럼 근대의 논리 이론들이 현실의 실제적 사고에 상응하지 못함으로써 사고에 관해 사고하는 것(논리학)이 그 밖의 다른 것에 관해 사고하는 것[여타의 과학]에 뒤처져 있었다. 즉 지식의 힘에 의해 실현되고 지식의 형태로 의식으로 실현된 사고작용, 바꿔 말하면 전체 문명의 유기적 형태 속에서 외부세계에 대한 과학으로 실현된 사고작용에 뒤처져 있었다는 것이다. 사고는 세계에 관한 사고의 역할을 했을 때는 성공을 거둬 왔다. 그러나 사고에 관한 사고는 이와 비교할 수 없을 만큼 초라하고 미흡한 것으로 판명됐다. 대체로 전통적 논리학을 형성하고 있던 법칙·규칙·원리가 실제로 인간의 사고를 이끌어 왔고 지금도 이끌고 있다고 믿는 것은 과학과 실천의 전체 과정을 설명할 수 없게 할 뿐이다.

그리하여 근대 문명을 창출한 인간의 지성이 자신이 이룩한 것에 놀라서 어쩔 줄 모르고 있다는 역설이 제기됐다. 셸링도 또한 이를 '정신'의 경이로움이라고 표현했는데, 바로 이 지점에서 헤겔은 셸링과 달라지기 시작했다.

헤겔은 '정신'이 정신 자신을 고려해 논리학 교과서에 만들어 놓은(전문적 논리학자의 두뇌로 만들어 놓은) 환상과 반대로 '정신'을 실제로 이끄는 법칙들이, 지금껏 이해되지 않은 모든 것을 애초부터 사고와 아주 다른 능력인 '직관'에 전가함이 없이, 개념의 형태로 밝혀질 수 있고 또 그렇게 돼야 한다고 여겼다. 헤겔이 이 문제를 다룬 방식은 논리학의 모든 주요 개념들, 특히 사고라는 개념을 최초로 주의 깊게 분석하는 것이었기 때문에 특별한 역할을 수행했다.

사고는 얼핏 보기에(사람들은 대개 일상적 용례에서 그 '얼핏 본 것'을 아주 무비판적으로 받아들이면서 거기로부터 출발한다) 직관·감각·기억·의지 등과 같은 인간의 주관적 심리 능력인 것처럼 보인다. 사고작용 역시 실천과 달리 다음과 같은 역할을 하는 특수한 종류의 행위로 이해됐다. 즉 개개인의 의식에 나타나는 심상들을 재편하고, 관념을 변화시키며, 이런 관념들을 언어로 문장화하는 역할을 하는 것(관념이 언어 — 단어나 용어 — 로 나타날 때, 개념이 된다)으로 이해됐던 것이다. 인간이 관념이 아닌, 자신의 두뇌 외부에 있는 실재적 사물을 변화시켰다면, 이것은 더는 사고작용으로 간주되지 않고 오히려 기껏해야 사고가 가리키는 법칙과 규칙을 따르는, 즉 사고에 일치하는 행위로 간주될 뿐이었다.

그래서 사고는 반성과 동일시됐는데, 이때 반성이란 심리 작용이다. 인간은 반성을 통해 자신이 무엇을 어떻게 하고 있는지를 자각하며, 또한 행위할 때에 따르는 모든 도식과 법칙을 깨닫게 된다. 그렇게 되면 논리학의 유일한 임무는 당연히 그런 도식들과 법칙들을 정돈하고 분류하는 것이 된다. 누구나 자신의 의식 속에서 도식과 법칙을 스스로 발견할 수 있는데, 이것은 논리학을 전혀 모르는 사람일지라도 도식과 법칙을 (체계적으로는 아닐지라도) 따르고 있기 때문이다. 헤겔은 이런 사실을 다음과 같이 올바르게 지적하고 있다. "이런 논리학은 단순한 형식적 사고활동을 통해 행할 수 있는 것만을 과제로 지녔으며, 따라서 고유하고 필수 불가결한 그 어떤 것도 산출하지 못했다."[6]

앞에서 서술한 모든 것은 칸트에게도 적용되기 때문에, 헤겔은 이렇게 말했다. "칸트의 철학은 학문을 다룰 때에 무용한 것이었다. 그것은 일상적 지식의 범주들과 방법들만을 고스란히 남겨 놨다."[7] 칸트의 철학은 존재하는 의식의 도식들에 질서를 부여했을 뿐이다. 즉, 도식들을 체계화했을 뿐이다(그렇게 함으로써 그의 철학은 다양한 도식들이 서로 모순된다는 사실에 봉착했다). 그래서 칸트의 논리학은 기존 의식의 정직한 자기 고백과 같은 것, 즉 기존 의식을 스스로 체계적으로 상술한 자기의식과 같은 것이었다. 달리 말하면, 칸트의 논리학은 의식의 독단 — 기존의 사고가 그 자신에 대해 사고한 바를 설명하는 것 — 과 같은 것이었다. 하지만 어떤 개인이 스스로를 어떻게 생각하는지에 따라서 자신을 평가하는 것이 큰 잘못이듯이, 사고작용을 사고의 자기 평가로 판단할 수는 없다. 사고작용을 사고의 자기 평가로 판단하기보다 사고가 현실적으로 무엇을 행하는지 또 어떻게 작용하는지를 탐구하는 편이 훨씬 유용할 것이다.

문제를 이렇게 설정함으로써 헤겔은 사고가 탐구자에게 언어의 형태(외적이거나 내적인 것, 즉 말이나 글)로만 나타난다는 낡은 선입견을 단호히 그리고 의식적으로 배제해 버린 최초의 논리학자임이 분명해졌다. 그런 선입견은 우연적인 것이 아니다. 사고는 비켜섰을 때 스스로를 관찰할 수 있다. 말하자면 사고가 자기자신을 어떤 외적 형태로 표현하고 구체화했을 경우에만, 사고는 스스로를 자기자신과는 다른 대상으로서 관찰할 수 있다. 모든 전통 논리학이 염두에 뒀던 의식적 사고는 실제로 언어·말·단어 등을 사고의 외적 표현형식으로 가정했다. 바꿔 말하면 사고는 언어를 통해서 자기자신의 작용에 대한 앎을 얻게 된다는 것이다(이런 사정은 사실 그리스어 '로고스logos'에서 파생된 '논리학'이라는 이름 속에 나타나 있다). 헤겔과 헤겔주의자들만이 우연히 이런 것을 언급한 것은 아니며, 트렌델렌부르크Trendelenburg 같은 반反헤겔주의자도 원리적으로는 그와 같은 사실을 다음과 같이 언급했다. 즉 전통적(형식적) "논리학은 언어에서 스스로를 의식하게 되고, 따라서 많은 점에서 그 속에는 하나의 문법이 흡수돼 있음"을 지적했던 것이다.[8]

이제 모든 논리학의 유파들이 예외 없이 전통 논리학에 대한 헤겔의 비판을 무시함으로써 지금까지 그런 낡은 선입견을 아무렇지도 않게 간직하고 있음을 주목해 보자. 신실증주의자들이 가장 공공연하게 표명하는데, 그들은 사고를 언어활동과 동일시하고 논리학을 언어분석과 동일시한다. 여기서 아주 놀라운 것은 그들의 자만이다. 즉 그들은 이런 낡은 선입견을 논리적 사고가 낳은 20세기 최첨단의 발견으로, 논리학의 학문적 발전을 위한 영원한 원리의 표명으로, 그리고 '논리학'의 공리로 제시한 것이다.

그러나 말(언어)은 인간의 사고가 스스로를 표명할 수 있는, 경험적으로 관찰된 유일한 형식이 아니다. 인간은 자신의 행위 속에서, 즉 주변 세계를 실천적으로 형성하고 사물을 만들어 가는 과정 속에서도 자기자신을 사고하는 존재로 깨닫는 것이 아닌가? 그렇지 않으면 말할 때에만 사고하는 존재의 역할을 수행하는가? 이런 문제는 순전히 수사적인 것임이 틀림없다. 헤겔이 말했던 사고는 단어나 일련의 술어, 혹은 단어를 조합하는 과정에서 분명하게 스스로를 드러내는 것 못지않게, 인간의 일상생활에서도 분명하게 스스로를 드러낸다. 더욱이 인간은 언어로 서술할 때보다 현실의 일상생활 속에서 사고작용의 실재적 유형들을 좀 더 적절하게 드러낸다.

그러므로 인간의 행위와 그 행위에 의해 창출된 결과는 인간의 사고를 외화外化한 것, 즉 인간의 관념·사상·계획·의도를 대상화한 작용으로 간주될 수 있고, 또 그렇게 돼야 한다. 헤겔은 처음부터 사고는 사고가 실현되는 모든 형식, 특히 여러 사건이 발생하는 일상생활 속에서 탐구돼야 한다고 주장했다. 사고는 말 속에서만 자신의 힘과 능력을 드러내는 것이 아니고, 도구와 조상彫像, 일터와 신전神殿, 공장과 관청, 정치적 조직과 입법 체계를 포함한 창조적 문화의 거대한 전全 과정과 객관적 문명 전체, 즉 "인간의 비유기적 신체"(마르크스)

에서도 자신의 힘과 능력을 드러낸다.

이런 사실에 근거해 헤겔은 논리학에서 의식의 외부에 존재하는, 즉 인간 개개인의 정신 외부에 존재하는 사물에 대한 대상 규정들을 그 정신과 따로 떼어서 고찰하는 것이 정당하다고 주장했던 것이다. 여기에는 신비하거나 관념론적인 요소가 전혀 없다. 그가 말한 고찰대상은 사고하는 개인의 행위에 의해 창출된 사물들의 형식('규정')을 의미하는 것이었다. 바꿔 말하면 그것은 자연 소재로 구체화되고 개인의 행위에 의해 자연 소재에 '부여된' 사고의 형식을 의미하는 것이다. 예컨대 집은 건축가의 개념을 석재에 구현한 것이며, 기계는 기술자의 생각을 금속에 구현한 것이다. 그리고 문명이라는 방대한 대상 전체 체계는 '타자성他者性'으로 나타난 사고, 즉 감각적 대상으로 구체화된 사고(타자존재의 형태로 나타난 이념)로 드러난다는 것이다. 마찬가지로 인류의 전 역사도 사유 능력의 '외화' 과정, 즉 인간의 생각·개념·인지·계획·의도·목적 등이 현실화되는 과정이며, 인간의 목적 활동이 따라야만 하는 도식인 논리의 구체화 과정으로 간주된다.

이와 같은 방식으로 사고를 주의 깊게 분석하고 이해하는 것(마르크스의 "포이어바흐에 관한 테제" 중 첫 번째 테제에서 말한 '능동적 측면'에 대한 탐구)까지 관념론이라고 할 수는 없을 것이다. 더욱이 그런 도정을 걷는 논리학은 결정적으로 순수한('과학적') 유물론에 근접한 것이다. 아울러 모든 논리적 형식들이 사고의 외부에 존재하는 실재의 보편적 발전형식이고, 인간의 의식에 반영돼 수천 년간의 실천과정 속에서 검증된다는 사실을 이해하는 데 더 가깝게 다가간 것이다. 헤겔은 사고를 그 물질화 과정에서 고찰하거나 그 언어화 과정에서 고찰할 때에도 사고의 분석이라는 한계를 벗어나지 않았고, 논리학이 하나의 특수과학으로서 갖는 주제의 한계를 넘어서지 않았다. 그는 논리학이 지금껏 실재에 관한 과학이 될 수 없었고 또 그렇게 된 적도 없었다는 것을 굳이 이해하려 하지 않고, 단지 사고의 발전과정의 현실적 단계들을 논리학의 관점에서 도입했을 뿐이었다.

헤겔의 입장에서 보면, 사고의 형식들과 법칙들의 현실적 토대는 단지 보편적이고 필연적인 측면에서 인류에 의해 집적된 **지적 발전의 역사적 과정**으로 드러났다. 각 개인의 의식에 존재할 수도 없고 그것에 공통된 것도 아닌 추상적 동일성의 도식들은 더는 논리학의 주제가 아니며, 사람들이 공동으로 창출한 과학과 기술의 역사, 즉 각 개인의 의식과 의지에서 독립한 과정 — 비록 그 과정의 각 단계는 개인들의 의식활동에서 이룩된 것이기는 하지만 — 이 논리학의 주제가 되는 것이다. 헤겔에 따르면, 이 과정은 대상 활동을 통해 사고를 실현하는 것이고, 또 이 활동을 통해 의식의 외부에 존재하는 사물과 사건의 형태로 사고를 실현하는 작용을 하나의 단계로 포함하는 것이다. 레닌의 말을 빌리면, 이런 점에서 그는 "유물론에 매우 근접해 있었다."⁹

헤겔은 사고를 언어의 운동에서 스스로를 드러내는 현실적 산출 과정으로 간주했을 뿐 아니라 사물의 변화에서도 스스로를 드러내는 현실적 산출 과정으로 간주했기 때문에, 그는 논리학의 역사에서 처음으로 사고형식들을 특별하게 분석하는 문제, 혹은 형식이라는 측면에서 사고를 분석하는 문제를 제기할 수 있었다. 헤겔 이전에는 누구도 논리학에서 그런 시도를 하지도 않았고 할 수도 없었다. "헤겔 이전의 전문적 논리학자들이 그들이 본보기로 사용하던 명제와 결론의 형식적 측면을 간과했을 때, 물질적 상품에 관심을 갖고 있던 경제학자들이 가치의 상대적 표현(가격)의 형식적 측면을 간과했던 것은 놀라운 일이 아니다."[10]

헤겔 이전의 논리학자들은 일반적 관념을 의미하는 술어들을 결합하는 도식인 외적 도식 — 이것을 통해 판단이나 추론 같은 논리적 활동이 언어로 드러난다 — 만을 염두에 뒀고, 그런 관념의 특징을 표현하는 논리적 형식인 범주는 탐구영역에서 제외시켰다. 여기서 범주라는 개념은 형이상학과 존재론에서 빌려 온 것이었다. 그래서 칸트가 범주들을 정확하게 판단의 원리(칸트에서는 객관적 의미를 지님)로 이해했음에도 불구하고, 위와 같은 사정은 칸트에게도 해당된다.

마르크스가 《자본론》 제1판에서 언급했던 논리적 형식은 사고하는 존재의 활동에 포함되는 사물의 운동이나 언어(술어)의 운동에서 똑같이 구체화되는 활동의 형식으로 이해됐기 때문에, 거기서 처음으로 그런 형식을 특별히 그 자체로 분석할 수 있는 가능성이 제기됐다. 즉 여러 부분적 요소로 나타난 그 형식의 특징들(언어 구조에 실현돼 있는 형식의 특징들과 관련 있는 것까지 포함한다)에서 그 형식들을 추상화할 수 있는 가능성이 제기됐다.

로고스logos란 말 속에는 언어와 사태,[11] 말하자면 신화와 사실, 혹은 전설과 실화가 똑같이 논리적 형태(심리학적·현상학적 측면과 달리)로 표현됐다. 부수적으로 말하자면, 언어유희(말재간)는 헤겔의 특징이었다. 예를 들어 동음이의어를 이용한 것으로, 언어와 사태를 뜻하는 독일어 'sage'와 'sache'로부터 생기는 관념들의 발생적 관계를 설명해 주는 것이다. sage는 전설 내지 신화이고, saga는 혁혁한 치적에 관한 전설이다(참고로 말하면, 빌리나bylina는 러시아 영웅서사시의 형태다). sache는 감각적으로 지각된 하나의 사물을 의미하기보다는 문제나 상황의 핵심, 요점, 사태(또는 사물)의 실제 상태, 즉 문제 자체 내에 존재하거나 존재했던 모든 것을 의미하는 포괄적 단어다(참고로 말하면, 러시아어 'byl-'은 실화, 실제로 일어난 사실을 가리킨다). 이와 같은 어원학etymology이 《논리학》에서는 숨겨진 중요한 의미를 설명하는 데 사용되기도 한다. 이것은 레닌의 번역과 유물론적 해석에서 다음과 같이 언급되고 있다. "'이처럼 내용을 논리적 고찰에 도입함으로써' 사물이 아니라, 사물의 개념인 사태가 대상이 된다. 사물이 아니라 사물의 운동법칙이 논리적 고찰의 대상이 된다는 사실은 유물론적이다."[12]

사고는 보편적 형식에 따라 사고하는 존재의 활동으로 간주됨으로써, 사고와 관련된 활동이 어떤 특정 소재 내에서 작용하건, 어떤 순간에 어떤 결과를 산출하건 간에 상관없는 **불변적 도식 및 계기**라는 형식에 고착돼 있었다. 헤겔주의적 관점에서는 사고작용이 어떻게 일어났고 또 어떻게 일어나고 있는가, 다시 말해 발음에 의한 주변 공기의 진동과 그 진동을 확인시켜 주는 신호에서 나타나는가 아니면 그 밖이 자연 소재나 물체 내에서 나타나는가 하는 것이 전혀 문제 되지 않는다. "사유가 모든 개념 작용, 회상, 전반적 정신활동 및 모든 욕구와 바람에 공통된 것이듯이, 인간의 모든 성찰에는 사유가 있다. 더욱이 모든 것들은 단지 사유를 일일이 열거한 것이다. 사유를 이렇게 이해하더라도, 사유는 우리가 그저 말하고 있을 때와는 다른 모습으로 스스로를 드러낸다. 우리는 성찰·상상·의지 등의 모든 능력을 넘어서 있는 지적인 힘을 갖고 있다."[13]

그러므로 직관되거나 표상된 소재를 가리키는 것을 포함해 사고하는 존재의 활동에서 나타나는 모든 보편적 도식은 전통 논리학의 도식이나 혹은 언어에서 나타난 도식과 마찬가지로 사고의 논리적 매개변수로 간주돼야 한다. 따라서 사고에 관한 학문인 논리학의 주제는 다음과 같은 넓은 의미의 사고여야 한다. 즉 말 그 자체가 아니라 말로 표현된 외부세계의 상像 일반을 변화시키는 활동으로서의 사고, 말을 사용하고 취급하는 주관적이고 심리적인 활동을 창출할 뿐 아니라 성찰된 상들의 형식을 포함하는 모든 형식에서 지식을 창출하고 그 형식들에 '침투'하는 능력으로서의 사고, 현실적으로 "모든 것을 인간화하고 인류를 인간화하는"[14] 사고여야 한다.

실제로 사고는 "감각·직관·표상·관념·목적·의무·사고·개념 등에 관한 인간의 규정"을[15] 포함하는 것이다(여기서 뒤에 나오는 '사고와 개념'의 의미는 전통적인 순수 형식논리학에서 통용되던 것이다). 그래서 사고 일반은 대체로 느낌·직관·상상 ― 사고형식과 구별되는 형식 ― 등으로 드러나며 처음부터 사고의 형식으로 나타나지는 않는다."[16] 사고형식 그 자체는 사고 자체에 관해 사고하는 과정에서만, 즉 논리학에서만 드러난다.

그러나 인간은 사고에 관해 사고하기 이전에, 논리적 도식과 범주(이것들을 통해 사고가 이뤄진다)를 과학·기술·도덕 등의 구체적 개념과 진술의 형태로 구체화함으로써 비록 논리적 도식과 범주를 미처 깨닫지는 못하고 있다 할지라도 이미 사고하고 있다. 그래서 사고는 먼저 다양한 외적 발현으로 나타나는 활동으로 실현된다. 여기서 사고형식은 구체적 사고, 감각 표상 및 관념의 재료 속으로 '침잠'해서, 그 속에 '가라앉아' 있음으로써 외적 실재의 형태로 의식적 사고작용과 대립한다. 바꿔 말하면, 사고와 사고형식은 애초에는 사고하는 존재에 대해 어떤 결과를 창출하는 그 존재의 고유한 활동 형태(사고하는 존재의 '자아')로 드러나지 않는다. 다만 결과 그 자체, 즉 구체적 지식, 심상心像과 개념, 직관과 표상 등의 형태로, 또한 도구·기계·국가 등의 형태로, 그리고 실현된 목적·기원·욕망 등의 형태로 드러난다.

사고는 그 자체로 이해할 수 없다. 사고 자신이 만든 투영을 통해서만, 즉 사고활동을 통해서 알게 된 외부세계의 투영을 통해서만 스스로를 통찰할 수 있다. 논리학의 사고는 세계에 대한 지식의 형태로, 즉 과학·기술·예술·도덕의 형태로 알려져 온 사고와 같은 것이다. 그러나 그것이 형태에서 동일한 것은 결코 아니다. 왜냐하면 "사고가 침투해 규정해 놓은 감각과 관념을 갖는다는 것과 감각과 관념에 관해 사고한다는 것 사이에는 차이가 있기"[17] 때문이다.

이처럼 대단히 중요한 차이를 간과함으로써 전통 논리학은 이원론적 오류를 범했다. 사고는 한편으로는 단지 '개인의 주관적이고 심리적인 능력'으로 규정되고, 따라서 '직관·관념·의지' 등의 영역은 사고의 외부에 존재하고 사고와 아무런 공통점이 없는 것으로, 즉 사고의 외부에 존재하는 반성의 대상으로 이해돼 사고와 대립하게 된다. 다른 한편에서는 사고에 대한 그 두 가지 표현들이 각각 갖고 있는 상대적 장점이 형식상으로 구분되지 않음으로써 시고형식 그 자체('원래'대로의 사고형식)가 어떻게 직관과 표상이라는 형태 — 사고형식은 원래 이런 모습으로 드러나고, 또 그 가운데 감춰져 있다 — 와 구분되는지를 물을 수 없게 됐다. 따라서 개념이라는 형태를 직관의 형태로 오인하고, 직관의 형태를 개념의 형태로 오인함으로써 상술한 양자가 뒤얽히게 됐다.

그래서 전통 논리학이 모든 종류의 관념 혹은 이념 — 그것이 언어나 술어로 표현되는 한에서, 즉 직관이나 관찰의 표상이 그 표상을 기록하는 언어에 의해 의식 속에서 발생하는 한에서 — 을 개념의 형태로 간주하는 사태도 발생했던 것이다. 그 결과 전통 논리학은 언어로 표현된 관념이나 직관적 표상과 전혀 구별되지 않는, 즉 개념 뿐 아니라 관념에 대해서도 똑같이 공통된 추상적이고 일반적인 측면만을 받아들이게 됐다. 그래서 추상적 동일성, 혹은 추상적 보편성의 형태를 개념의 고유한 형태로 오인함으로써 동일률과 모순율이 보편적 사고형식에 관한 절대적이고 근본적인 기준의 위치를 차지하게 됐다.

칸트 역시 언어로 고정된 일반적 관념을 개념으로 이해함으로써 그와 같은 입장을 취했다. 따라서 그는 개념을 이렇게 정의했다. "개념이 … 여러 대상에 포함될 수 있는 것이라면, 그것은 많은 대상에 공통된 일반적 표상이고, 결과적으로 일반적 관념이다."[18]

그런데 헤겔은 논리학에서 개념으로 나타나는 사고작용과 개념의 문제에 대해 더 심오한 해결책을 찾으려 했다. 그에게 개념은 직관 대상들의 동일성 및 일반성을 표현할 뿐 아니라 원래 문제의 핵심에 관한 참된 이해라는 말과 동의어이기도 하다. 하나의 개념은 한 사물의 실질적 본성을 드러내는 것이지 다른 사물과의 유사성을 드러내는 것이 아니다. 즉, 개념은 그 대상의 추상적 보편성(개념의 계기들 가운데 하나의 계기)뿐 아니라 그 대상의 고유한 본성 및 특수성도 나타낸다. 개념의 형식이 보편성과 특수성의 변증법적 통일, 즉 판단과 추론의 다양한 형식을 통해서 드러나고 또 판단에서 명백하게 되는 변증법적 통일로 입증되는 것은 바로 이런 이유 때문이다. 임의의 판단이 추상적 동일성의 형식을 붕괴시키고 그 형식의 자명한 부정을 나타낸다는 것은 당연하다. 즉, 부정의 형식은 'A는 B(즉 not-A)다'를 취한다.

헤겔은 모든 종류의 대상 각각에 관한 '추상적 일반성(동일성)'과 자체 규정성 속에 개별적인 것과 특수한 것의 전체적 풍부함을 변증법적으로 포함하고 있는 '보편성'을 분명히 구분했다. 보편적 개념은 그 자체 내에서 개별 사물의 기원·발전·사멸에 관한 실제 법칙을 드러낸다는 것이다. 이것은 이미 상당히 다른, 즉 훨씬 참되고 심오한 시각으로 개념을 이해하는 것이다. 왜냐하면 헤겔이 풍부한 예를 통해 논증하고 있듯이 실재의 법칙(개별 사물의 내재적 본성)이 단순히 동일한(공통적인) 것, 즉 공통적 의미나 속성의 형태 혹은 동일성의 형태로 현상의 표면에서 늘 드러나는 것은 아니기 때문이다. 그렇지 않다면, 어떤 이론과학도 필요하지 않았을 것이다. 사고의 과제는 경험적으로 공통적인 속성들을 기록하는 데 국한되는 것이 아니다. 그러므로 헤겔의 논리학에서 핵심적 개념은 구체적 보편이다. 그는 《누가 추상적으로 사고하는가?》라는 유명한 소책자를 통해 구체적 보편을 관념의 영역에서 나타나는 단순한 추상적 보편과 훌륭하게 구분했다. 추상적으로 사고한다는 것은 유행하는 경구나 케케묵은 상투어, 혹은 일면적이고 공허한 규정들에 종속된다는 것을 의미한다. 즉 감각적으로 직관된 실재하는 사물들로부터 그 실재의 내용 중에서 하찮은 부분, 즉 의식 속에서 이미 고정화돼 판에 박힌 틀의 역할을 하는 사물규정만을 본다는 것을 의미하며, 따라서 실재를 표현하는 역할을 하기보다는 사고하는 인간을 실재로부터 분리시키는, 유행하는 경구로 표현된 '마술적 힘'을 의미한다.

이와 같이 구체적 보편과 관련한 해석에서 논리학은 마침내 기존의 관념·이념을 조정하기 위한 기구가 아닌, 다양성의 통일을 이해하는 진정한 논리학이 된다. 즉 기존의 관념을 현학적으로 또 도식적으로 제시하거나 무비판적으로 분류하는 수단이 아니라, 비판적이고 동시에 자기비판적인 사고의 논리학이 된다.

헤겔은 그런 종류의 전제들로부터 실재적 사고는 실상 당시의 논리학이 사고작용에 관한 유일한 규정들이라고 여겼던 형식·법칙과는 다른 형식을 취하고 있고, 또 그와는 다른 법칙에 의해 지배받고 있다는 결론을 도출했다. 사고는 명백히 집단적이고 협력적인 활동 — 이런 활동과정에서 개인은 자신의 의식적 사고작용의 도식들을 가지고 그 활동의 부분적 기능을 수행한다 — 으로서 탐구돼야 한다. 그러나 그런 기능을 수행할 때, 개인은 동시에 일반적 논리학의 도식에 결코 적합하지 않은 활동을 끊임없이 수행한다. 실제로 공동작업에 참여할 때, 개인은 의식하지는 못한다 할지라도 줄곧 보편적 사고의 형식과 법칙을 스스로 따르고 있는 것이다. 그리하여 실질적인 사고의 법칙과 형식이 일종의 외적 필연성으로, 즉 행위에 관한 논리 초월적 규정으로 표현되고 이해되는 '전도된' 상태를 야기시킨다. '외적 필연성'이나 '논리 초월적 규정'이라는 것에 관한 유일한 근거는 그와 같은 법칙·형식이 아직 논리학에 의해 해명되거나 구체화되지 않았으며, 논리적 해석으로 인식되지 않았다는 사실이다.

쉽게 알 수 있듯이, 헤겔은 전통적 논리학과 거기서 말하는 사고작용을 그의 주된 성과 가운데 하나인 '내재적 절차'에 의거해 비판했다. 즉 그는 전통 논리학의 주장·법칙·기본명제에 그와 반대되는 종류의 주장·법칙·기본명제를 대립시킨 것이 아니라, 실재적 사고에서 논리학의 고유 원칙이 실천적으로 실현되는 과정을 대립시켰다. 그는 논리학이 주의를 기울이거나 받아들이려고 하지 않는 원리의 특성들을 지적함으로써 논리학에 그 고유의 상像을 제시해 줬다. 헤겔은 논리학에 따르는 사고작용의 원칙을 적용하는 데서 '일관성'이라는 단 하나의 것만을 요구했다. 그리고 일면적이고 불완전하며 추상적인 원리들을 벗어난다기보다 부정하는 것이 그런 원리들을 일관되게 적용하는 것임을 보여 줬다.

이것이 바로 칸트에서 시작된 이성 자체의 입장에서 이성을 비판하는 것이다. 이성에 한계를 지우는 논리학과 이성비판(이성의 자기비판)은 "사고의 본성은 그 자체로 변증법이고 오성적 사고는 반드시 자기부정, 즉 모순에 빠진다"는[19] 결론을 도출하게 했다. 칸트는 실제로 그와 유사한 결론에 도달했다. 그리고 칸트 이전의 논리학이 무지로 말미암아 자기비판적일 수 없었던 반면, 이제부터 논리학은 수용할 수 없는 사실들을 다분히 의식적으로 거부함으로써만, 즉 자기비판을 의식적으로 수행하지 않음으로써 자신의 불안한 위치를 유지할 수 있게 됐다.

칸트의 논리학은 어떤 개념에 포함돼 있는 모순을 드러내고 체계화하는 사고의 양식을 현학적으로 도식화하고 기술했다. 그러나 그 모순이 어떻게 논리적으로 해결될 수 있고 해결되는지를 보여 주지는 못했다. 다만 이런 모순의 해결 과제를 '실천이성', '도덕적 요청', 그리고 논리학 외부의 다른 요인이나 능력에 전가했다. 이것은 역사적으로 불가피한 칸트 논리학의 결함이었다. 그러나 헤겔은 칸트·피히테·셸링의 작업 이후에 논리학이 직면하고 있는 주요 임무를 다음과 같은 것으로 봤다. 즉 순수 형식적인 전통 논리학을 의식적으로 따를 때 빠져들 수밖에 없는 모순을 지성적이고 구체적으로 해결해 주는 수단을 찾아서 명시하고, 이것을 사고에 가르쳐 주는 것이라고 봤다. 헤겔의 사고 및 논리학 개념과 그 이전의 사고 및 논리학 개념의 진정한 차이는 바로 여기에 있다.

전통 논리학이 자신의 원리를 엄밀하게 따름으로써 늘 원리와 상반되는 논리적 모순에 직면했을 때, 전통 논리학은 선행하는 사고운동을 분석하는 것으로 되돌아가서 모순을 일으킨 잘못이나 오류를 찾고자 애썼다. 그래서 모순은 형식논리적 사고의 지속적 사고운동을 가로막는 장벽, 즉 문제의 핵심을 구체적으로 분석하는 데에 장애물이 됐다. 그러므로 "사고는 자신이 저절로 빠져들게 되는 모순을 스스로 해결하기를 포기하고, 모순이 다른 유형과 형식을 띠는 정신이 담당해야 할 몫이라는 식으로 후퇴해 버리는 해결 방식"을[20] 취하게 됐다. 모순은 실수로 말미암아 나타나는 것이 아니기 때문에, 그렇게 하지 않을 도리가 없다. 결국 선행하는 사고작용에는 잘못이 없다. 더욱이 불명료한 성찰, 즉 감각적 지각, 감성적 직관과 같은 개념적 사고작용에 비해 저차적인 형태의 의식 영역으로 소급할 필요가 있는데, 이 영역은 한 번도 명시적으로 드러나거나 해명된 적이 없기 때문에 아무런 모순도 포함하고 있지 않다.(때때로 그런 경우, 즉 논리적 잘못을 범하지 않았는데도 모순이 발생되는 경우가 있다고 해도, 이전의 논증 과정으로 되돌아가 그것을 분석하고 형식적 잘못이 있는지를 검토하는 일의 의미가 결코 손상되지 않음은 물론이다. 형식논리학의 장점은 그런 데서 아주 합리적인 의미와 가치를 지닌다. 그렇게 검토한 결과, 제기된 논리적 모순이 정말로 어디선가 잘못이나 실수를 범한 결과로 생겨난 것일 수도 있을 것이다. 물론 헤겔도 그런 경우마저 부인하고자 했던 것은 아니다. 칸트와 마찬가지로 헤겔은 형식적으로 아주 '정확하고' 틀림없는 논증의 결과로서 사고 내에 나타난 이율배반들만을 염두에 뒀다.)

헤겔은, 모순은 폭로뿐 아니라 해결이 돼야 하고, 규정된 개념을 전개하면서 그 모순을 일으킨 동일한 논리적 사고작용에 의해 해결돼야 한다고도 말했다.

헤겔은 논리적 모순의 기원과 그 해결 방법을 각각 다르게 취급했다. 그는 모순이 사고하는 개인들의 부주의로부터 발생하지 않는다고 이해한 점에서는 칸트와 유사하지만, 모순이 해결될 수 있고 또 해결돼야만 하며, 꼭 이율배반으로 보존될 필요는 없다고 이해한 점에서는 칸트와 다르다. 하지만 사고는 모순을 해결하기 위해서 미리 그 모순을 정확하고 분명하게 이율배반으로, 논리적 모순으로, 가상적인 것이 아니라 실재적인 규정상의 모순으로 고정시켜 놔야 했다.

헤겔에 따르면, 변증법이란 동일한 대상을 더 심오한 단계에서 합리적으로 이해하기 위해, 그리고 문제의 본질을 탐구해 나아가는 도정에서, 즉 과학·기술·'도덕' 등 헤겔이 '객관정신'이라고 한 모든 영역의 발전 도상에서 모순을 구체적으로 해명하고 해결하는 과정을 포함하고 있는 사유형식(방법 혹은 도식)이었다.

이 개념은 논리학의 전체 체계에 긍정적 변화를 가져다줬다. 칸트의 '변증법'은 단지 논리학(오성과 이성의 형식에 관한 이론)의 마지막인 세 번째 부분이었는데, 실제로는 논리적으로 해결 불가능한 이론 인식의 이율배반을 문제 삼았다. 반면에 헤겔에게서는 아주 다른 문제로 나타났다. 헤겔은 논리적인 것의 영역을 다음의 세 가지 주요 항목 혹은 주요 측면, 즉 논리학 내에서 구분되는 세 방향으로 나눴다.

(1) 추상적인 것, 혹은 오성적인 것.

(2) 변증법적인 것, 혹은 부정적으로 이성적인 것.

(3) 사변적인 것, 혹은 긍정적으로 이성적인 것.

헤겔은 "이런 세 측면이 결코 논리학의 세 부분은 아니며, 논리적으로 실재하는 본성의 계기들, 즉 개념 혹은 진리 일반이 갖는 본성의 계기들일 뿐이다"라는 것을 특히 강조했다.[21]

이런 세 측면은 경험의 세계로 나타난 사고의 역사(역사적으로 성취된 사고의 특정 상태)에서 연속적인 세 가지의 '정식화'로, 혹은 다르기는 하지만 밀접하게 연관된 논리학의 세 체계로 드러났다. 그래서 사람들은 그것들이 연속적으로 나타나는 세 가지의 다른 부문들(혹은 '부분들')로 서술될 수 있다고 착각하게 됐다.

그러나 전체로서의 논리학은, 각각이 사고의 역사에서 발전된 형태를 취하는 이 세 측면을 단순하게 결합하는 것으로는 획득될 수 없다. 이 말은 역사적으로 가장 나중에 성취된 고차적 원리들의 관점에서 세 측면 모두를 비판적으로 취급할 필요가 있음을 의미한다. 헤겔은 논리학을 구성하고 있는 논리적 사고의 세 '계기'를 다음과 같이 특징지었다.

(1) "오성적 사유는 확립된 규정 속에 고정돼 그 규정을 구분하는 것 이상의 일은 하지 못한다. 그 자체로 존재하는 제한된 추상이 오성에 적합한 것이다."[22] 이 '계기'를 분리시켜 사유 내에 구체화하는 것은 독단론으로 나타났고, 그 독단론의 논리적·이론적 자각은 '일반'논리학, 즉 순수 형식논리학으로 나타났다.

(2) "변증법적 계기는 그런 궁극적 규정의 자기 폐기이며 그 대립물로의 이행이다."[23] 이 계기는 역사적으로 회의주의로 나타났는데, 이것은 똑같이 '논리적'이고 서로를 자극하는 대립적인 독단적 체계들의 틈바구니에서 당황하고 있는 사유가 그 체계들 중에서 어느하나를 선택하지도 선호하지도 못하고 있는 상태다. 회의주의 단계에 걸맞은 논리적 자각은 독단적 체계들 간의 해결 불가능한 이율배반의 상태인 칸트의 변증법 개념에서 뚜렷해졌다. 이성이나 오성에 포함된 변증법은 이미 실현돼 '즉자대자적으로' 존재하고 있기 때문에, 회의주의(칸트 유형의 '부정 변증법')는 역사적으로나 내용 면에서나 독단론보다는 더 높은 단계다.

(3) "사변적인 것, 혹은 긍정적으로 이성적인 것이란 대립을 통한 규정들의 통일, 즉 대립하는 규정들의 해결과 이행에 포함되는 긍정을

염두에 둔 것이다."[24] 또한 헤겔은 이 마지막 '계기'를 체계적으로 다루는 것(그와 더불어 세 번째 계기에 초점을 맞춰 처음의 두 계기를 비판적으로 반성하는 것)이 역사적으로 긴급한 논리학의 임무라고 여겼다. 그러므로 이것이야말로 헤겔 자신의 고유한 과제이자 작업 목적이었다.

여기서 도출된 원리들에 비춰 볼 때, 지금까지 살펴본 '계기'들은 논리학의 독립적인 부분들일 수 없고, 동일한 논리적 체계의 추상적인 세 측면으로 탈바꿈하게 됐다. 이런 논리학이 사유를 이끌었을 때, 사유가 독단론의 우둔함이나 회의주의의 불모성에 빠질 염려가 없다.

그 결과 논리학은 형식적으로 (1) 존재론, (2) 본질론, (3) 개념론으로 분류됐다.

논리학이 객관적인 것(앞의 두 항목)과 주관적인 것으로 나뉜 것은 얼핏 보기에 오래전에 철학이 존재론과 논리학으로 나뉜 것과 일치하는 듯하다. 그러나 헤겔은 논리학에서 (통상적 의미의) "주관적인 것과 객관적인 것 사이의 대립이 사라졌기"[25] 때문에, 이런 분류(존재론과 논리학의 구분)는 매우 부정확하고 자의적인 것이라는 점을 강조했다.

이 문제에 관한 헤겔의 관점은 철저한 설명을 요한다. 왜냐하면 논리학과 논리학의 주제와 관련해서 지금까지 헤겔의 관점에 관해 다음과 같이 피상적으로만 비판하고 있기 때문이다. 즉 헤겔의 입장은 주관적인 것과 객관적인 것(사고와 존재)의 대립을 무시했고, 따라서 궤변적으로 산출된 사고의 고유한 논리적 도식을 사고 밖에 있는 사물의 존재론적 규정으로 오인하고 거꾸로 사고 밖의 실재에 대한 보편적 규정을 논리적 과정의 도식으로 오인함으로써 (a) 논리적 형식의 실체화, (b) 실재의 논리화라는 두 가지 잘못을 저질렀다는 것이다.

헤겔주의의 원죄가 정말로 사고와 실재, 개념과 대상 사이의 대립을 소박하고 단순하게 잘못 본 것이었다면, 칸트의 이원론은 철학적 지혜가 도달할 수 있는 최상의 경지였을 것이다. 그러나 실상 헤겔의 '실수'는 그렇게 단순하지 않았고, 결코 위에서 말한 것처럼 평가될 수 없다. 헤겔은 의식 밖의 사물의 세계와 사고의 세계(사고, 학문, 개념의 세계) 사이의 차이와 모순(혹은 대립)을 간파했고, 칸트주의자들이 헤겔을 비판하는 것보다 훨씬 정확하게 그 차이와 대립을 알고 있었다. 그리고 어쨌든 헤겔은 실증주의자들이 논리학을 중요하게 여겼던 것보다 더 중요한 논리학의 의미를 이런 대립에서 찾았다 (실증주의자들, 특히 논리실증주의자들은 개념의 대상과 개념을 직접적으로 동일시한다).

여기에는 또 다른 요점이 하나 있는데, 그것은 헤겔주의의 독특한 사고개념, 즉 사고와 사물세계 간의 관계에 관한 헤겔의 해결 방법에서 유래한 것이었다.

그것은 헤겔이 논리학을 하나의 학문으로 비판적으로 변형시키기 위한 계획을 체계화했을 때, 논리학(사고의 고유한 작용의 보편적 도식에 관한 사고의 인식)을 그 논리학의 실재 대상, 즉 실재적 사고의 보편적 형식과 법칙에 일치시켰던 이유다.

사고에는 의식적 사고작용의 도식이 존재한다기보다는 객관적 사고작용(주관적인 심리적 작용이 아닌 과학·기술·도덕을 창출했던 생산적 과정)의 보편적 도식이 존재한다.

그렇게 이해된 논리적 형식의 객관성을 옹호했을 때, 헤겔은 물론 여러모로 정당했다. 그리고 논리적인 것에 관한 주관적 관념론의 해석(흄·칸트·피히테)에 대해 헤겔이 행한 비판은 주관적 관념론의 현대적 계승자들, 특히 신실증주의자들과의 투쟁에서 두드러진다. 사회적 형성물이라 할 수 있는 과학과 기술(마르크스는 이것을 '물화된 지식의 힘'이라고 정의했다)은 물론 개인의 의식 밖에서 존재하고 발전한다. 헤겔에 따르면 개인적 의식 이외의 어떤 의식도 존재하지 않으며, 존재한 적도 없고, 존재할 수도 없다. 그러나 과학과 기술의 논리적 발전형식은 개인의 개별적 행위에 대한 객관적 규정으로서, 심지어 외부로부터 개인에게 부과된 규정으로서 개인의 의식·의지와 현실적으로 대립한다. "이런 규정들에 따르면, 사고는 객관적이라 할 수 있다. 또한 사고는 일상의 논리에 존재하는 형식과 의식적 사고형식을 포함하는 것으로 간주될 수 있다. 여기서 논리학은 형이상학, 즉 사고 내에서 이뤄진 사물에 관한 학문과 일치한다."[26]

물론 사고형식의 객관성이라는 관점에서는 특별히 헤겔주의적 관념론, 즉 객관적 관념론의 면모가 아직 드러나지 않는다. 논리학의 주제의 범위를 마구 확장시켜서 사고뿐 아니라 사물들도 포함시키기 시작했다고 헤겔을 비난할 수 없다. 헤겔은(칸트도) 일반석으로 물자체에 관해서는 이야기하지 않았다. 그는 사고 속에서 이해된 사물들만을 염두에 뒀다. 이런 의미에서 그는 "논리학에서 사고는 사고 자체에 속하는 내용과 사고를 통해서 산출된 내용만을 지닌다"고[27] 단언했던 것이다. 바꿔 말하면 논리학은 사고작용에 의해 확립된 사물규정, 즉 과학적 규정으로서의 사물만을 포함한다.

그래서 헤겔이 순수 사유의 한계 내에서 고찰했던 것이 그 이전의 논리학보다 훨씬 엄밀하고 일관성을 지니고 있다. 헤겔은 이전의 논리학이 논리학 주제 자체의 한계를 엄격하게 규정짓지 않았다는 점에서, 그리고 사고에 의해 이해되지 않고 사고작용에 의해 재생되지 않은 소재를 도입했다는 점에서 비난했던 것이다.

헤겔이 모든 범주(전통적 형이상학과 존재론의 주제)를 논리학에 포함시킬 것을 요구한 것은 결코 사고의 한계를 벗어남을 의미하지는 않는다. 이것은 전통 형이상학의 규정을 발생시킨 **사고작용**에 대해 비판적으로 분석할 것을 요구한 것이었고, 또한 전통 논리학과 형이상학이 아주 무비판적이고 무의식적으로 적용한 사고형식, 즉 사고형식이 어떻게 구성돼 있는지를 명확하게 깨닫지 못하고 적용한 사고형식에 대해 해명할 것을 요구한 것이었다. 헤겔은 "사고형식이 탐구에 필요하지 않은 것이라면, 사용하지 말아야 한다"는 것, "사고형식 자체를 인식 대상으로 삼아야 한다"는[28] 것을 의심하지 않았다. 그러나 그런 탐구 자체는 이미 사고이고, 그런 형식에서 발생하는 활동은 그 형식을 적용하는 행위다. 논리학을 사고형식에 관한 탐구(인식)로 간주한다면, 이 탐구는 "사고형식의 활동과 그 활동에 관한 비판을 결합한 것임이 틀림없다. 사고형식은 그 자체로 취급돼야 한다. 사고형식은 대상이자 대상 자체의 활동이다. 사고형식은 스스로를 조사해 그 자체의 한계를 규정지어야 하고, 그리고 그 결함도 설명해야 한다. 그렇게 되면 사고형식은 곧 **변증법**으로 고찰되는 사고활동이 될 것이다"라고 서술하고 있다.[29]

이 경우 논리학의 주제는 실제로 인류의 집단적 의식이 실현되는 **보편적** 형식이다. 과학과 기술의 역사로 실현된 인류의 집단적 의식의 발전과정은 모든 개인의 독립적인 논리적 의식활동이 종속돼 있는 이해관계의 '전체'로 간주된다.

개인은 공통의 원인이 되는 보편적 사고의 작용에 얽혀 있기 때문에, 그 개인은 '전체의 이해관계에 의해' 부과된 행위, 그리고 '일반적' 논리학의 도식들에 국한되지 않는 행위를 끊임없이 수행하지 않을 수 없다. 개인은 이런 행위들을 자신의 사고작용에 따라 수행한다고 할지라도 그 개인은 물론 자신의 행위들을 논리적 개념에 의거해 깨닫지는 못할 것이다. 보편적 사고의 도식(형식과 법칙)은 그 개인의 정신을 통해 무의식적(일반적 의미의 '무의식적'이 아니라, 그 도식을 논리적으로 의식하지 못했다는 의미, 즉 논리적 개념과 범주로 표현하지 못했다는 의미의 '무의식적')으로 실현될 것이다.

이와 관련해서 헤겔은 아주 중요한 구분 가운데 하나인 '즉자적' 사고와 '대자적' 사고를 구분했다. 이때 전자는 논리학의 주제, 즉 논리학의 탐구대상을 이루고 있는 사고다. 후자는 이미 자체의 작용이 갖는 도식·원칙·형식·법칙을 알고 있고, 자신이 행하는 바가 무엇이고 어떻게 행하는지를 충분하고 분명하게 깨달은 뒤에 아주 의식적으로 그 도식에 따라 작용하는 사고다. 논리학은 사고법칙과 형식을 개념과 범주로 표현한 의식인데, 사고과정은 그런 사고법칙과 형식에 따라 즉자적으로 발생한다. 또한 논리학에서 사고과정은 대자적 대상이기도 하다.

따라서 사고는 논리학에서 이전에 딘지 '즉자적'이있으나 이세 '대자적'으로 됐다.

그러므로 헤겔은 논리학을 그 실질적 주제인 실재적 사고, 즉 과학·기술·도덕의 발전과정에 관한 보편적 형식·법칙과 일치하도록 체계화했다.

바꿔 말하면, 그는 사고에 관한 주관적 의식을 사고의 대상인 보편적 사고 — 개별적 사고가 아니라 — 의 필연적(객관적) 형식·법칙과 동일시했다. 이것은 주객 동일성의 원리가 최고의 원리로 논리학에 도입돼야 함을 의미하는 것이다. 즉, 사고의 실재적 형식과 법칙이 논리학에서 정확하고 적절하게 묘사돼야 한다는 원리로서 논리학에 도입돼야 함을 의미하는 것이다. 주객 동일성의 원리는 이 밖의 다른 어떤 것을 의미하지 않으며, 또 주관적 사고형식의 '실체화'를 의미하는 것도 아니다. 왜냐하면 논리학에서는 **동일한 사고**가 객관이면서 주관이기 때문이다. 동일성 원리는 이런 사고(의식적으로 수행된 활동으로서의 사고)와 그 자신(무의식적으로 수행된 생산적 활동, 혹은 자신의 행위를 잘못 의식한 채로 지금까지 이뤄져 온 활동으로서의 사고)의 일치·부합·동일성에 관한 문제다.

논리적 형식의 객관성을 옹호했다는 점에서 헤겔은 지금까지 그를 비난해 왔던 사람들보다 물론 뛰어났다(그리고 유물론에 더 가까웠다). 그들은 자신들이 사고와 대상의 동일성 원리를 순전히 관습적인 원리, 즉 지시된 사물과 기호, 개념으로 사고된 것과 개념의 동일성 원리로 전도시킨 것을 옹호하기 위해 헤겔이 논리적 형식을 '실체화'했다고 비난했다. 헤겔이 논리적인 것과 그것의 객관성에 관한 주관적 관념론의 변형(주관적 관념론의 객관성은 단지 사고하는 모든 개인의 동의라는 의미, 즉 모든 도식에 따라 각각의 자아가 작용한다는 동일성 ― **동등성** ― 이라는 의미다)을 비판했던 것은 전적으로 옳다. 그의 비판은 칸트·피히테·셸링뿐 아니라 오늘날의 모든 신실증주의자들에게도 해당된다.

(덧붙여 말하면 마르크스는 정치경제학의 범주들을 '객관적 사고형식'으로 정의했다. "그 범주들은 사회적으로 타당하므로 객관적 사고형식이다."[30])

주관적인 것과 객관적인 것 사이의 차이가 논리학에 존재하지 않는다는 헤겔의 말은 다음과 같은 사실을 단언하는 것이었을 뿐이다. 즉 논리학이 범주로 시작해서 판단과 결론이라는 형태로 끝을 맺는 사고활동의 모든 논리적 도식을 자체 내에서, 즉 자체의 이론 내에서 고찰해야만 하고, 하나의 체계로 엮어 내야만 한다는 사실을 단언하는 것이었다. 아울러 논리학에서 다음과 같은 두 가지 도식이 다뤄져야 한다는 것이었다. 칸트 이전에는 의식 밖에 존재하는 사물들의 규정으로만 간주됐던 도식과 일반적으로 의식 '특유의' 것으로 간주돼 정신의 외부에 존재하는 사물과 아무런 관련도 맺고 있지 않은 것으로 여겨졌던 도식이 바로 그 두 가지 도식이다.

혜겔이 범주의 규정에 주어져 있는 범주적 도식과 형식논리학의 도식 사이의 차이를 부정하고자 했던 것은 물론 아니다. 다만 그는 그 차이가 논리학 자체 내에서 설명되고 해명돼야 하며, 전통 형이상학과 그에 상응하는 논리학으로부터 미리 전제되거나 무비판적으로 차용돼서는 안 되며, 그런 형이상학과 논리학을 비판적으로 재음미하는 형태로 새로운 논리학에 포함돼야 한다고 규정했을 뿐이다. "개념·판단·결론 같은 형식이 인과성 등의 형식에 대해 맺고 있는 관계는 논리학 자체 내에서 발견될 수 있을 뿐이다."[31]

그래서 혜겔은 정신의 외부에 존재하는 사물의 규정이나 일상적 의식 내에 존재하는 규정을 논리학에 전혀 포함시키지 않았고, 난지 정신에 나타나고 사고 자체에 의해 '정립'됐거나 정식화된 학문 내의 규정과 이론적 의식 내의 규정만을 포함시켰다. 학문은 사고가 실현된 힘(능력)이고, 물질화된 정신이며, 이론화된 노동이기 때문에, 혜겔은 주로 '대상화된' 사고의 규정을 사물의 규정으로 봤던 것이다.

그러므로 모든 범주를 논리학에 포함시키라는 요구는 전통 형이상학의 개념에서 구체화됐거나 대상화된 사고활동에 대해 비판적으로 분석해야 한다는 요구와 같다. 또한 이전에 보편자의 다양한 도식으로 실현된 사고의 논리를 해명하고 전통 논리학이 존재론적 체계로부터 무비판적으로 채용했던 범주 모두를 비판적으로 이해할 것을 요구하는 것과 같다.

그래서 헤겔은 논리학적 주제의 틀을 전혀 벗어나지 않았지만, 이전의 논리학자들이 지닌 인식의 한계는 뛰어넘었다. 오로지 사고에 관한 탐구라는 테두리 내에 머물러 있었음에도 불구하고 헤겔은 그 테두리 내에서 이전의 논리학자들보다 더 많은 것을 파악했고, 발전하는 사고의 논리적(보편적) 도식을 간파했다. 물론 전통 논리학은 사고의 논리적 도식을 전혀 보편적인 것으로 생각하지 못했고, 따라서 이론 내에 포함시키지 않았다. 그리하여 이제 헤겔에 의해 논리학은 개인들의 주관적 활동을 지배하는 객관적 법칙을 발견하고 탐구하는 데 전력을 기울이는 학문이 됐다. 사고하고 있는 한, 개인들은 자신들의 주관적 노력의 결과를 그런 형식을 통해 표현할 수밖에 없다. 이것은 개인들이 그런 것을 원하든 원하지 않든, 혹은 그런 사실을 깨닫고 있든 그렇지 않든 간에 상관이 없다.

여기서 헤겔은 실재적 사고의 **법칙**과 전통 논리학이 법칙의 계열에서 상위에 놨던 규칙 사이의 진정한 차이를 간파했다. 법칙과 달리 규칙은 지켜지지 않을 수 있고, 매번 지켜지지 않음으로써 법칙이 아님이 입증될 수 있다. 법칙은 어길 수 없는 것이기 때문에 대상의 규정성을 형성하고 있다. 이런 대상의 규정성이 생략되면, 대상 자체도, 나아가 사고도 더는 존재할 수 없게 된다.

인간이 사고한다면, 비록 그가 사고함과 동시에 규칙을 제멋대로 어길 수는 있을지라도, 그의 사고활동은 법칙에 종속돼 그 테두리를 벗어날 수 없다. 법칙은 사고작용을 멈춤으로써만 '깨질' 수 있다. 다시 말해 법칙은 사고의 법칙이 지배하는 영역을, 즉 공간적으로 규정되는 물체의 세계에서 중력 법칙이 작용하는 것만큼이나 철저하게 사고의 법칙이 작용하는 영역을 벗어남으로써만 '깨질' 수 있는 것이다. 하지만 인간에게 법칙으로부터의 '탈출'은 인간 존재 일반의 한계를 넘어서는 것과 같다.

헤겔은, 전통 논리학이 사고에 관해 이룩해 놓은 모든 규칙을 파괴(혹은 제거)함으로써만, 즉 그 규칙을 변증법적으로 부정함으로써만 사고 규정의 현실적 발전, 즉 사고의 현실적 전진 운동(과학·기술·도덕의 발전과정은 물론이거니와 아주 대수롭지 않은 경우에도)이 이뤄진다는 것을 보여 줬다. 그러나 의식적 사고에 의해 확립된 법칙을 끊임없이 부정하는 것은 사고로서는 어찌할 수 없는 것이고, 자각되지 않는 것이다. 또한 그런 부정이 사고 내에서 일어난다고 할지라도 이것은 사고 외부에서 발생하는 사실로 여긴다. 이런 사실은 사고에게 '즉자적'이지만, '대자적'이지는 않다.

그러나 이런 사실이 보편적이고 필연적인 논리적 사고형식으로 인정되자마자 그것은 의식의 사실, 즉 의식적 사고의 사실로 바뀌고, 사고는 의식적으로 변증법적인 것이 된다. 사고는 자기자신을 의식하고 있었음에도 불구하고 이전에는 '즉자적'인 것일 뿐이었다. 하지만 이제 사고는 이전에 자신이 '즉자적'이었을 뿐이라는 사실을 의식함으로써 '대자적'으로 된다.

따라서 이미 이해됐거나 충분히 알려진 형식, 그리고 기존의 의식에(논리학과 형이상학의 교과서에) 이미 포함돼 있는 형식만이 논리학의 주제일 수는 없다. 형식을 이미 만들어져 있는 상태에서 파악하거나 분류할 수는 없다. 그 형식은 그것을 추론하는 과정에서, 즉 사고에 관해 사고하는 과정에서 해명돼야 하는 것이다.

그런데 칸트가 사고의 형식을 기존의 대상, 즉 이미 묘사된 것(충분히 알려진 것, 이해된 것)으로 간주했을 때, 그의 논리학은 사고에 관한 기존의 생각을 무비판적으로 분류하는 것을 의미할 뿐이었다.

그러나 논리학이 하나의 학문이어야 한다면, 그것은 사고에 의해 입증되지 않은, 즉 사고에 의해 의식적으로 재생되지 않은 신념상의 규정을 단 하나도 받아들이지 않는 비판적이고 체계적인 탐구여야만 한다. 이런 탐구에서는 사고의 도야陶冶 과정에 알려지는 사고형식에 관한 비판은 자기비판일 수밖에 없고 또 자기비판으로 여겨질 수밖에 없다. 사고의 도식·규칙·형식·원리·법칙은 그 외부에 놓여 있는 대상과 비교된다고 해서 비판되는 것은 아니다. 오히려 사고의 규칙·법칙·형식 자체 내에 포함하고 있는 변증법, 즉 우리 자신이 무엇을 행하며 어떻게 행하는지를 엄밀하고도 충분하게 깨닫고 나서 사고하기 시작하자마자 발견되는 변증법을 통해 비판된다.

도야된 사고의 형식과 무의식적으로 수행된 지성 활동의 형식 사이의 동일성도 이런 방식으로 성취돼야 한다. 사고는 자신이 과학·기술·도덕·예술 따위의 형태로 실현되는 역사적 과정에서 그런 지성의 활동에 따르지 않을 수 없다. 논리학은 사람들의 현실적 사고작용이 발생시키는 사고형식과 법칙을 적절하게 포착하는 것 이외의 어떤 것이 아니다(그 이외의 어떤 것이 아니어야만 한다). 논리학의 논리적 구성원리이자 발전원리인 '사고와 사고대상의 동일성'은 이런 것 이외의 어떤 것도 의미하지 않는다.

이것은 도야된 사고의 도식(개인의 의식에서 발생하는 과정의 도식)이 학문(개인들이 관여하는 운동)의 구조에 관한 도식, 이를테면 그 학문의 내용에 의해 부과된 '논리'와 일치해야 한다는 문제다. 어떤 이론가의 활동도식이 그가 연구하는 학문의 발전도식과 일치하고 그 학문의 발전이 그의 활동을 통해 이뤄진다면, 헤겔은 그 이론가의 활동의 **논리성**, 즉 그의 사고와 이른바 학문의 발전이라는 비개인적이고 보편적인 과정 간의 **동일성**을 인정했다. 아울러 전통적 논리학의 기준에서 보더라도 그런 이론가의 활동이 형식적으로 반박될 수 없을 때, 논리학은 그 활동을 논리적인 것이라고 인정한다.

그러므로 헤겔은 전혀 새로운 방식으로 모든 범주(질, 양, 한도, 인과성, 개연성, 필연성, 일반자와 특수자 등)를 고려했다. 그가 보기에 그런 범주들은 직관이나 관찰, 혹은 직접적 경험에서 각 개인에게 주어지는 사물에 관한 가장 일반적인 규정들은 결코 아니었다. 즉, 그 범주들은 칸트·피히테·셸링이 다뤘던 것처럼 각 개인들의 의식에 직접적으로 내재하는 (생득적인) 선험적 종합의 도식들이 아니었다. 이런 사고형식을 독립적인 각각의 의식 내에서, 즉 개별적 자아에서 발견하기란 불가능하다. 그런 사고형식은 기껏해야 오로지 '그 자체'로, 즉 현실화되지 않은 경향의 형태로 존재할 뿐이지 우리가 알 수 있는 것이 아니다. 범주는 역사적으로 발전하는 인류의 과학적·기술적·도덕적 완성을 통해서 발견하는 것이고, 이를 통해 자체의 규정을 논증하는 것이다. 왜냐하면 사고는 고립된 개인의 경험이 아니라 인류적 차원에서 자신이 '즉자적'이었음을 의식함으로써 '대자적'으로 되기 때문이다.

범주는 개인들의 경험 속에서는 그 구성요소와 연관관계의 변증법적 전체성으로 드러나지 않고, 추상적이고 일면적인 측면으로만 드러난다. 그러므로 고립된 개인의 경험에서 범주를 획득하는 것은 불가능하다. 범주는 숱한 개인들이 토론·논쟁·대결을 통해 서로를 바로잡아 주는 상호작용의 과정을 통해서, 즉 거대한 원심분리기처럼 순수 객관적 사고도식과 순수 주관적(개인적이고 자의적이라는 의미에서) 활동도식을 근원적으로 분리하는 분명한 변증법적 과정을 통해서 발견될 수 있을 뿐이며, 결국 논리학으로, 즉 순수 보편적이고 비개인적이며 무미건조한 사고 일반의 규정체계로 구체화된다.

그러므로 범주는 어떤 대상의 근원에 관한 사고의 보편적 형식이며, 점차적으로 인류의 집적된 과학적 의식으로 나타난다. 범주는 학문과 '보편적 사고'의 시야에서 대상이 어떻게 나타났고 어떤 모습으로 나타났는지에 근거한 대상에 관한 보편적 규정이다. 헤겔은 사물에 관한 규정을 과학, 즉 능동적 사고에 의해 발전된 규정이라고 했다. 그래서 범주는 구체적 소재에 실현돼 있는 사고형식이자 대상에 구체화돼 있는 사고의 규정이고, 외부 사물에 관한 과학적 개념이다. 그래서 헤겔은 대상과 사고의 동일성을 이야기했던 것이고, 대상을 감각적이고 물질적인 소재로 실현돼 있는 개념으로 정의했던 것이다.

범주규정은 당연히 개인의 관찰(경험)에서 사물규정으로 기능할 수 있다. 하지만 여기서 개인이란 모든 개인을 가리키는 것이 아니라 교육 과정에서 인류의 역사적 경험을 숙지해 자신의 의식 속에서 인간의 사고(물론 중요하고 결정적인 특징과 도식 내의 사고)에 의해 획득된 방법을 '재생산'하는 개인을 가리킨다. 범주는 이런 경험의 유기화된 형식(헤겔이 《정신현상학》에서 기술하고 있다)이다.

그래서 범주는 지난 세대의 사고하는 존재들의 집단적 노력에 의해, 즉 집단적이고 비개인적인 사고의 힘에 의해 창출된 대상을 개인의 의식 내에서 재구성하고 재생산하는 보편적 형식이다. 태어날 때부터 개인을 둘러싸고 있는 정신적이고 물질적인 문화세계를 창출한 인류의 경험을 개인적으로 되풀이함으로써 개인은 '보편정신'이 자신에 앞서 마련해 뒀던 것을 되풀이하는 것이다. 따라서 그는 인류의 비개인적 '보편정신'이라 할 수 있는 사고형식과 법칙에 따라 활동한다. 이렇게 볼 때 범주는 최저 수준의 학식으로부터 점차 특정한 시기에 정신적 문화의 최고 단계까지 개인적 의식을 상승시켜 과학적 체계를 형성케 하는 보편적 도식으로 나타나고, 또 이전 세대의 사고에 의해 창출돼 정신적·물질적 문화라는 객관세계로서, 즉 과학·기술·도덕의 개념세계로서 개인과 대립하는 전체적 세계상에 대한 개인적 지배(재생산) 도식으로 나타난다.

그 세계는 생산물로 구체화되고 물질화된 인류의 사고이며, 외화된 사고 일반이다. 개인은 그 세계 속에 현실화돼 있는 활동의 유형을 대상화하고 제 것으로 만들어야만 한다. 아울러 그 세계는 바로 개인의 교육 과정을 형성하고 있다. 훈련된 정신에서 범주는 실제로 사고의 활동형식, 즉 감각 인상의 소재가 개념의 형태로 나아가는 과정의 형식 역할을 한다. 개인이 범주를 자신의 경험 내에 간직해 자신의 활동형식으로 만들었을 때, 그는 범주를 사고형식으로 갖고 있는 것이고, 또 사고형식으로 알고 있는 것이다. 그렇지 않다면 범주는 관찰과 표상에 주어진 사물의 일반 형식일 뿐이어서, 사고 밖에 독립적으로 존재하는 실재로서의 사고와 대립하게 될 것이다.

이런 생각은 소박한 물신숭배와 관련돼 있는데, 이것은 사물에 관한 유용한 과학적 개념·인식, 도덕과 정의의 규범, 국가와 정체政體의 형태, 사람들이 자신의 고유한 의식활동을 대상화함으로써 그들의 사고작용이 낳는 유사한 결과물 등을 사물 자체에 관한 순수 객관적 규정으로 받아들인다. 물신숭배가 사물 자체에 관한 규정으로 오인한 다양한 결과물들이 사고와 관련되지 않고서는 창출될 수 없었다는 것을 알지 못하고 더욱이 그것들이 사고에 의해 어떻게 산출됐는지를 알지 못하기 때문에 그것들 자체를 인정하고 만다. 그리고 소박한 물신숭배는 사물 자체에 관한 규정으로 오인한 다양한 결과물들을 존재하게끔 한 사고과정을 재생하거나 반복할 수 없고, 따라서 그것들을 당연히 물자체에 관한 영구불변의 규정들로, 그리고 그 본질에 관한 표현으로 간주한다. 물신숭배는 과학·국가·신의 이름으로 이런 사물들에 대해 말하는 것 모두를 완전히 무비판적으로 믿는다. 아울러 이런 사물들이 사고하는 인간의 눈에 그런 것으로 나타날 뿐 아니라 그 사물들이 정말로 그런 것이라고 믿는다.

그래서 헤겔의 사고개념(논리학의 맥락에서)은 필연적으로 '사고의 대상화' 과정을 포함한다. 사고의 대상화란 행위를 통한 실천적 실현으로서, 감각적이고 물리적인 소재, 즉 감각적으로 관찰된(직관된) 사물세계 내의 감각대상이다. 감각대상에 관한 활동과정, 즉 개념(주관적 사고의 내부에서 성숙된 계획)에 따라 사물을 변화시키는 과정인 실천은 이제 규칙에 따라서 언어로 표현된 추론 등의 주관적·정신적 행위만큼이나 사고와 인식의 발전과정에서 중요한 것으로 간주되기 시작했다.

그래서 헤겔은 실천을 직접적으로 논리학에 도입해, 사고를 새롭게 이해했을 뿐 아니라 사고과학을 근본적으로 발전시켰다.

사고는 언어의 형태뿐 아니라 현실적 활동이나 인간의 행위를 통해서도 외적으로 발현('외화', '자신을 자신의 외부에 있는 어떤 것으로 만드는 것')되기 때문에, 우리는 사고를 스스로 창출한 개념보다 '그 성과'를 통해 훨씬 잘 판단할 수 있다. 그러므로 인간의 실천적 행위 속에서 실현되는 사고는 글·말·책 등으로 외화되는 인간의 주관적이고 심리적인 행위의 옳고 그름을 판별해 주는 참된 기준이다.

6장
논리학의 구성원리 재론 —
관념론인가 유물론인가?: 포이어바흐

　이제까지는 대체로 과학으로서의 논리학의 신기원을 이룩했던 헤겔의 긍정적 성과에 대해서만 논의했다. 이제 사고에 관한 헤겔의 관념론적 입장과 관련된 역사적으로 불가피한 '대가'와 헤겔의 입장을 전혀 용인할 수 없게 만드는 헤겔 '논리학'의 결함 — 이것은 유물론적 철학을 개진함으로써만 극복될 수 있다 — 을 다뤄 보기로 하자.

　역사적으로 볼 때, 포이어바흐는 독일에서 헤겔의 관념론이 치러야 할 '대가'에 대해서 최초로 이야기한 사람이었다.

　다른 유물론자들과 마찬가지로, 포이어바흐는 사고를 철학의 제일 원리인 존재와 대립시키는 이원론자들을 배격한다. 따라서 논의 과정에서, 그는 데카르트류의 이원론에 대한 스피노자의 결정적으로 중요한 논변을 재현하고 있다. 사실 분석적으로 이 논쟁의 맥락을 되짚어 볼 필요가 있다. 왜냐하면 포이어바흐는 칸트로 대표되는 순수한 형태의 이원론뿐 아니라, 그런 이원론을 관념론적 일원론의 형태로 '정당하게' 극복하기 위한 체계적 시도였던 피히테·셸링·헤겔의 철학도 역시 염두에 두고 있었기 때문이다. 그러나 포이어바흐는 관념론적 일원론의 형태로 이원론을 극복하는 것이 허구적이고 형식적이며 빈말에 불과할 뿐 아니라, 관념론 일반이 칸트 체계의 기본 전제를 침해한 사실은 물론 그럴 가능성조차 없음을 보여주고자 했다. 그러므로 그는 셸링과 헤겔에 의해 칸트가 근본적으로 극복되지 않았다고 생각했다. "헤겔의 철학은 칸트에 의해 특히 부각된 존재와 사고의 모순을 철폐하는 것이다. 하지만 명심해야 할 점은 그런 모순의 철폐가 … 한 가지 요소, 즉 사고 내에서의 철폐일 뿐이라는 사실이다."[1]

사실, 이른바 절대적 동일철학은 **사고작용 자체의 동일성**에 관한 철학이다. 그러나 여전히 사고와 그 사고 외부의 존재 사이에는 메울 수 없는 간격이 존재한다. 헤겔에게는 이미 사고로 표현된 개념적 존재가 실제 존재의 자리를 대신함으로써 이 문제가 해결될 수 있는 것처럼 보인다. 그러나 웅대하고 심오한 헤겔 철학의 구조 배후에는 사실 "우리는, 우리가 주변 세계를 사고하는 그대로 주변 세계를 사고한다"는 공허한 동어반복이 숨어 있다.

그래서 셸링과 헤겔의 철학은 실제로 사고와 존재의 동일성을 전혀 확립하지 못하고 있으며, 더구나 '절대적' 동일성을 확립하지도 못했다. 왜냐하면 그들의 철학에서는 사고 외부에 독립적으로 자족自足하는 '존재 자체'가 전혀 설명돼 있지도 않고 또 직접적으로 규정되지 않은 채로 남아 있기 때문이다.

그래서 칸트 이원론의 기본원리는 취급되지 않은 채로 남아 있었다. 사고하는 정신은 처음부터 감각적이고 구체적이며, 물질적인 것과는 완전히 반대되는 특수한 비물질적 존재로 간주됐고, 내재적 논리 법칙과 도식에 의해 그 자체로 형성된 독립적이고 자족적인 것으로 간주됐다. 또한 헤겔의 《논리학》은 사고를 초자연적이고 초물질적인 주체의 활동으로 묘사하고 있다. 그 결과, 주체는 자연과 인간을 자신의 고유한 모습으로 구체화하기 위해 인간과 자연에 대해서 외부로부터 '매개'하는 특수한 관계를 맺을 수밖에 없다.

더구나 사고하는 정신을 이와 같이 묘사하는 것은 의식이나 정신의 '대립물'이자 정신의 형성 활동의 대상이며 재료인 자연과 인간이, 그 자체로는 수동적이고 무정형적으로 나타난다는 사실을 전제하고 있다. 자연과 인간은 오로지 사고하는 정신의 형성 활동의 결과로서만 과거에 존재했던 상태로 되고 지금 우리가 익히 아는 그 구체적 형태를 획득할 수 있다. 더욱이 현실 세계에서 경험적으로 분명한 사태는 정신활동의 산물과 다를 바 없는 것으로 묘사됐다. 그리고 '매개'라는 지극히 복잡한 마술은 '신이 주신 재능'을 구실로 해, 이미 추상작용을 통해 자연과 인간으로부터 얻은 동일한 규정들을 다시 한 번 자연과 인간에 되돌리는 역할을 할 뿐이었다. 이렇게 자연과 인간에서 미리 '도둑질'을 하지 않고서는, 유심론적 철학은 그 빈약한 규정들 가운데 단 하나도 사고하는 정신에 속하는 것으로 생각할 수 없었다.

포이어바흐는 존재와 사고의 관계에 관한 문제를 이상과 같이 해석함으로써 무엇보다 특히 스콜라적으로 새롭게 된 '합리화된' 신학을 간파했다. 유심론에서 말하는 절대정신은 성경의 하나님처럼 환상적 산물이고, 인간으로부터 소외된 추상적 규정들로 이뤄져 있다는 것이다. 헤겔의 논리학과 관련된 사고작용은 실은 인간의 사고임에도 불구하고, 인간으로부터 추상돼 인간 외부에 자리 잡고 있는 특수한 존재의 활동으로 취급됨으로써 인간과 대립한다.

포이어바흐는 헤겔 관념론의 근본적 오류(헤겔의 체계가 관념론적 관점의 가장 철저한 표현이기 때문에 헤겔 관념론은 관념론 일반의 오류이기도 하다)를 (일반적이고 전체적으로) 아주 정확하게 이해했기 때문에, 존재와 사고의 관계문제를 다시 설정했다. '사고 일반'이 어떻게 '존재 일반'과 관계를 맺는가 하는 물음 자체가 이미 사고(인간으로부터 소외된 사고)를 외부 존재와 대비되는 독립적인 것으로 전제하고 있기 때문에 그는 이 물음이 성립될 수 없다고 봤다. 그러나 헤겔식으로 이해된 존재, 즉 추상적이고 논리적인 범주, 사고 내의 존재가 아니라 자연과 인간이라는 감성적이고 대상적인 실재 세계는 이미 사고를 포함하고 있다. 존재는 돌·나무·별뿐 아니라, 사고하는 인간의 육체도 포함한다.

그래서 존재를 사고가 배제된 것으로 간주하는 것은 존재를 부정확하게 말하는 것이고, 사고할 수 있는 인간을 미리 존재로부터 배제하는 것이며, 더욱이 존재의 가장 중요한 '술어'들 중 하나를 존재에서 제거하는 것, 즉 존재를 '불완전하게' 생각하는 것이다. 이런 포이어바흐의 논증은 스피노자의 사고과정의 반복이고, 스피노자의 사고를 발전적으로 해석한 것이며 더 현대적인 철학 용어로 번역한 것이다.

결국 모든 문제는 다음과 같은 물음으로 귀착된다. 즉 사고를 일반적으로 물질적(감성적·대상적) 존재인 인간으로부터 구별하고, 사고를 처음부터 고정시키며, 감성적·신체적·물리적 존재와는 다른 독립적인 것으로 간주할 수 있는가? 아니면 사고를 인간으로부터 분리되지 않는 하나의 속성('술어')으로 이해해야 할 것인가? 포이어바흐는 의학·생리학 등과 같은 자연과학의 논증을 유물론을 위한 결정적 논증으로 간주했다. 의학에 의지한다면, 유물론은 유물론과 유심론의 논쟁을 좌지우지하는 '아르키메데스'의 지렛대와도 같은 것이 돼 버린다는 것이다. 왜냐하면 여기서 궁극적 설명을 요하는 문제는 물질의 가분성可分性이나 불가분성이 아니라 인간의 가분성이나 불가분성이고, 신의 존재나 비존재가 아니라 인간의 존재나 비존재이며, 물질의 영원성이나 일시성一時性이 아니라 인간의 영원성이나 일시성이고, 인간 외부의 세상 천지에 산재해 있는 물질이 아니라 인간의 두개골에 집중돼 있는 물질이기 때문이다. 요컨대 극도의 혼란 속으로 빠져들지 않는 한, 인간의 두뇌만이 이 논쟁에서 문제시된다. "인간의 두뇌만이 이 논쟁의 원천이자 궁극적 목표다."[2]

포이어바흐는 철학의 근본 문제가 이상과 같이 확고한 사실의 터전 위에 뿌리박아야 자연스럽게 유물론적으로 해결된다고 여겼다.

사고는 살아 있는 두뇌의 현실적 기능이고, 두뇌라는 물질로부터 분리될 수 없는 것이다. 두뇌라는 물질을 염두에 둔다면, 사고가 어떻게 두뇌와 '결합'하는가, 사유와 두뇌가 어떻게 연결돼 하나가 다른 하나를 매개해 주는가 하는 물음은 일반적으로 매우 어리석은 물음이다. 왜냐하면 그 '양자'가 따로 분리돼 존재하는 것이 아니라 '동일한' 것으로 존재하기 때문이다. 따라서 살아 있는 두뇌의 현실적 존재가 또한 사고이고, 현실적 사고는 살아 있는 두뇌의 존재다.

철학적 범주를 통해 표현된 이런 사실은 "그 둘 사이에 어떤 중간적 존재도 허용하지 않으며 물질적 존재와 비물질적 존재를 구분하거나 대립시킬 여지를 남겨 놓지 않는 영혼과 육체의 직접적 통일을 보여 주고 있다. 따라서 이런 사실은 물질이 사고하고 육체가 정신이며, 또 역으로 사고가 물질이고 정신이 육체라는 점을 핵심적으로 지적해 주고 있는 것이다."[3] 이와 같이 이해된 존재와 사고의 '동일성'은 포이어바흐에 따르면 참된 철학의 공리, 즉 스콜라철학적 증거와

'매개'를 요하지 않는 하나의 사실이 되지 않으면 안 된다.

포이어바흐가 셸링과 헤겔을 비난했던 것은 그들이 사고하는 인간에서 성립하는 존재와 사고의 통일('동일성')을 일반적으로 인정했기 때문이 아니고, 그들이 그런 통일을 대립물들의 궁극적 통일, 즉 육체가 없는 사고하는 정신과 사고하지 않는 육체를 함께 결합시킨 결과로 묘사했기 때문이다. 포이어바흐는 그들이 육체가 없는 정신과 사고하지 않는 육체라는 똑같이 그릇된 두 개의 추상들로부터 현실적 사실의 모습을 그려 내고자 했던 점과, 그리하여 환상으로부터 사실로 추상으로부터 현실로 나아가려 했던 점을 비난했던 것이다.

포이어바흐는 관념론자들이 사실로서 무비판적으로 받아들이는 그릇된 추상들의 기원을 설명하기 위해 유물론자는 직접적으로 주어진 사실을 출발점으로 삼으면서 그들과는 정반대의 길로 나아가야 한다고 확신했다.

셸링과 헤겔은 궁극적으로 대립물들의 통일에 이르기 위해, 신체 없는 사고와 사고 없는 신체가 시원적으로 대립한다는 명제로부터 출발했다. 이것은 정신주의가 들어선 잘못된 길이었다. 유물론자라면 인간 개개인의 두뇌에서 사고와 신체의 가상적 대립이라는 환상이 제기되는 방식과 이유를 이해하고 해명하기 위해 그 인간 개개인의 사실로 확립된 직접적 통일(불가분성)로부터 출발해야 한다.

결과적으로, 사고하는 정신과 육체의 대립이라는 환상은 인간의 머릿속에만 존재하는 순수 주관적 사실, 즉 순수 심리적 사실이다. 그 환상은 사고하는 두뇌가 인간의 여타 기관과 같은 종류의 물질적이고 감각적인 기관이라는 아주 타당한 이유로 발생하는 것이다.

시각기관인 눈의 경우를 예로 들어 보자. 내가 눈으로 별을 보면서, 동시에 눈 자체를 볼 수 없는 것은 아주 당연하다. 거꾸로 거울을 통해 나의 눈을 살펴보고자 한다면, 별에서 나의 시선을 떼어야 한다. 눈의 모든 세부적 구조, 즉 시각 작용에 영향을 미치는 눈의 모든 물질적인 내적 조건을 대상으로 관찰한다면, 그와 동시에 무엇인가를 '본다'는 것은 불가능하다. 마찬가지로 "사고작용에서, 사고의 유기체적 토대와 조건(두뇌라는 육체에서 사고작용이 일으키는 물질적 구조와 과정 자체)이 그 의식 대상이라면, 두뇌는 다른 그 무엇을 사고할 수 없다."[4] 사고작용을 일으키는 유기체의 구조는 생리학과 해부학의 대상일 뿐이다. 사고기관인 두뇌는 기능상으로나 구조적으로나 외부 대상들을 향한 활동을 수행하기에, 즉 그 자신이 아니라 타자인 객체를 사고하기에 꼭 알맞다. 그리고 "그 기관이 자신의 고유한 활동이라 할 수 있는 대상에 관한 활동에 열중한 나머지, 자기자신을 망각하거나 부인한다"는[5] 것은 퍽 자연스럽다. 이리하여 두뇌를 포함하는 육체적이고 물질적이며 감성적인 모든 것이 사고로부터 완전히 독립해 있다는 환상이 일어난다.

하지만 이런 환상은 관념론적으로는 해명될 수 없다. 불가피한 환상에도 불구하고, 사고는 그 자체로는 늘 물질적 기관과 물질적 과정의 물질적 작용으로 남아 있다. "나의 경우 혹은 주관적으로는 순전히 정신적이고 비물질적이며 비감성적인 활동이 그 자체 혹은 객관적으로는 물질적이고 감성적인 활동이다."[6] "고도의 활동인 두뇌 활동에서, 임의적이고 주관적이며 정신적인 작용과 비자발적이고 객관적이며 물질적인 작용은 동일하며 구별되지 않는다."[7]

그리하여 포이어바흐는 이원론과 유심론에 대한 투쟁의 논리로서, 살아 있는 사고하는 두뇌가 하나의 '객체'라는 사실을 인정하는 변증법적 명제를 받아들이지 않을 수 없었다. 하나의 객체 내에는 사고와 감성적·대상적 존재, 사고작용과 사고된 것, 관념적인 것과 실재적인 것, 정신적인 것과 물질적인 것, 주관적인 것과 객관적인 것 등과 같이 직접적으로 동일한 대립물이 존재한다. 사고하는 두뇌는 특수한 '대상'인데, 이 대상은 상호 배타적인 규정들을 직접적으로 동일화함으로써만, 즉 대립하는 범주들의 직접적 통일이나 동일성을 수용하는 명제를 통해서만 적절하게 철학적인 범주들로 표현될 수 있다.

사실 포이어바흐는 일반적 형태의 변증법에 익숙하지 못했으면서도, 자신이 받아들이고 있는 규정들을 가끔 주저하기는 했지만 끊임없이 교정하고 보충하고 다듬어야 한다고 생각했다. 그래서 그의 설명은 애매모호하지만 본질적으로 동일하게 유지된다.

사고작용의 산물은 신이나 절대정신의 도움을 빌리지 않고도 매번 사고 바깥에 있는 '물자체'와 상호 연관시키고 비교하며 대조할 수 있다. 그 이유는 바로 사고작용이 물질적 대상에 대한 물질적 기관의 물질적 작용이자 물질적 과정이기 때문이다. 개념과 표상은 실재하는 사물과 동일한 시공 속에 존재한다. **동일한 주체가 주변 세계를 사고하고, 또 주위 세계를 감각적으로 지각한다.** 그 주체는 감성적이고 대상적인 생물과 마찬가지로 실제로 살아 있는 인간 개개인이다. 감성적·대상적 주위 세계(객체)의 통일성(불가분성)은 주체의 통일성(불가분성)에 상응한다. 마찬가지로 사고하면서 감각적으로 관찰하는 사람은 동일한 사람이지, 그 두 가지 작용의 상호 연관을 신이나 절대정신의 도움을 빌려 조정하는 두 개의 다른 존재가 아니다. 그래서 사고된 세계와 감각적으로 관찰된 세계는 동일한(즉 현실적으로 하나인) 세계일 뿐이며, 신적 원리의 도움을 빌려 그 양자 사이를 이어 줄 특별한 통로나 매개를 찾아야만 하는 두 개의 다른 세계가 아니다.

이 때문에 사고에 의한 세계 규정(논리적 규정)이 곧바로 감각적 관찰이나 직관에 의한 세계 규정이 된다. 그리고 논리적 규정 체계가 감각적으로 주어진 직관과 표상의 세계와 맺는 특수한 관계를 묻는 것은 불합리하다. 논리적 체계란 감각적으로 관찰되거나 직관된 세계에 대한 규정성을 표현하고 있을 뿐이다. 논리학과 형이상학의 관계에 대해 묻는 것은 가상적이고 허위적인 물음이다. 그런 관계는 있을 수 없는데, 논리학과 형이상학은 원래 직접적으로 **동일하기** 때문이다. 사고에 의한 세계의 보편적 규정들(논리적 규정들, 범주들)은 직관에 주어진 사물들의 추상적이고 보편적인 규정성일 뿐이다. 왜냐하면 사고와 직관(관찰)은 모두 동일한 실재 세계를 다루기 때문이다.

논리학이 사고를 언어로 표현하기 위한 규칙들의 체계로 이해되지 않고 실재적 사고과정의 발전법칙에 대한 과학으로 이해된다면, 이와 마찬가지로 논리적 형식들도 문장이나 어법의 추상적 형식으로 이해돼서는 안 되고 사고의 실질적 내용을 이루는 감각적으로 주어진 현실 세계에 관한 추상적이고 보편적인 형식으로 이해돼야 한다. "그러므로 판단과 결론이라는 이른바 논리적 형식은 **능동적 사고형식**도 아니고 인과적 추론 조건도 아니다. 논리적 형식은 보편성, 개별성, 특수성, 부분과 전체, 필연성, 근거와 결론 등의 형이상학적 개념들을 전제하고 있으며, 또 이런 개념들을 통해서만 주어지기 때문에 근원적 사고형식이 아니라 언제나 임의적이고 파생적인 사고형식이다. 형이상학적 조건이나 관계만이 논리적 조건이고 관계라는 것, 즉 범주의 과학인 형이상학만이 참으로 심원한 논리학이라는 것, 이것이 헤겔의 심오한 사상이다. 이른바 논리적 형식이란 추상적이고 기초적인 언어형식이다. 하지만 언어는 사고가 아니다. 그렇지 않으면 가장 수다스러운 사람이 가장 위대한 사상가가 될 수도 있기 때문이다."[8]

그래서 포이어바흐는 이처럼 형이상학적 형식이나 법칙이 논리적 형식이나 법칙과 절대적으로 동일하다고 본다는 점에서는 헤겔과 완전히 일치하고 있으나, 양자가 동일한 이유와 근거에 대해서는 헤겔과 아주 다르게 이해하고 있다. 여기서 우리는 사고의 법칙 및 형식이 존재의 법칙 및 형식과 '동일한 원리'라는 유물론적 해석의 분명한 표현을 보게 된다. 유물론적 입장에서 보면, 논리적 형식은 존재(인간에게 감각적으로 주어진 현실 세계)를 명확히 파악하는 보편적 형식이다.

이 때문에 베른슈타인Bernstein과 같은 신칸트주의 철학자는 철두철미한 유물론은 유심론 내에서 생겨난 것이라고 목청을 돋웠던 것이다. 그럼에도 존재와 사고가 동일하다는 포이어바흐의 해석은 여전히 옳고, 마르크스주의자를 포함한 그 어떤 유물론자도 이를 반박할 수 없다. 물론 존재와 사고의 동일성은 논리학과 인식론의 토대와 관련된 극히 일반적인 형태에서 성립한다는 것이지, 그런 토대 위에서 형성된 세부적 지식과 관련해서는 그대로 적용되지 않는다. 나중에 포이어바흐는 이 일반적인 유물론적 진리를 특수한 인간학적 영역에 구체화하고자 했기 때문에, 그의 논의는 마르크스·레닌주의의 해결 방식은 말할 것도 없고 스피노자의 사상에 비해서도 훨씬 빈약한 설명으로 전개됐다. 이런 빈약한 논의 때문에 속류유물론자, 실증주의자, 심지어는 신칸트주의자까지도 그 후로 계속해서 포이어바흐를 자신들의 선행자 내지 협조자로 간주하는 — 전적으로 그러는 것은 아니겠지만 — 경우가 생겨나게 됐다.

존재와 사고의 동일성에 관한 포이어바흐 입장의 특징을 좀 더 세밀히 분석해 보면 (1) 유물론이라는 점과 (2) 변증법이 결여된 유물론이라는 점 두 가지가 관심을 끈다.

포이어바흐의 유물론은 사고가 물질적 육체의 현실적 존재 방식이라는 사실, 즉 사고하는 육체가 실재하는 시공에서 행하는 활동이라는 사실을 무조건 인정한다. 더욱이 그의 유물론은 정신적으로 이해된 세계와 감각적으로 지각된 세계의 동일성을 인정한다. 결국 포이어바흐의 유물론은 사고주체로 인정된 인간 존재 내에서 설명되고 있다. 여기서 사고주체인 인간은 세계 밖을 맴돌면서 세계를 '외부로부터' 관찰하고 이해하는 특수한 존재가 아니라 현실 세계에 살고 있는 인간을 말한다. 이런 모든 주장은 유물론 일반, 따라서 변증법적 유물론의 기본적 교의들이다.

그렇다면 포이어바흐의 입장이 보이는 약점은 무엇일까? 대체로 그 약점은 마르크스 이전의 모든 유물론이 가지고 있었던 약점과 같은 것인데, 그것은 주로 자연을 변형하는 활동인 실천 활동의 역할을 이해하지 못했다는 점이다. 스피노자조차 특정한 자연적 물체의 외형을 따라 움직이는 사고하는 육체의 운동만을 염두에 뒀고, '실천'이라는 계기를 간과했다. 피히테는 이런 점에서 스피노자를 반박했는데(일반적으로 말해 스피노자를 통해 제시된 모든 유물론의 형태를 반박한 것이다), 그는 인간이 자연적으로 이미 형성된 사물의 형식과 외형을 따르는 것이 아니라, 외부세계의 '저항'을 극복하면서 자연 속에 없는 새로운 형식들을 만들어 내고 그에 따라 움직인다고 주장했다.

"이제까지의 모든 유물론(포이어바흐의 유물론도 포함된다)의 주된 결함은 대상·현실·감성이 객체나 직관contemplation의* 형식으로만 파악됐으며 인간의 감성적 활동, 즉 실천으로, 주체적으로 파악되지 못한 점에 있다. 따라서 **활동적** 측면은 유물론과 대립되는 관념론에 의해 — 이 관념론은 물론 현실적인 감성적 활동 자체를 알지 못하지만 — 추상적으로 다뤄져 왔다. 포이어바흐는 사고대상과는 실제로 구별되는 감성적 객체를 원했지만, 그는 인간의 활동 자체를 대상적 활동으로** 파악하지는 못했다."[9]

따라서 인식 주체인 인간이 주객 관계의 수동적 측면, 즉 그런 상호관계의 피규정적 요소로서 간주돼 버렸다. 게다가 인간은 사회관계의 결합으로부터 추상돼 고립된 개인으로 변형됐다. 그러므로 인간과 그 주위 세계 사이의 관계는 개인의 두뇌 외부에 독립적으로 존재하는 모든 것과 개인 사이의 관계로 해석됐다. 그러나 자연뿐 아니라 사회역사적 환경, 즉 인간노동에 의해 창출된 사물세계나 노동과정에서 발전하는 인간관계의 체계 등은 개인 외부에 그의 의지나 의식과는 무관하게 존재한다. 달리 말하면 자연은 개인 외부에 그 자체로 존재할 뿐 아니라, 노동에 의해 변형된 인간화한 자연으로 존재한다. 포이어바흐는 직관·관찰에 주어진 주위 세계나 환경을 출발점으로 삼았으나, 그 출발점의 전제를 탐구하지는 않았다.

그렇기 때문에 인간이 어디서 그리고 어떻게 환경과 직접적으로

---

* 파스칼의 영역본 주석(p 207): 직관(Anschauung). 나는 이 말을 '관찰' (contemplation)로 사용했다. 관찰이란 용어는 일상적 번역어인 관계로 다소 모호하지만, 그 말의 의미인 '성찰'(meditation)과는 아주 다르게 '감각적 지각'(sense-perception)으로 이해돼야 한다.

** 파스칼의 두 번째 주석: '대상을 통한 활동'.

결합(접촉)되는가 하는 문제에 직면했을 때, 그는 직관, 즉 개인의 관찰에 있다고 대답했다. 왜냐하면 그가 늘 염두에 뒀던 것은 개인이었기 때문이다. 이것이 그의 모든 약점의 근원이었다. 왜냐하면 개인의 관찰에는, 물질적 삶을 생산하는 과정에서 상호작용하고 있는 다른 개인들의 활동산물이 주어질 뿐 아니라 이미 인간활동의 속성과 형식으로 변형된 자연의 속성과 형식(인간의 대상이자 인간의 산물)이 주어지기 때문이다. 사실 포이어바흐가 '관찰'하고자 했던 '자연 그 자체'는 그의 시야에 포착될 수 없었다. 왜냐하면 이런 "자연, 즉 인간활동에 선행하는 자연은 결코 포이어바흐가 살고 있는 자연이 아니며, 오늘날 그 어디에도(근래에 생긴 호주의 산호섬 몇 개를 제외하면), 따라서 포이어바흐에게도 존재하지 않는 자연"이기[10] 때문이다.

포이어바흐는 이론과 실천 사이의 사회적 관계들이 갖는 현실적 복잡성에 관심을 기울이지 않았다. 또한 대다수 개인들로부터 사고를 (학문이라는 형태로) '소외'시켜, 그들 외부에 독립적으로 존재하는 힘으로 바꿔 놓은 노동분업에두 관심을 보이지 않았다. 따라서 그는 헤겔이 우상화시킨 사고(예를 들면 학문 따위)에서 변형된 일종의 종교적 환상만을 봤던 셈이다.

2부 마르크스주의의 변증법

7장
객관적 관념론에 대한 마르크스주의의 비판

어떤 철학체계든 그것의 약점이나 결함을 극복하기 위해서는 그 약점이나 결함을 이해하는 것이 필수적이다. 마르크스는 헤겔과 관련해서 이 점을 분명히 이해했고, 그럼으로써 헤겔은 물론 그와 정반대의 입장에 선 유물론자 포이어바흐보다도 논리학의 문제를 더욱 발전시켰다.

마르크스, 엥겔스, 그리고 레닌은 헤겔의 역사적 공헌은 물론 역사적으로 제약된 그의 학문적 발전의 한계도 동시에 보여 줬다. 다시 말해 헤겔의 변증법이 건널 수 없는 분명한 경계와 변증법의 창조자가 아무리 애써도 극복할 수 없는 환상의 힘을 분명하게 지적했다. 대체로 헤겔의 위대함은 그의 한계와 마찬가지로 관념론의 토대 위에서, 즉 과학적 사고에 부여된 관념론적 전제의 한계 내에서 변증법을 발전시킬 수 있는 가능성을 이끌어 냈다는 사실이다. 헤겔은 자신의 의도와는 무관하게 관념론이 사고를 막다른 골목으로 몰고 가며 심지어는 변증법으로 계몽된 사고조차 '자기외화' 혹은 '자기의식'의 무한한 과정을 맴도는 빠져나갈 길 없는 자기 내 원환 운동으로 몰아넣는다는 사실을 보기 드물 정도로 극명하게 보여 줬다. 그러나 헤겔은 매우 정직하고 일관된 관념론자였으며 모순적이고 불완전한 그 밖의 모든 관념론의 비밀을 폭로했던 인물이었다. 바로 그 때문에 헤겔은 존재, 즉 사고 외부에 독립해서 존재하는 자연과 역사의 세계가 논리학을 증명하기 위한 단순한 수단에 불과하다고 봤으며, 나아가서 존재가 논리학의 동일한 도식이나 범주를 되풀이해서 확증하는 '사례들'의 고갈되지 않는 저장소라고 봤던 것이다. 청년 마르크스가 표현했듯이, '논리의 사상事象'은 헤겔이 들어가지 못하게 '사상의 논리'에 울타리를 두르고 있었던 것이다.[1] 그래서 프로이센 군주와 군주의 머리 위에 기생하는 이는 관념론적 변증론자들에게 '즉자대자적으로 실재하는 개체'라는 범주를 예증하는 '사례'들로서 훌륭하게 봉사할 수 있게 된다.

위와 마찬가지로 끓는 주전자나 프랑스대혁명도 단지 질과 양이라는 범주의 관계를 예증하는 '사례들'에 불과한 것이다. 그러나 눈으로 볼 수 있는 그 어떤 경험적 실재도 그 자체가 아무리 우연적이라 할지라도 절대이성의 외적 구현체로 변모돼 버린다. 즉, 절대이성이 자기를 분화해 가는 필연적인 변증법적 단계들 가운데 하나의 단계로 변모되고 만다.

헤겔 변증법의 근원적 결함들은 관념론과 직접적으로 연관돼 있다. 관념론으로 말미암아 그의 변증법은 독창적이긴 하지만 존재하는 모든 것들에 대한 논리적으로 난해한 변명으로 쉽게 변혁되고 말았다. 따라서 그렇게 된 전반적 사정들을 더 자세히 고찰할 필요가 있다.

헤겔은 실제로 인간과 인간의 현실적 사고를 비인격적이며 형체가 없는 절대적 사고와 대립시켰다. 여기서 절대적 사고란 모든 시대에 존재하는 어떤 힘이며, 이 힘에 따라 '세계와 인간의 신성한 창조' 활동이 일어난다. 또한 헤겔은 논리학을 '절대적 형식'으로 이해했다. 이 절대적 형식과 관련해서 볼 때 실재하는 세계와 실재하는 인간의 사고는 파생된 이차적인 것이고 창조된 것이다.

여기서 사고에 관한 헤겔의 관념론적 입장이 드러난다. 헤겔의 객관적 관념론은 특히 사고를 새로운 신, 다시 말해 인간 외부에 존재하면서 인간을 지배하는 초자연적인 어떤 힘으로 변형시켰다. 하지만 이런 헤겔 특유의 환상은 그가 종교로부터 단순히 무비판적으로 받아들인 이념이나, 포이어바흐가 지적했듯이 종교적 의식의 단순한 실례를 드러내는 것이 아니라 그보다 훨씬 깊고 중대한 내용을 지니고 있다.

사실상, 헤겔의 사고개념은 사회적 노동분업의 제한된 한 전문화한 형태(다시 말해 직접적인 실천적 활동과 감성적인 대상적 활동을 뜻하는 육체노동과는 분리된 정신노동)의 토양 위에서 형성된 사물들의 현실적 상태를 무비판적으로 묘사한 것이다.

자연 발생적으로 발달된 사회적 노동분업 아래서는, 인간 개개인과 그들의 집단적 힘 및 집단적으로 개발된 능력(보편적인 사회적 활동수단) 사이의 현실적 관계에 독특한 전도현상이 필연적으로 발생한다. 이런 전도현상은 철학에서는 소외(estrangement, alienation)로 알려져 있다. 행위의 보편적(집단적으로 실현된) 양식들은 종교적으로 교화된 사람들과 관념론적 철학자들의 단순한 공상 속에서가 아니라 바로 사회적 현실 속에서 특수한 사회제도로 조직되고 교역과 직업의 형태로 확립되며, 나아가서 자신의 고유한 의식儀式·언어·전통과 극히 비인격적이며 무형적인 특성을 보이는 그 밖의 '내재적' 구조를 지닌 일종의 특권적 계급제도의 형태로 확립된다.

결국 개별 인간들은 이런저런 보편적 능력(활동적 힘)의 주체나 담지자가 되지 못하고, 반대로 이 활동적 힘 자체가 갈수록 개인으로부터 소외되면서 각 개인에게 해야 할 일의 수단과 형태를 외부에서 지시하는 주체로 나타난다. 이리하여 개인 그 자체는 일종의 노예로 전락하고, 보편적인 인간의 힘과 능력을 빼앗겨 버린 '말하는 도구', 다시 말해서 화폐와 자본, 더 나아가서는 국가·법·종교 등으로 구체화된 활동수단으로 변모해 버린다.

사고 또한 마찬가지의 운명을 면할 길이 없다. 사고는 전문 영역으로 돼 버리면서, 정신적이며 이론적인 작업을 하는 직업적 학자들의 생활을 위한 방편으로 남게 된다. 학문이란 특정한 조건들 아래서 전문적 직업으로 변형된 사고다. 소외가 보편화된 상황 아래서 사고는 단지 학문의 영역에 국한된 범위(학자들의 집단) 내에서만 사회 전체를 위해 필요한 발전 수준에 도달하기 때문에, 사고가 그런 형태를 취하면 사실상 대다수의 인간들과 대립하게 된다. 나아가서 사고는 단순히 인간과 대립하는 데 그치는 것이 아니라 학문의 관점에서 인간이 무엇을 어떻게 행해야 하고 또한 무엇을 어떻게 생각해야 하는가 등등을 지시하게 된다. 전문적 이론가인 과학자는 자신의 이름으로 몸소 법칙을 말하는 것이 아니라 과학, 개념, 그리고 절대보편적이고 집단적이며 비인격적인 힘의 이름으로 대다수의 사람들에게 법칙을 말한다. 그렇게 함으로써 과학자는 다른 사람들 앞에 이런 힘을 위임받은 대리자나 절대적 대행자로서 나타난다.

바로 이런 토양 위에서, 정신노동과 이론적 작업에 종사하는 전문가들 특유의 온갖 환상들이 생겨나는 것이다. 그리고 그런 환상들을 가장 의식적으로 표현한 것이 바로 소외된 사고의 자기의식이라 할 수 있는 객관적 관념론 철학이다.

헤겔이 그의 논리학에서 인간 생명활동의 근본적 특징을 현학적으로나마 꽤 정확하게 표현했다는 사실이 쉽사리 파악될 수 있을 것이다. 인간 생명활동의 근본적 특징은 '외부로부터' 자신을 바라볼 수 있으며 또한 자신을 어떤 '타자'나 특별한 대상으로 바라볼 수 있는 (사고하는 동물로서의) 능력이다. 다시 말하면 인간 자신의 **활동도식**을 자신의 고유한 대상으로 변형할 수 있는 능력이다. 이 점이 바로 청년 마르크스가 헤겔을 비판하는 과정에서 다음과 같이 인식했던 인간의 독특한 특징이다. 즉, "동물은 자신의 생명활동과 직접적으로 통합돼 있다. 동물은 자신을 자신의 생명활동과 구별하지 못한다. 동물은 **생명활동**이다. 인간은 자신의 생명활동 자체를 자신의 의지와 의식의 대상으로 만든다. 인간은 자신의 생명활동을 의식한다. 인간이 직접적으로 휩쓸려 들어가는 피규정성이란 존재하지 않는다."[2]

헤겔은 인간 생명활동의 이런 특징을 오로지 논리의 **눈**을 통해서만 바라봤을 뿐이다. 그 결과 헤겔은 사고의 도식이나 논리적 도식, 즉 규칙 — 인간은 정도의 차이는 있지만 이 규칙에 따라 이러저런 특수한 활동(그것이 언어를 재료로 한 것이든 그 밖의 다른 것이든)을 의식적으로 행한다 — 으로 변형된 정도에 국한시켜 인간의 생명활동을 서술했다. 그러므로 헤겔은 개인의 의식 바깥에 개인의 의지를 벗어나 있는 사물과 사물의 상태(행위)를 단지 인간의 신체를 포함하는 자연적이고 물리적인 소재 속에서 실현되며 실현될 수 있는 사고(주관적 활동)의 변형태나 계기로 기술했을 따름이다. 위에서 마르크스가 언급한 인간 생명활동의 고유한 특징이 헤겔한테는 인간에 의해 실현된 사고의 도식이라는 논리적 외형을 띠게 된다.

헤겔이 제시한 인간 생명활동의 실질적 모습은 거꾸로 뒤집힌 형태다. 실제로 인간은 자신의 현실적 생명활동이 존재하기 때문에 사고한다. 그러나 헤겔은 반대로 인간이 특정한 도식에 따라서 사고하기 때문에 인간의 현실적 생명활동이 존재한다고 생각했다. 따라서 인간의 생명활동에 대한 모든 규정들은 물론, 생명활동을 통해 인간 두뇌 외부에 위치하게 되는 사물의 상태 역시 '사고에 의해 정립되는' 한에서만 결정되고 또 사고의 결과물로 나타난다.

이와 같은 전도된 사고방식은 자연스럽게 생겨날 수 있다. 왜냐하면 사고를 전문적으로 탐구하는 논리학자들은 사고하는 존재인 주체의 활동결과, 즉 사고활동의 산물(개념은 그 특정 형태다)로 나타난 것에 관심을 두기 때문이다. 논리학자들은 인간과 인간의 활동 바깥에 이미 독립적으로 실재하는 사물 자체(혹은 사물의 위치)에 별다른 관심을 두고 있지 않다(논리학자는 결코 실재를 물리학자나 생물학자 혹은 경제학자나 천문학자처럼 이해하지 않는다).

이렇게 논리학에 대한 관점이 부적당함에도 불구하고 헤겔이 '순수' 논리학자로 남아 있는 것은 잘못이다. 이처럼 헤겔이 갖는 논리학자 특유의 직업적 맹목성은, 그가 실천(현실적이며 감성적인 인간의 대상적 활동)을 사고(실천에 앞서 독립적으로 완성된 정신적·이론적 작업과 그 작업의 결과)를 검증하는 권위 있는 유일한 척도로 간주했다는 사실에서 분명히 드러난다.

이때 실천은 추상적으로 이해되고 있을 뿐 아니라 사고 때문에 사실상 지니게 된 이런저런 양태나 특징으로 설명되고 있다. 왜냐하면 헤겔이 말하는 실천은 어떤 의도·계획·이념·개념, 혹은 사전에 선택된 목적을 실현하기 위한 활동이며 사고와 무관하게 그 자체의 규정성을 통해서는 절대 분석되지 않는 것이기 때문이다. 따라서 인간의 실천적 활동의 모든 결과들 — 인간노동에 의해 만들어진 사물, 역사적 사건과 그 결과 — 은 어떤 이념을 구체화하거나 객관화하는 한에서만 고찰대상이 된다. 역사적 과정 전체를 조감하는 역사관의 관점에서는, 이런 견해가 가장 순수한(절대적인) 관념론으로 이해될 수 있다. 그러나 사고과학인 논리학의 관점에서는, 이런 견해는 정당화될 뿐 아니라 합리적인 유일한 입장이기도 하다.

논리학자가 그의 탐구의 주제와 전혀 관계없는 모든 것을 가차 없이 추상해 버린다든지 어떤 사실이 논리학의 주제인 사고를 해명하는 형식 혹은 사고의 결론으로 이해될 수 있는 한에서만 그 사실에 주의를 기울인다고 해서 우리가 논리학자를 실제로 비난할 수 있을까? 사상事象의 논리(예를 들면, 인간활동의 어떤 구체적 영역에 대한 논리)보다 논리의 사상에 더욱 관심을 기울인다는 이유로 전문적 논리학자를 비난하는 것은, 마치 화학자를 화학의 문제에 지나친 관심을 기울인다고 비난하는 것과 마찬가지로 어리석은 일이다. 그러나 헤겔에 대해 앞에서 언급한 마르크스의 말은 지금의 맥락과는 전혀 다른 의미를 내포하고 있다.

편협한 전문가들의 결점은 자신의 사고를 자기 학문의 주제 테두리에만 엄격하게 제한한다는 데 있는 것이 아니라, 사물에 대한 자신의 제한된 견해와 연관돼 있는 자기 학문의 관할 영역을 명확하게 파악하지 못한다는 데 있다.

이것은 전형적인 직업적 논리학자 헤겔에게도 적용된다. 논리학자로서의 헤겔이 일반적으로 진술이나 사실로 나타나 있는 어떤 사상의 논리에만 관심을 가질 때, 그가 그 진술이나 사실을 오로지 그 속에서 드러나는 사고의 추상적 도식에 따라서 고찰하는 것은 정당하다. 헤겔 논리학의 신비주의라든가 마르크스가 "거짓 실증주의"라고[3] 불렀던 헤겔 논리학의 교묘한 특징은 전문적 논리학자 특유의 관점이 유일한 과학적 관점 — 말하자면 인간이 쉽게 접근할 수 있으면서도 '궁극적'이고 심오하며 소중한 진리를 발견할 수 있는 최고의 수준 — 으로 받아들여지고 부각되는 곳에서 시작한다.

논리학자로서 헤겔이 인류 문화의 발전과정에서 나타나는 현상들을 사고의 위력을 드러내는 행위로 간주하는 것은 정당하다. 특수한 논리적 추상개념이 도출되는 현상 자체의 본질이 바로 그런 논리적 추상개념으로 표현된다는 헤겔의 견해는 논리학에서는 자연스럽게 받아들여지는 견해다. 그러나 이런 견해에 다른 어떤 것이 첨가되면, 그 견해는 헛수고에 그치고 만다. 왜냐하면 진리가 거짓으로 바뀌기 때문이다. 어떤 화학자가 마돈나상을 그리는 데 사용된 색채 배합을 화학적으로 탐구한 정확한 결과를 바로 라파엘로의 붓에 의해 창작된 독특한 색채의 '종합'에 대한 유일한 과학적 설명이라고 간주하는 순간, 그 과학적 탐구의 결과는 거짓이 된다.

사고과정의 형식과 도식을 구체적으로 실현된 형태로 아주 정확하게 표현하는 추상개념은 헤겔에게는 인류 문화의 전체적 다양성을 창출하는 과정의 도식으로 직접 변모돼 버린다. 결국 헤겔의 사고개념에 놓여 있는 모든 신비는 하나의 요점으로 집중된다. 인류 문화의 다양한 모든 형식을 인간이 발휘하는 사고능력이 드러난 결과로 간주함으로써, 헤겔은 인간이 지닌 사고능력과 사고능력의 도식·규칙이 어디로부터 온 것인지를 이해할 수 없었다. 헤겔은 사고를 인간으로 하여금 역사를 창조하게 하는 신적 힘으로 올려놓음으로써, 사고의 근거와 관련된 합리적 물음에 답할 수 있는 가능성을 스스로 봉쇄해 버렸다. 노동을 통해 문화 — 문화에 대한 자기의식이 과학적 사고다 — 를 창조했던 수많은 인간들의 감성적인 대상적 활동은 헤겔의 관심 영역 밖에 있었다. 헤겔은 이런 활동을 사고의 '전사前史'쯤으로 여겼다. 따라서 외적 세계는 개념을 산출하기 위한 원초적 자료일 뿐이고, 기존의 개념을 구체화하기 위해서 그 개념에 따라 진행해야만 하는 어떤 것일 뿐이었다.

그리하여 사고는 능동적이고 창조적인 힘으로 변형되는 반면, 외적 세계는 사고가 적용되는 영역으로 변형된다. 만약 사회적 인간의 감성적인 대상적 활동(실천)이 정신노동에 종사하는 사람들의 사고에 의해 창조된 이념·계획, 혹은 개념의 외적 대상화나 결과물로 나타난다면, 이론가의 두뇌 속에 있는 사고의 기원은 무엇이며, 그것이 어떻게 발생했는지에 대해 말하는 것이 원리적으로 불가능한 것은 당연한 일이다.

헤겔은 사고가 어떤 것으로부터 유래했는지를 묻는 것은 쓸데없는 물음이라고 보면서, '사고가 이미 존재했다'고 대답한다. 사고는 이미 존재했으며, 인간 내부에서 작용함으로써 점차 자신의 활동 및 활동의 도식과 법칙을 자각하게 된다는 것이다. 논리학이란 그 어디에서도 유래하지 않는 이런 창조적 원리, 무한한 창조적 힘, 절대적 형식 등에 대한 자기의식인 것이다. 인간이 이런 창조적 힘을 드러내고 대상화시키며 외화시키고 난 후에야 이런 힘 자체는 보편적인 창조적 힘으로서 논리적으로 인식된다.

이것이 헤겔의 객관적 관념론에 감춰진 전체적 비밀이다. 결국 논리적으로 볼 때, 객관적 관념론은 사고가 어디에서 유래하는가 하는 물음에 대해 아무런 답도 할 수 없다. 모든 창조적 활동에 대한 영원하고 절대적인 도식 체계로 정의된 논리학의 형식 속에서, 헤겔은 인간의 현실적 사고와 그 논리적 형식·양식을 신격화했다.

이것은 사고와 논리학에 대한 헤겔의 견해가 갖는 강점인 동시에 약점이기도 하다. 그 강점은 인류의 정신적·물질적 문화에 대한 연구를 통해 발견한 인간사고의 참된 논리적 형식과 법칙을 시간을 초월한 절대적인 것으로 우상화시켰다는 점이다. 그에 비해 그 약점은 인간사고의 기원에 대한 문제를 제기조차 하지 않고 논리적 형식과 법칙을 절대적인 것으로 단언함으로써 인간사고의 논리적 형식과 법칙을 우상화시켰다는 점이다.

사실 사고를 보편적 능력으로 파악하는(정확하고 엄격한 의미에서 보면 인간 외부에 인간과 독립해서 형성된 특정한 조건들로부터 발생하는 능력이라기보다 인간의 자기의식을 각성시키는 능력으로 파악하는) 관념론의 입장은 논리학 자체로는 절대로 풀 수 없는 많은 문제들을 불러일으킨다.

헤겔은 사고의 논리적 형식에 대한 이해에서 그 유례를 찾을 수 없을 정도로 중대한 진보를 이룩했다. 그러나 정신활동(사고) ― 여기서는 정신이 정신의 고찰대상이 된다 ― 을 구체화한 감각적으로 지각되는 형식들의 상호 연관에 대한 물음에 직면했을 때, 그는 중도에서 멈추거나 심지어는 후퇴하기까지 했다. 그래서 헤겔은 언어를 '정신을 효과적으로 표현하는' 유일한 형식, 즉 사고의 창조적 힘이 외적으로 발현되는 유일한 형식으로 인정하기를 거부했다. 그럼에도 헤겔은 언어를 사고와 대치하고 있는 가장 적절한 주요 형식으로 간주했다.

헤겔은 '태초에 말씀이 있었다'라는 성서의 입장을 전혀 손상시키지 않고 인간사고(사고하는 인간정신)와 관련해서 옹호했다. 그리고 성서의 입장을 자명한 것으로 받아들여, 사고하는 정신이 자기의식으로 발전하는 과정을 연속적으로 구성하는 혹은 재구성하는 근본

원리로 삼았다.

인간의 사고하는 정신은 바로 '명명하는' 기능으로서의 언어 내에서 그리고 언어를 통해 최초로 드러난다. 따라서 사고하는 정신은 '이름의 영역'에서 맨 먼저 구체화된다. 또한 언어는 '사고활동의 최초의 객관적 실재'로 기능하며, 본질적으로도 시간적으로도 정신이 스스로 존재하는 최초의 직접적 형식으로 기능한다. 그리하여 하나의 '유한한 정신'(개인들의 사고)이 언어 내에서 그리고 언어를 통해서 다른 유한한 정신의 주제(대상)가 될 수 있게 된다. 특정하게 분절된 소리라고 할 수 있는 언어는 정신으로부터 나왔기 때문에, 청각을 울릴 때 다시 사고하는 타인의 정신 상태로 바뀐다. 주변 공기의 진동(들을 수 있는 말)은 결국 두 정신의 상태 사이의 순수 매체이고 정신과 정신의 관계 방식이며, 헤겔의 언어로 표현하면 정신이 자신과 맺는 관계 방식이다.

여기서 언어는 사고를 외적으로 대상화하는 최초의 도구로서 기능하고 있다. 이 도구는 사고하는 정신이 스스로 대상이 되기 위해서(사고하는 다른 정신이 상像이 되기 위해서) 자기사신으로부터 창출한 것이다. 돌도끼, 깎는 도구, 문지르는 도구, 나무 쟁기 등과 같은 실재하는 도구는 부차적 도구이며, 사고를 감성적·객관적으로 변형하는 대상화 과정으로부터 파생된 도구이다.

이리하여 헤겔은 언어 속에서 사고하는 정신의 현실적 존재형식을 봤다. 사고하는 정신은 노동을 통한 자연의 실재적 변형과는 무관하게 이미 그 전에 언어라는 형식 속에서 스스로의 창조적 힘(능력)을 드러낸다. 노동은 사고하는 정신이 자기자신과 대화하는 과정, 즉 말하는 과정에서 발견한 것만을 실현시킨다. 그러나 이와 같이 해석해 버리면 대화는 사고하는 정신의 독백, 즉 자신의 발현 양식에 그칠 따름이다.

따라서 《정신현상학》에서 의식이 경험하는 모든 역정은 ('여기'와 '지금'이라는 언어로 표현된) 사고와 아직 언어로 표현되지 않은 그 밖의 사고 내용 사이에서 발생하는 모순의 분석과 더불어 시작된다. 또한 《논리학》도 비록 그 시작에서는 함축적 전제이기는 하지만 동일한 도식을 전제하고 있으며 또 포함하고 있다. 논리학에서 나타나는 사고는 우선적으로 언어를 통해서만 줄곧 자신을 실현시킨다. 따라서 사고하는 정신의 '현상학적'이며 '논리적인' 모든 역정의 종국점이 출발점으로 귀환한다는 것은 결코 우연이 아니다. 사고하는 정신은 자신의 극히 정확하고 완전한 모습을 언어로 출판돼 나온 논리학 관련 서적인 《논리학》에서 획득한다.

그러므로 헤겔은 《논리학》에서 다음과 같이 주장했다. "사유형식들이 발현되고 최초로 제시되는 곳은 인간의 언어다. 오늘날 인간을 동물과 구별시키는 것이 사유 능력이라는 사실을 끊임없이 상기시킬 필요가 있다. 언어는 예컨대, 인간 자신이 창출한 관념과 같이 인간에게 내적인 것에는 무엇이든지 침투해 들어간다. 그리하여 인간은 숨겨져 있는 것, 혹은 다른 것들과 혼합돼 있는 것, 혹은 명백히 해명한 것(범주)을 언어로 변형시킨다."[4]

바로 이 점이 헤겔 관념론에 가장 깊이 뿌리박혀 있는 생각이다. 이와 같이 생각함으로써, 내적 언어의 형식으로 두뇌 속에서 일어나는 활동이라 할 수 있는 사고는 모든 역사적 사건, 사회적·경제적·정치적 구조 등을 포함하는 정신적이고 물질적인 모든 문화 현상을 이해하기 위한 출발점이 돼 버린다. 그 결과 인간노동의 산물인 전체 세계는 물론 모든 역사는 '두뇌로부터', 즉 '사고의 힘으로부터' 발생하는 과정으로 해석된다. 사고가 지니는 창조적 에너지가 외화

(대상화)되고 다시 외화된 노동산물에 의해 역으로 사고가 지배받게 된다(탈대상화)는 헤겔의 웅대한 역사관은 언어와 더불어 시작하고 언어 속에서 그 순환과정을 완결시키는데, 이것이 바로 《논리학》의 전 과정을 개괄적으로 요약한 것이다.

헤겔 사상의 실마리를 푸는 단서는 그렇게 복잡한 것이 아니다. 인간은 먼저 **사고**하고, 그다음에야 **행동**한다는 사상은 헤겔 도식의 토대 역할을 한다. 그렇기 때문에 그 도식은 언어 → 행동 → 행동의 산물 → 언어(이 경우는 행동으로 옮겨진 것을 언어로 표현한 것이다)의 과정을 가리킨다. 더 나아가서 동일한 도식을 따르지만 새로운 토대 위에서 이뤄지는 새로운 순환과정이 나타난다. 이 새로운 토대 때문에 운동은 순환의 형태를 취하지 않고 나선형의 형태, 요컨대 한 번씩 돌 때마다 출발점과 종결점이 동일한 형태를 취한다.

여기서 서술된 헤겔 도식의 합리적 핵심과 동시에 신비한 특성은, 정치경제학이 상품-화폐의 유통과정을 분석할 때 해명되는 상품의 형태 변화를 유추해 보면(비록 유추 이상이기는 하지만) 쉽게 이해된다. 마치 노동수단이자 노동산물인 기계에 집중돼 있는 축적된 노동이 '자기증식하는 가치' — 이것의 '집행자'는 개별 자본가다 — 의 형태로 기능하듯이, 사회적으로 **축적된 정신노동**(과학적 지식)은 일종의 비인격적이며 형체가 없는 익명의 힘, 즉 과학의 형태로 기능한다. 개별적 전문 이론가는 자기 발전하는 지식의 힘을 대변하는 기능을 한다. 그의 사회적 기능은 요컨대 수 세기, 수천 년에 걸쳐 축적된 정신노동의 **보편적인** 정신적 부를 개별적으로 구체화하는 데 있다. 그는 자신의 개별적 의식이나 의지와 독립적으로 완성되는 지식의 증대 과정에서 살아 있는 도구다. 그는 여기서 **자기 스스로** 사고하지 않는다. 교육 과정에서 그의 머릿속에 뿌리내려져 있는 지식이

'사고한다'. 그가 개념을 지배하는 것이 아니라 오히려 개념이 그를 지배하고 그의 탐구방향과 활동의 형식을 규정한다.

교환가치에 근거한 물질적 생산의 영역에서도 마찬가지의 **전도현상**, 즉 보편과 특수의 관계에서 일어나는 현실적 신비화가 존재한다. 이런 신비화는 추상적 보편자가 감성적 구체(이 경우 살아 있는 인간)의 측면이나 속성이 아니라, 오히려 반대로 감성적 구체인 개별 인간이 보편자(이 경우는 지식·개념·과학)를 추상적이고 일면적으로 체현體現하는 전도현상을 말한다. 이것은 단순히 교환가치에 근거하고 있는 관계들의 영역에서 일어나는 것으로부터 유추한 것이 아니라, (물질적 생산 영역이라기보다 오히려) 정신적 생산 영역에서 일어나는 마찬가지의 사회적 과정이다. "추상적이며 일반적인 것이 구체적인 것의 속성으로 간주되는 대신에 감성적으로 구체적인 것이 추상적이며 일반적인 것의 표현형식으로 간주되는 이런 '전도'는 가치표현의 특징이다. 동시에 이런 전도는 가치표현의 이해를 어렵게 한다. 만약 내가 로마법과 독일법을 모두 법이라고 말한다면, 이것은 자명하다. 반대로 만약 내가 추상적 법이 구체적 법인 로마법과 독일법에서 그 자체로 실현된다고 말한다면, 추상적인 것과 구체적인 것 사이의 관계는 신비화된다."[5]

헤겔의 관념론은 적어도 종교적 환상이나 종교적 성향을 띤 상상의 산물은 아니다. 헤겔의 관념론은 정신노동의 제한된 영역에 종사하는 전문적 이론가가 사고활동을 벌이는 토대, 즉 사물들의 현실적 상태를 무비판적으로 묘사한 것일 뿐이다. 헤겔 철학의 형식들은 실제로 자신의 이론작업에서 필연적으로 창출된 불가피한(실제로 유용하기까지 한) 환상이다. 그 환상은 헤겔의 이론작업이 갖는 객관적인 사회적 지위로부터 생겨나서 그 지위를 반영한 것이다. 이런 환상은 헤겔의 지적 성장 과정에서 그가 개념적으로(언어적 표현의 형식으로) 습득한 지식이다. 언어적 표현형식은 헤겔 고유의 이론 활동을 가능케 한 시작(출발점)이면서 동시에 궁극적 목표 혹은 그 참된 '완성태'를 이룬다.

그러나 우리가 사용했던 유추는 우리들로 하여금 또 다른 상황, 즉 위에서 서술된 '전도'의 메커니즘 그 자체를 이해할 수 있도록 해준다. 주지하다시피 상품-화폐의 유통 패턴은 C-M-C라는 정식으로 표현된다. 상품(C)은 이 정식에서 순환과정의 시작이며 동시에 끝이다. 그리고 화폐(M)는 '상품의 형태변화'로서 상품을 매개하는 고리다. 그러나 C-M-C-M-C-M … 이라는 자기 폐쇄적 순환 운동의 특정한 지점에서, 화폐는 수많은 상품유통의 수단, 즉 단순한 매개자이기를 중지하고 갑자기 수수께끼 같은 '자기증식'의 능력을 드러낸다. 이런 현상은 도식적으로 M-C-M이라는 정식으로 표현된다. 전체 과정의 실질적 출발점을 이루는 상품은 앞서 화폐가 수행했던 역할, 즉 일시적인 화폐의 형태변화를 매개하는 수단의 역할을 수행하고, 이때 화폐는 자신의 형태변화를 통해 구체화됨으로써 '자기증식' 활동을 완수하게 된다. 신비화된 속성을 획득할 때 또한 화폐는 자본이 된다. 화폐는 자본의 형태로 "가치의 자기증식을 이룰 수 있는 신비로운 능력"을[6] 획득하게 되고 "갑자기 독자적 자기운동을 하는 실체로 나타난다. 여기서 상품과 화폐는 단지 자기운동을 하는 실체의 형식일 뿐이다."[7] M-C-M이라는 정식에서 가치는 '자발적으로 움직이는 주체', 즉 전체 순환 운동에서 끊임없이 출발점으로 되돌아가는 '실체-주체'로 나타난다. 말하자면 "끊임없이 화폐와 상품이라는 형태를 번갈아 취하면서 동시에 양적으로 변화하고 잉여가치를 창출하는 과정에서, 가치는 그런 과정의 능동적 요인이다. 그래서 원래 가치는 자발적으로 증식하고"[8] 이런 가치의 증식은 자체 내에서 발생한다.

《논리학》에서 헤겔은 동일한 상황을 단지 가치가 아니라 지식(이해·진리)과 관련해서 서술하고 있다. 사실 헤겔은 《논리학》에서 지식의 축적 과정을 다뤘다. 왜냐하면 개념은 축적된 지식이며, 과학에서는 언어의 형태로 나타나는 사고의 '불변자본'이기 때문이다. 그렇기 때문에 지식이라는 관념은 자기증식하는 주체, 즉 주체-실체인 가치의 이념과 유사하다고 볼 수 있다.

따라서 우리는 어느 관념론자의 추상적 환상을 다루는 것이 아니다. 오히려 정확하게 표시돼 있으나 이해돼 있지 않은 사실을 설명의 출발점으로 삼는 정치경제학의 이론과 마찬가지로 지식의 산출과 축적의 현실적 과정을 무비판적으로 서술하는 이론을 다루고 있다. 사실 화폐가 자본의 운동형식(자기자신으로 귀환하는 전체 순환과정의 출발점과 목표)으로 나타날 때, 화폐는 자기증식과 자기발전의 신비스러운 능력을 드러낸다. 이런 사실이 설명되지 않은 채로 남아 있는 한, 그것은 신비화된다.

가치의 자기증식의 비밀, 즉 잉여가치의 창출과 축적의 비밀을 폭로할 때 마르크스는 《자본론》에서 위에서 언급한 헤겔 논리학의 용어들과 헤겔의 사고개념을 사용하고 있다(우연히 사용하는 것이 아니라 숙고 후에 의식적으로 사용한다). 자신의 의식·의지와 독립해서 자신도 모르게 발생하는 잉여가치의 창출과 축적 과정에서 필연적으로 인간을 사로잡는 환상이 생겨나게 되는데, 논리학자 헤겔에 의해 창출된 관념론적 환상도 그런 환상과 본질적으로 동일하다. 이들 환상의 기원의 논리적 유형과 사회역사적 유형은 주관적 측면에서나 객관적 측면에서나 동일하다.

자본가들에게 일정한 화폐의 총합(화폐의 형식으로 불가피하게 나타나는 일정한 가치)은 자본가로서 행하는 이후 모든 활동의 출발점이며, 따라서 자본가에게 특유한 활동의 형식적 목표다. 신비한 특성을 가진 이런 화폐의 총합이 근원적으로 어디로부터, 어떻게 나왔는지는 자본가에게 특별한 관심거리가 될 수 없다.

유사한 일이 인격화된 지식·학문·개념 등을 취급하는 전문적 이론가에게서도 일어난다. 그들에게 인류에 의해 축적되고 언어나 기호 형식으로 기록된 지식은 그의 이론작업의 출발점인 동시에 목표로 나타난다.

전문적 이론가가 볼 때 개념은 당연히 '자기발전하는 실체', '자발적으로 움직이는 주체', 그리고 '모든 변화와 변형의 주체-실체'로 나타난다.

따라서 전문적 이론가의 삶을 규정하는 실질적 활동형식 때문에 헤겔《논리학》에서 체계적으로 제시된 바 있는 사고와 개념에 관한 모든 필연적 환상이 발생한다. 헤겔 논리학은 개념을 확장하고 재생산하는 과정의 한계 내에서 객관적 사고형식의 체계를 서술하고 있다. 이때 재생산 과정이란 '처음부터' 그 발전된 형태에서 시작하는 것이 아니라, 오히려 이미 존재하는 개념의 완성 과정, 즉 이미 축적된 이론적 지식의 변형 내지 '증대' 과정으로 발생한다. 개념은 항상 새로운 정복을 위한 도약점의 형태로 이미 전제돼 있다. 왜냐하면 새로운 정복은 인식의 영역을 확장하는 문제인데, 여기서 최초의 개념이 가장 능동적인 역할을 수행하기 때문이다.

팽창하고 성장하는 지식을 생생한 순환과정 속에 차례로 끌어들이는 독립적 표현형식이 제시될 수 있다면, 다음과 같은 규정을 내릴 수 있을 것이다. 즉 과학(축적된 지식)은 언어(과학의 언어)이고,

과학은 지식에 근거해서 창출된 객관화되고 물질화된 지식의 힘이라고 규정지을 수 있다. 지식은 다음과 같은 과정의 주체가 된다. 그 과정은 지식이 언어적 형식을 객관적이고 물질적인 형식으로 끊임없이 변화시켜 나가는 가운데 지식의 양을 변경시키고, 최초의 지식뿐 아니라 잉여(첨가된) 지식도 자신으로부터 떨쳐 버림으로써 '자기발전하는' 과정을 의미한다. 왜냐하면 지식이 새로운 지식을 자신과 결합시키는 운동이 지식의 자기운동이고 따라서 지식의 팽창도 자기팽창·자기강화·자기발전이기 때문이다. 지식은 결국 스스로 지식이라는 사실을 통해 지식을 창출하는 신비로운 능력을 획득한다.

따라서 잉여가치의 창출과 축적에서 유추해 볼 때 논리적 형식(지식 산출의 실질적 형식)은 여기서 지식의 '자기발전'의 형식으로 나타나고 그리하여 지식은 신비화한다. 신비화는 전문적 이론가의 활동 특징을 표현하는 양식, 즉 지식 일반의 발전 양식인 듯이 수용되는 양식에 존재한다.

위에서 살펴본 것처럼, 이것은 정치경제학에서 나타나는 것과 똑같은 신비화다. 왜냐하면 마르크스도 정치경제학을 분석할 때, 그의 탐구가 가치분석으로부터 시작하지 않고 상품분석으로부터 시작한 점을 강조했기 때문이다. 논리적 관점에서 볼 때, 마르크스의 강조는 원리적으로 가장 중요하다. 왜냐하면 가치의 생성과 원천의 비밀, 그다음으로 화폐의 형식으로 발현되는 가치의 비밀은 상품의 분석을 통해 폭로되기 때문이다. 그렇게 하지 않으면 가치 생성의 비밀을 원리적으로 해결할 수 없다.

동일한 현상이 헤겔 도식 내의 사고개념에서 일어난다. 헤겔은 사고과정에서 실제로 구체화된 그런 특징들을 사고의 발전된 형태, 즉 사회적 노동분업의 독자적 영역인 과학과, 언어 → 행동 → 언어라는 사유 과정의 외형을 정확하게 반영한 정식의 형태로 서술했다. 여기서 언어로 기록된 지식, 보편적 형식의 지식, '과학언어' 형식의 지식, 정식, 도식, 상징, 모든 종류의 모형, 청사진 등의 형식을 지닌 지식은 '언어'를 통해 이해된다.

실제로 헤겔 논리학의 비판적 정복은 긍정적인 모든 특성을 조심스럽게 보존하면서도 신비한 '순수 사유'나 '신적 개념'에 대한 숭배를 제거한 마르크스와 엥겔스에 의해 이뤄졌다. 헤겔 이래로 어떤 철학체계도 헤겔의 논리학을 '비판의 도구'로 사용한 적이 없었다. 왜냐하면 그 어떤 체계도 관념론의 환상을 유지시키는 객관적 조건에 대해 혁명적이고 비판적인 태도를 취하지 못했기 때문이다. 관념론의 환상을 유지시키는 객관적 조건은 바로 인간의 실질적이고 활동적인 능력이 대다수의 개인으로부터 소외돼 있는 상황이다. 다시 말해, 사회적 인간의 활동적 능력을 뜻하는 모든 보편적(사회적) 힘이 대다수의 개인으로부터 독립해 있으면서, 외적 필연성으로 그들을 지배하는 힘, 소수의 사회집단·계층·계급에 의해 독점돼 있는 힘으로 나타나는 상황을 말한다.

헤겔의 사고개념을 실질적이고 비판적으로 정복하는 유일한 길은 소외된 세계인 상품-자본의 세계에 대해 혁명적이고 비판적인 태도를 취하는 것이다. 이런 방법을 통해 '신비주의적 난센스', '신학의 유물' 등과 같이 아무것도 설명해 주지 못하는 모멸적 어구로 단순히 공격하는 것이 아니라, 헤겔 사고개념의 객관적·관념론적 환상을 실제로 설명할 수 있다.

8장
논리학의 주제로서의 사고에 관한 마르크스주의의 입장

헤겔 이후로는 오직 한 방향, 유물론의 길로 나아가는 것만이 진보를 가능하게 했다. 그것은 헤겔이 해명한 사고의 모든 변증법적 도식과 범주는 인간의 집단적 의식에 반영된 보편적 형식과 법칙, 즉 사고 외부에 독립적으로 존재하는 외적 세계의 발전에 관한 형식과 법칙이라는 사실을 명확하게 이해하는 일이었다. 마르크스와 엥겔스는 1840년대 초에 이미 헤겔 변증법을 유물론적으로 재정립하기 시작했다. 그리고 그들은 이렇게 유물론적으로 재정립된 변증법을 유물론적 세계관을 발전시키는 논리로 삼았다.

이와 같은 작업은 포이어바흐가 행한 논증의 직접적 계승으로 간주될 수 있다. 포이어바흐 철학의 용어로 그가 한 논증을 표현하면, 대충 다음과 같다. 자아나 이성, 나아가서 두뇌가 사고하는 것이 아니다. 인간은 자신의 두뇌를 통해 자연과 접촉하고 통일됨으로써 사고한다. 자연과의 통일로부터 분리되면 인간은 더는 사고하지 못한다. 포이어바흐의 논증은 여기서 그치고 있다.

그러나 마르크스는 포이어바흐의 논증을 이어받으면서 인간도 자연과 직접적 통일만 이뤄서는 사고할 수 없다고 단언했다. 인간은 오로지 사회와 통일을 이룰 때, 즉 인간의 정신적이고 물질적인 삶을 창출하는 사회적·역사적 집단과 통일을 이룰 때만 사고할 수 있다는 것이다. 인간육체로부터 분리된 두뇌가 사고할 수 없듯이, 인간이 자연과 접촉하는 터전이자 수단인 사회적 관계(즉 자연과 통일을 맺고 있는 인간 자신을 발견하게 하는 관계)망으로부터 분리되면, 인간은 사고할 수 없는 것이다.

따라서 인간사고의 본성의 문제, 관념적인 것의 문제는 논리의 발전과정을 추적함으로써 완전히 해명된다.

관념적인 것이란 외적 세계를 인간활동의 형식, 즉 인간의식과 의지의 형식으로 반영한 것으로 객관적 실재의 주관적 상을 말한다. 관념적인 것이란 개별적인 심리적 사실은 아니며 생리학적 사실은 더더욱 아니다. 그것은 사회역사적 사실로서 정신적 활동의 산물이며 형식이다. 또한 그것은 물질적이며 정신적인 삶의 사회적 생산 주체인 인간의 사회적 의식과 의지 속에 다양한 형태로 존재한다. 마르크스는 "관념적인 것이란 인간 두뇌 속으로 옮겨져서 번역된 물질적인 것에 지나지 않는다"고 썼다.[1]

철학사에서 관념적인 것에 대한 문제를 해결하고자 하는 모든 노력은 결국 유물론과 관념론이라고 하는 양극으로 귀착된다. 마르크스 이전의 유물론은 관념적인 것을 물질적인 것과 대립되는 것으로 해석하는 유심론적 입장이나 이원론적 입장을 정당하게 거부했으나, 관념적인 것을 한 물체가 다른 물체 속에 반영된 상, 즉 유기적으로 조직된 물질의 속성 내지 기능으로 이해했다. 관념적인 것의 본성에 관한 이런 유물론의 보편적 견해는 데모크리토스-스피노자-디드로-포이어바흐로 이어지는 일련의 유물론자들에 의해 다양하게 구체화됐으나 유물론 사상의 본질을 이루고 있으며, 더 나아가서는 마르크스·레닌주의적 문제 해결의 출발점을 이루게 된다.

마르크스 이전 유물론의 취약점은 프랑스 유물론자들(특히 카바니Cabanis와 라메트리) 사이에서 하나의 경향으로 나타났고, 그리고 그 뒤에 포이어바흐와 19세기 중엽의 소위 속류유물론(뷔히너 Büchner·포크트Vogt·몰레스홋Moleschott 등)에서 독자적 형태로 발전했다. 그 취약점은 인간 본성에 대한 이해가 비역사적이고 인간학적이며 자연주의적인 입장에 묶여 있었다는 것이며, 그리하여 관념적인 것을 두뇌의 물질적·신경생리학적 구조 및 그 기능과 동일시하는 결과를 가져왔다. 낡은 유물론은 인간을 자연의 한 부분으로 이해하는 데서 출발했으나 유물론을 역사에까지 적용하지는 못했다. 그래서 인간이 지닌 온갖 특성이 외적 세계와 함께 자기자신을 변형시키는 인간노동의 산물이라는 것을 이해할 수도 없었다. 그 때문에 관념적인 것을 사회적 인간의 감성적·대상적 활동인 노동의 산물이나 능동적 기능으로 이해하지 못했다. 다시 말해 관념적인 것을 수동적 관조의 결과로 발생하는 것이 아니라 사고하는 육체에서 발생하는 외적 세계에 대한 상으로 이해하지 못했을 뿐 아니라, 역사 발전과정에서 연속적으로 이어지는 세대들이 노동을 통해 자연을 변형시키는 형식이나 그 산물로 이해하지도 못했다. 그렇기 때문에 관념적인 것의 본성에 대한 이해에서 마르크스와 엥겔스가 수행한 중요한 유물론적 전환은 기본적으로 사고하는 인간이 자연에 대해 능동적으로 관계한다는 측면과 결부된다. 이것은 주로 플라톤·피히테·헤겔의 관념론, 레닌이 표현했듯이 '영리한' 관념론에 의해 부각된 측면인데,

그들은 이것을 단지 추상적·일면적으로, 즉 관념론적으로 강조했을 뿐이다.

전통적인 객관적 관념론 체계의 특성은 사회 문화의 총체 및 그 조직 형태를 개인들로부터 분리시켰으며, 더구나 사회적 생산관계 (정신적인 것과 물질적인 것을 포괄해서)의 보편적 산물을 개인과 대립시켜 개인의 의지나 정신을 지배하는 특수한 사회적 힘으로 전도해 버린 데 있다. 이 때문에 "노동분업 내에서 규정된 다양한 개인들의 협업을 통해 발생하는 저 사회적 힘, 즉 증대하는 사회적 생산력은 개인들에게는 그들의 단결된 힘으로 나타나지 않고, 오히려 그들 외부에 존재하는 소외된 힘으로 나타난다. 왜냐하면 그들의 협업이 계획적인 것이 아니라 자연 발생적이기 때문이다. 그래서 그들은 그 힘의 근원이나 목적을 알지 못하고, 조절할 수도 없다. 오히려 반대로 그 힘이 인간의 행동과 의지와는 독립적인 일련의 특수한 국면이나 단계를 거치면서 인간에 대해 최고의 지배자가 된다."[2] 개인들을 지배하는 사회 전체의 힘은 직접적으로 국가, 사회의 정치제도, 도덕적·윤리적 체계, 법률적 규제, 사회적 행위의 규범, 감성적·논리적 규준이나 기준 등등의 형태로 나타나서 작용한다. 개인은 어릴 때부터, 직접적으로 지각되는 개별적 사물이나 상황의 외적 현상 혹은 그 자신의 내재적 욕구·성향·필요보다는 사회적으로 표현되고 설정된 요구와 규제를 훨씬 더 고려한다. 사회 전체는 객관적 관념론의 '근본'원리에 의해 신비화된다.

관념론적 환상의 현실적 토대를 폭로하면서 마르크스와 엥겔스는 다음과 같이 썼다. "모든 개인이나 세대가 현실 속에서 주어진 어떤 것으로 이해하는 자본의 형태, 교환의 사회적 형태 등 생산력의 이런 총합이 바로 철학자들이 '실체' 혹은 '인간의 본질'로 생각하고

신성시하며 공격했던 것의 실질적 토대다."³

그러나 예외 없이 모든 보편적 관념들은 사고활동의 일반적 도식이나 인간이 전혀 손대지 않은 자연에 대한 수동적 관조 행위로부터 발생하는 것이 아니라, 인간이나 사회가 자연을 실천적으로 그리고 대상적으로 변형시키는 과정에서 형성되는 것이다. 보편적 관념들은 개인들의 목적의식을 사회적으로 규정하는 형식, 즉 현실적 활동의 형식으로서 발생하고 작용한다. 더구나 이런 관념들은 비록 그것들이 개인들의 활동을 통해 발생했다고 할지라도, 그들의 의식이나 의지와 독립해서 그리고 전혀 무의식적으로 정신문화의 체계로 구체화된다. 직관 속에서 보편적 관념들은 인간활동에 의해 창출된 사물들의 형식으로, 혹은 인간활동에 의해 자연적이고 물질적인 소재에 각인된 형태(모습)로, 혹은 외적 실체로 외화된 인간의 목적의식의 형식으로 나타난다.

인간은 자연이 이런저런 방식으로 사회적 노동과정에 포섭돼 능동적 인간 실천의 수단·조건·재료 등으로 변형되는 그만큼 자연과 관계한다. 더욱이 인간노동이 아직 실제로 아무런 변화를 가하지 못한 별이 반짝이는 천체조차도 그것이 시간과 공간의 탐구 수단, 사회적 인간 유기체의 생명활동을 위한 '도구'나 신체의 '기관' 그리고 자연시계·달력·컴퍼스 등으로 사회 내에서 변형될 때 인간의 관심을 끌고 사색의 대상이 된다. 자연적 소재의 보편적 형식이나 양식은 이런 소재가 '인간의 비유기적 신체'에 해당하는 문명이라는 객관적 신체의 소재로 변형되는 만큼 드러나고 실현된다. 따라서 '물자체'의 보편적 형식은 직접적으로 '비유기적 신체'의 기능을 하는 능동적 형식으로 인간에게 나타난다.

관념적인 것은 오직 외적 자연에 상응해 이뤄지는 사회적 인간(즉 대상적이고 물질적인 존재)의 **활동형식(양식·상)**으로서만 직접적으로 존재한다. 따라서 우리가 말하는 물질 체계는 바로 객관적 세계와의 통일 속에 있는 사회적 인간이며, 인간은 이 체계를 통해서만 자신의 특수한 생명활동을 실천할 수 있다. 관념적인 것은 결코 개인들의 두뇌 속에서 발견되는 물질로 환원되지 않는다. 그것은 **사회적 노동 활동의 주체인 인간의 특수한 기능**이고, 선행하는 발전과정에 의해 창출된 형식 속에서 완성된다.

사고하는 인간과 자연 자체 사이에는, 자연을 사고로 변형시키고 사고를 자연물로 변형시키는 매우 중요한 매개 고리가 있다. 이 매개 고리가 실천이며 노동이고 생산이다. 자연의 대상을 관찰과 사고의 대상으로 변형시키는 것은 생산(이 말의 가장 포괄적인 의미로)이다. "가장 단순한 '감각적 확신'의 대상조차도 사회적 발전, 산업, 상업적 교류를 통해서만 인간에게 주어진다."[4]

따라서 마르크스가 언급했듯이, 포이어바흐는 자연에 대한 관조(직관)의 관점에 머물렀고, "결코 감성적 세계를 그 세계를 구성하는 개인의 감성적 생명활동의 총체로서 파악하지 못했으며"[5] 그리고 그의 관조 대상이 인간의 공동 노동의 산물이라는 사실을 이해하지 못했다. 따라서 자연 자체에 대한 상을 포착해 내기 위해서는, '이해관계를 갖지 않는' 발달된 심미적 관조의 단순한 노력을 훨씬 뛰어넘는 강도 높은 노동과 노력이 요구된다.

직접적 관조(직관)에 주어지는 '자연 자체'의 객관적 특성은 인간의 변형 활동에 의해 자연에 각인된 특성이나 형식과 결부돼 있으며, 더욱이 자연적 소재의 순수 객관적인 모든 특성들은 사회적 인간의 주관적 활동의 과정과 결과로 획득된 상을 통해서 직관에 주어진다. 관조는 대상과 연관되는 것이 아니라, 대상을 변형시키는 대상적 활동(대상에 대한 활동) 및 이런 주관적(실천적) 활동의 결과와 직접적으로 연관돼 있다.

그러므로 자연의 순수 객관적 상은 관조를 통해 인간에게 주어지는 것이 아니라, 자신의 삶을 사회적으로 생산하는 인간의 활동, 즉 사회적 활동을 통해 주어지는 것이다. 사고는 자연 자체의 상을 그려 보고자 하는 목적을 설정했을 때, 이런 상황을 충분히 고려해야만 한다. 왜냐하면 자연의 '참된 상'을 변형시키는(변화시키면서 때로는 왜곡시키기도 하는) 그와 같은 활동만이 '주관적 왜곡'이 없는 왜곡되기 이전의 자연 자체의 모습을 드러낼 수 있기 때문이다.

결국 실천만이 관조에 주어진 대상의 특성 중에 어떤 것이 자연 자체라는 객관에 속하는 것인지 아니면 어떤 것이 인간의 변형 활동인 주관에 의해 자연에 유입된 것인지를 밝힐 수 있다.

따라서 "객관적 진리가 인간사고의 속성인가 아닌가 하는 문제는 이론적 문제가 아니라 실천적 문제다. 인간은 진리, 즉 실재와 힘, 사고의 현세성現世性을 실천으로 입증해야만 한다"고 마르크스는 포이어바흐에 관한 두 번째 테제에서 말하고 있다. "실천과 유리된 채로 사고의 실재 혹은 비실재를 논하는 것은 순전히 스콜라적인 문제다."[6]

이런 입장은 이제까지 철학자들이 직면했고, 여전히 직면하고 있는 여러 난점에 대한 해결책을 제시한다.

결코 심리학적 문제라고 볼 수 없는 소비와 생산의 관계를 취급하는 정치경제학의 문제를 분석할 때, 마르크스는 사고의 실재 혹은 비실재의 문제를 다음과 같이 정식화했다. 즉 "만약 생산이 소비의 외적 대상을 제공하는 것이 분명하다면, 마찬가지로 소비도 생산의 대상을 내적인 상·필요·충동·목적 등 관념적으로 정립시키는 것이 분명하다"[7] 그러나 마르크스가 밝혔듯이 소비는 생산의 내적 계기, 생산 자체일 뿐이다. 왜냐하면 생산은 외적 대상을 창출할 뿐 아니라 이 대상을 생산하고 재생산해 적절한 방식으로 소비할 수 있는 주체도 창출하기 때문이다. 바꿔 말하면 생산은 인간의 능동적 실천형식 자체를 창출하거나 혹은 일정 형태의 대상을 산출해 그것을 목적에 맞게 — 사회적 유기체 내에서 그것의 역할과 기능에 따라 — 사용할 수 있는 능력을 창출한다. 사회적 생산을 담당하는 인간의 능동적·현실적 능력의 형식 속에서 대상은 생산의 산물로서 인간활동의 내적인 상·욕구·충동·목적 등 관념적으로 존재한다.

따라서 관념적인 것은 인간 내부(즉 사물의 외부)에, 인간의 능동적 실천의 형식으로 존재하는 사물의 형식과 다름없다. 다시 말해서 관념적인 것은 **사회적으로 규정된 인간 존재의 활동형식**이다. 인간의 생물학적 본질을 포함하는 자연 자체에는 관념적인 것이 존재하지 않는다. 관념적인 것은 자연적이고 물질적인 인간육체 조직과 관련해 볼 때도 그와 무관한 특성을 지니고, 마찬가지로 감각적으로 지각되는 사물의 형식으로 실현되고 대상화되는 물질과 관련해서도 동일한 외적 특성을 지닌다. 따라서 도예가의 손에서 만들어지는 항아리의 형태는 점토의 부분을 이루는 것도 아니고, 혹은 도예가로서 기능하는 해부학적이고 생리학적인 선천적 신체조직의 부분을 이루는 것도 아니다. 인간이 자기가 만든 대상에 알맞도록 자신의 신체기관을 훈련시키고 사용하는 한에서만 인간은 자신의 활동과 부합하는 대상을 창출하는 사회적 인간활동의 능동적 형식의 담지자가 된다.

관념적인 것, 즉 사회적 인간활동의 능동적 형식이 대뇌피질의 신경세포 구조의 형태로 구체화되는, 오늘날 유행하는 말로 표현하자면 '프로그래밍'되는 것은 명백한 사실이다. 그러나 관념적인 것의 물질적 특성은 그 자체가 관념적인 것은 아니고, 다만 관념적인 것이 개별 유기체 속에서 표현된 형식일 뿐이다. 그 자체로 관념적인 것은 사회적으로 규정된 인간 삶의 활동형식으로서 그것은 삶의 활동대상·산물의 형식에 상응한다. 관념적인 것을 두뇌의 해부학적이고 생리학적인 속성에서 설명하는 것은 마치 노동 생산물의 형식인 화폐를 금의 물리화학적 특성으로 설명하는 것과 마찬가지로 어리석은 일이다. 이 경우에 유물론은 결코 관념적인 것을 두뇌 속에서 일어나는 물질적 과정과 동일시하지 않는다. 여기서 유물론은, 이런저런 형식으로 대상을 산출하는 사회적으로 규정된 인간활동의 형식을 취하는 관념적인 것이, 두뇌 속에서 발생하고 존재하는 것이 아니라 두뇌의 도움으로 사회적 생산을 수행하는 인간의 현실적·대상적 활동(사물에 대한 활동) 속에서 발생하고 존재하는 것으로 이해한다.

따라서 관념적인 것에 대한 과학적 규정은, 물질적이며 정신적인 사회적 삶의 사회적 생산에 고유한 '해부학과 생리학'을 유물론적으로 분석함으로써 획득되는 것이지 결코 개별적 육체 기관인 두뇌의 해부학과 생리학에 대한 유물론적 분석을 통해서 획득되는 것이 아니다. 마르크스가 말하는 "지각 가능하게 존재하는 인간심리학"이란[8] 끊임없이 새롭게 재생산 활동을 벌이는 인간노동이 만들어 낸 세계를 의미한다. 인간심리학이라는 '열린 책'을 이해하지 못하는 심리학은 현실적 과학일 수 없다. 마르크스가 관념적인 것을 "인간 두뇌 속으로 옮겨져서 번역된" 물질적인 것이라고 규정했을 때, 그는 두뇌를 자연과학적으로 이해한 것이 아니다. 그는 사회적으로 발전하는 인간 두뇌를 염두에 둔 것이다. 언어형식, 낱말 체계, 구문론적 체계로부터 시작해서 논리적 범주에까지 이르는 인간 두뇌 활동의 모든 형식은 사회적 발전의 산물들이고 형식들이다. 이런 형식으로 표현될 때에만, 외적이며 물질적인 것은 사회적 사실 혹은 사회적 인간의 속성인 관념적인 것으로 변형된다.

먼저, 관념적인 것으로 변형되는 물질적인 것은 언어로 표현되는 외적 사실과 일치한다. 이때 "언어는 사고의 직접적 현실태다"(마르크스). 그러나 언어 자체는 두뇌의 신경생리학적 구조와 마찬가지로 결코 관념적인 것이 아니다. 언어는 관념적인 것의 표현형식일 뿐이고, 관념적인 것이 물질적·객관적으로 존재하는 것이다. 사고(즉, 관념적인 것)를 언어(용어체계나 표현체계)와 동일시하는 신실증주의자들은 관념적인 것을 두뇌의 구조나 기능과 동일시하는 과학자들처럼 자연주의적 오류를 범하고 있다. 물질적인 것은 (1) 그것이 일반적으로 유의미한 언어형식(그림·도형·모형 등을 포함하는 가장 넓은 의미)으로 직접 표현될 때, (2) (단순히 언어의 물질적 형태로서 '발음'이나 '용어'로 변형되는 것이 아니라) 현실적 대상을 갖는 능동적 인간활동의 형식으로 변형될 때, 비로소 (단순히 개별 신체기관으로서의 두뇌 속에 옮겨져 있는 것이 아니라) 실제로 인간 두뇌 속에 옮겨져 있다고 말할 수 있다. 바꿔 말하면 낱말 혹은 그림이라는 언어에 의존해 대상을 능동적으로 재생산하는 능력이 창출됐을 때에만, 즉 낱말을 행위로 바꾸고 행위를 통해 낱말을 사물로 바꾸는 능력이 창출됐을 때에만 대상은 관념화된다.

스피노자는 이 점을 훌륭하게 이해하고 있었다. 그가 낱말로 표현되는 적합한 관념들을 실재 공간 속에서 특정한 낱말의 형식으로 재생산할 수 있는 능력과 결합시킨 것은 충분한 근거를 갖는 일이었다. 여기서 그는 물질의 본질을 표현하는 규정이라 할 수 있는 대상의 관념적 상을, 다소 우연적으로 선택된 대상의 속성이나 그 외적 징표를 고정하는 명목적이고 형식적인 정의와 구분했다. 예를 들면 하나의 원은 중점에서 원주까지 그은 선분의 길이가 동일한 도형으로 명목상 정의될 수 있다. 그러나 이런 정의는 원의 본질을 적절히 표현하는 것이 아니라 단지 원의 파생적이고 부차적인 어떤 속성을 표현할 뿐이다. 그러나 정의가 실제로 사물을 거의 만들어 낼 수 있는 근거를 제공하고 있을 때는 또 다른 문제다. 그 경우, 원은 한 끝이 고정돼 있고 다른 끝은 움직이는 선에 의해 그려진 도형으로 규정돼야 한다. 이런 정의는 실재 공간에서 사물을 제작할 수 있는 양식을 제공한다. 그리고 여기서 명목상의 정의는 관념 대상의 공간적 윤곽을 그려 나가는, 사고하는 육체의 실질적 행위와 더불어 발생한다. 이 경우에 우리는 말로 표현되는 기호만을 갖는 것이 아니라 사물에 대한 적절한 관념, 즉 관념적 상도 갖게 된다. 이것이 관념적인 것의 본성에 대한 유물론적 견해다. 말·언어에 의존해 또 대상에 대한 욕구와 창조 행위의 물질적 양식을 결합해 대상을 공간 속에서 재창조하는 능력이 있는 곳에 관념적인 것은 존재한다.

그래서 관념적인 것에 대한 규정은 특히 변증법적이다. 그것은 존재하는 것이면서도 동시에 존재하지 않는 것이다. 즉, 감각적으로 지각되는 외적 사물의 형식으로는 존재하지 않는 것이지만 동시에 인간의 능동적 능력으로서는 존재하는 것이다. 그것은 비존재인 존재이며, 외적 사물을 생성하는 주체의 활동이 이뤄지는 단계에서 내적인 상·욕구·충동·목적 등의 형태로 외적 사물에 실제로 존재하는 것이다. 그러므로 사물의 관념적 존재는 그 사물의 실재적 존재와 구별되고, 또한 육체적이고 물질적인 두뇌의 구조는 물론 자신을 주관 '내부에' 존재할 수 있도록 하는 언어와도 구별된다. 대상의 관념적 상은 그것이 외적 대상의 형식이라는 사실 때문에 두뇌의 구조나 언어와 원리적으로 구별된다. 또한 관념적 상은 그것이 자연이라는 외적 물질에서 직접적으로 대상화되는 것이 아니라, 인간의 유기적 신체에서 그리고 주관적 상을 담을 수 있는 언어에서 대상화된다는 사실 때문에 외적 대상 자체와도 구별된다. 결국 관념적인 것은 대상의 주관적 존재 혹은 대상의 '타자존재'다. 헤겔이 표현했듯이, 타자존재는 다른 대상을 통해서 하나의 대상이 존재하는 상황을 일컫는다.

인간의 사회적 활동의 형식인 관념적인 것은 자연을 인간활동의 대상과 노동의 대상으로, 나아가서 노동의 산물로 변형시키는 과정이 발생하는 곳에서 존재한다. 이 말을 달리 표현하면 관념적인 것은 다음과 같은 일련의 순환적 운동 속에 존재한다. 먼저, 노동과정에 포함되는 외적 사물의 형식은 대상적 활동의 주관적 형식 속에 자리 잡는다. 그리고 주관적 형식은 고등 신경 활동의 메커니즘이라는 형태로 주관 속에 객관적으로 기록된다. 그리고 여기서 다시 이런 형태변화의 역순이 나타나게 된다. 즉 언어로 표현되는 관념은 하나의 행위로 변형되고, 이런 행위를 통해 감각적으로 지각되는 외적 사물의 형식으로, 하나의 사물로 변형된다. 이렇게 반대되는 두 계열의 변화 과정은 완결된 순환과정을 형성한다. 즉 사물 → 행위 → 언어 → 행위 → 사물로 나타난다. 관념적 것, 사물의 관념적 상은 이렇게 끊임없이 새롭게 변화하는 순환적 운동 속에 존재한다.

관념적인 것은 기호로, 즉 감각적으로 지각되고 볼 수 있거나 들을 수 있는 외적 언어로 직접 구체화된다. 그러나 이런 언어는 그 자체로 머물면서 동시에 다른 어떤 존재임이 드러난다. 언어는 그 자체로 '관념적 존재' 혹은 눈이나 귀에 의해 직접 지각되는 물체의 형식과 완전히 구별되는 '의미'이다. 기호 혹은 이름이라고 할 수 있는 낱말은 기호로 나타낸 대상과는 아무런 공통점이 없다. '공통점'은 오로지 말을 행위로 변형시키고 그 행위를 통해 다시 말을 사물로 변형시키는 활동(다시 역순을 거치게 된다), 다시 말해서 실천과정과 실천의 산물을 지배하는 과정에서만 발견된다.

인간은 자신의 노동에 의해 스스로 창출한 형식을 통해서 자신의 현실적 삶을 능동적으로 산출할 때부터, 그리고 그런 한에서만 자기자신과 주위 세계에 대한 직접적 활동주체, 즉 인간으로서 존재한다. 주위 세계를 변형시키는 노동은 사회적으로 발전하고 사회적으로 설정된 형식으로 수행되기 때문에 사고와는 완전히 독립적으로 시작해 지속되는 과정이라고 할 수 있다. 바로 이런 노동의 독립적 과정을 통해 관념적인 것이 발생하며, 노동과정을 변형시키고 실재, 자연, 사회적 관계의 관념화가 완성되며, 외부세계의 관념적 상을 외적으로 구체화하는 기호언어가 생겨나는 것이다. 여기에 관념적인 것의 비밀이 있고, 동시에 그 해결책도 존재한다.

그 비밀의 본질과 함께 마르크스가 그 비밀을 해결했던 방법을 분명하게 이해하기 위해서, 현실을 관념화하거나 관념적인 것을 산출하는 행위의 가장 전형적인 경우에 해당하는 정치경제학의 가격현상을 분석해 보자. "상품의 가격 혹은 상품의 화폐형태는 상품의 가치형태 일반과 마찬가지로 손으로 만질 수 있는 실제의 물체형태와는 구별된다. 말하자면 그것은 관념적인 혹은 표상화된 상품의 형태일 뿐이다."[9] 우선 가격은 정신생리학적 현상이 아니라 객관적 범주라는 사실에 주목하자. 그러나 여전히 가격은 '관념적 형식'일 뿐이다. 바로 이것이 가격에 대한 마르크스의 유물론적 입장이다. 반대로 관념론은 가격이 단지 관념적 형식이므로 하나의 주관적·심적 현상으로 존재할 뿐이라고 주장한다. 이런 해석은 특히 철학자이며 경제학자인 버클리에 의해 제시됐다.

화폐에 대한 관념론적 입장을 비판하면서, 마르크스는 가격은 인간의 노동산물을 화폐, 가령 일정한 양의 금으로 표현한 가치라는 사실을 보여 주고 있다. 그러나 금 자체의 본질이 화폐는 아니다. 금은 특별한 사회적 기능, 즉 모든 상품의 가치척도의 기능을 수행하고, 더욱이 생산과정과 생산물의 교환 과정에 참여하는 사람들 사이의 사회적 관계체계에서 그 기능을 수행하기 때문에 화폐로 된다. 바로 이것은 가격 형식의 관념성이기도 하다. 금은 유통과정에서 그 자체로 남아 있음에도 불구하고 특정한 '다른 것'의 직접적 존재형식이고 운동형식이다. 그리고 금은 상품-화폐의 유통과정에서 '다른 것'을 대변하거나 대체한다. 즉, 금은 '다른 것'의 변형태다. "가격으로서의 상품은 한편으로는 그 외부에 존재하는 화폐와 관계하고, 다른 한편 상품은 화폐 자체로서 관념적으로 정립된다. 왜냐하면 화폐는 상품과 다른 실재성을 지니고 있기 때문이다. … 실재적 화폐와 더불어, 이제 관념적으로 정립된 화폐로서의 상품이 존재한다."[10] "화폐가 현실 속에서 상품으로서 정립된 후에, 상품은 정신 속에서 화폐로 정립된다."[11]

관념적인 것을 정립하는 것, 혹은 실재의 생산품을 다른 생산품의 관념적 상으로 정립하는 것은 상품의 대량 유통과정에서 이뤄진다. 관념적인 것의 정립은 유통과정 내에서 점차 성장하는 모순을 해결하는 수단으로 발생하고, 나아가서 유통과정 내에서(비록 두뇌의 도움을 받지만 두뇌 내에서가 아니라) 상품유통에 내재해 있는 욕구를 충족시키는 수단으로 발생한다. 그런 욕구는 상품형태로는 해결할 수 없는 모순 때문에 나타난다. 따라서 그 욕구는 같은 종류의 상품들로부터 '방출돼' 사회적으로 필요한 노동 지출의 사회적 표준으로 전화된 하나의 상품에 의해 충족되고 해결된다. 마르크스가 언급했듯이 "문제는 그 해결의 수단과 동시에 발생하는 법이다."[12]

실제적 교환에서, 화폐가 나타나기 이전에(즉 금이 화폐로 전화하기 이전에) 이미 다음과 같은 상황이 조성된다. 즉 "수많은 상품 소유자들의 갖가지 상품이 동일한 제3의 상품과 교환되거나 여러 가치로 등치되지 않고서는, 상품 소유자들이 자신의 물품을 다른 여러 물품과 등치시켜 교환하는 교역은 결코 일어나지 않는다. 이 제3의 상품은 비록 좁은 한계 안에서지만 직접적으로 일반적인 혹은 사회적인 등가형태를 취한다."[13] 따라서 제3의 상품의 교환가치를 통해 두 상품의 상호 교환관계를 표현할 수 있는 가능성과 필연성이 발생한다. 이때 제3의 상품은 실제의 교환관계에 직접적으로 들어가지 않고 단지 실제로 교환되는 상품의 일반적 가치척도로서 기능한다. 그리고 이 '제3의 상품'은 비록 구체적으로 교환관계에 들어가지는 않지만 교환 행위 속에 똑같이 포함돼 있다. 왜냐하면 그것은 관념, 상품 소유자의 정신·언어·종이 등에 관념적으로 존재하기 때문이다. 그러나 이 제3의 상품은 정확히 말하면 사람들이 맺는 사회적 관계의 상징으로 변형된다.

가치와 가치형태를 순수상징·관계들의 이름·협약이나 법률로 제도화된 기호 체계로 환원시켜 버리는 모든 화폐 이론과 가치 이론은 앞서 언급한 상황과 연관돼 있다. 그 기원과 구조의 논리를 볼 때 그런 이론들은 관념적인 것을 사회적 인간의 대상적·실천적 활동과정으로부터 나온 것으로 이해하지 않고, 관념적인 것이 언어(용어나 진술)로 표현된 형식을 협약적 현상 ― 하지만 이 현상의 배후에는 가령 신실증주의자들의 '경험', 실존주의자들의 '실존' 혹은 후설Husserl의 직관적으로 파악되는 비물질적이고 신비적인 '형상적 존재' 등 신비적이고 파악하기 힘든 어떤 것이 가로놓여 있다 — 이라고 주장하는 철학자나 논리학자와 유기적 연관을 맺고 있다. 마르크스는 관념적인 것에 대한 그런 이론, 즉 관념적인 것을 비물질적 관계들에 대한 기호나 상징으로 환원하는 이론의 천박성을 단호하게 폭로했다. "상품이 가격 형식으로서 단지 명목상으로만 금으로 전화되고, 다시 금은 명목상으로 화폐로 전화된다는 사실은 **화폐의 명목적 표준** 이론에서 결과한다. 그리하여 관념상의 금이나 은, 즉 단지 계산을 위한 화폐로서의 금이나 은이 가격 결정에 사용되기 때문에 파운드·실링·펜스·달러·프랑 등은 금이나 은의 무게 혹은 물질화된 노동의 어떤 형식을 표시하는 것이 아니라 가치의 관념적 부분을 표시한다고 주장된다."[14] 더 나아가 상품 가격은 단순히 관계나 비율을 나타내는 말, 순수 기호로 생각됐다.

따라서 객관적 경제 현상은 단순한 상징들로 변형된다. 흄이나 버클리의 해석에 따르면, 그 상징들의 배후에는 그 실체인 의지나 혹은 개별적 자아의 '내적 경험'인 표상이 숨겨져 있다. 논리학에 종사하는 현대의 관념론자들은 꼭 같은 방식으로 말이나 진술(대상에 대한 관념적 상의 언어적 포장)을 관계들의 단순한 이름으로 바꿔버리기 때문에, 고립적 개인의 '경험'은 기호화하는 언어활동에 의해 그와 같은 이름으로 정립된다. 논리적 관계는 단순히 무엇과 무엇의 연결인지 알 수 없는 그런 연결들의 이름으로 변형된다.

상품이 금으로, 금이 사회관계의 상징으로 관념적 변형을 보인 것은 시간적으로도 본질적으로도 상품이 화폐, 즉 경화硬貨로 전화하기 이전에 발생했다는 사실이 특히 강조돼야 한다. 금은 그것이 유통과정의 매개물이 되기 이전에 상품 가치의 척도가 되며, 그럼으로써 최초의 화폐로서 순전히 관념적으로 기능했다. "화폐는 개인의 두뇌뿐 아니라 사회적 통념(직접적으로는 구매 과정에 참여한 사람들에 의해 유지되는 통념) 속에서 이미 **관념상** 화폐로 변형돼 버린 그런 상품만을 유통시킬 뿐이다."[15]

이것이 가격 현상, 관념적인 것의 문제, 실재 일반을 관념화하는 문제 등에 대한 마르크스 입장의 근본 핵심이다. 사실 교환 행위는 항상 사물을 매개로 사람들 사이에 이미 형성된 관계체계를 정착시킨다. 이 점은 감각적으로 지각 가능한 사물들 가운데 다음과 같은 사물에서 잘 표현되고 있다. 즉, 관계체계 내에서 감각적으로 지각 가능한 고립적 물체로서 존재하면서도 다른 모든 **물체**의 대변자 역할을 하는 물체(감각적으로 지각되면서도 관념적 상을 담고 있는 물체)로 변형된 사물이 그것이다. 바꿔 말하면 이런 사물은 다른 **사물**의 외적 구현체로서, 감각적으로 지각되는 다른 사물의 상이 아니라 관계체계 내의 상황을 분석할 수 있게 만드는 다른 사물의 존재법칙, 즉 본질이다. 그래서 이런 특정 사물은 언제나 직접적으로 지각되는 그것의 상 외부에, 말하자면 감각적으로 지각되는 다른 사물들 속에 깃들게 되는 상징이나 의미로 변형되며, 그런 상징이나 의미는 그것이 다른 사물들과 맺는 그리고 역으로 다른 사물들이 그것과 맺는 전체 관계체계를 통해서만 드러난다. 그러나 이 사물은 그런 체계로부터 실제로 분리되면 자신의 역할인 상징으로서의 의미를 상실하게 되고, 그리고 다시 다른 사물들과 마찬가지로 감각적으로 지각되는 일상적 사물로 변형된다.

결국 사물이 상징으로 존재하고 기능하는 속성은 그 사물 자체에 속하는 것이 아니라, 단지 그런 속성을 부여하는 체계에 속하는 것이다. 그러므로 그 사물에 부착된 자연적 속성은 사물이 상징으로 존재하는 속성과는 아무런 관계가 없다. 감각적으로 지각되는 물질적 사물의 겉모습 혹은 상징'체'(상징으로 변형된 물체)는 상징으로서의 그 사물의 존재에 대해 전혀 비본질적인 것이고 일시적인 것이다. 마르크스가 표현했듯이 한 사물의 "기능적 존재는 그 물질적 존재를 완전히 흡수한다."[16] 더욱이 사물의 물질적 존재는 그 기능에 종속된다. 결국 상징은 하나의 징표token, 즉 그 자체로는 아무것도 의미하지 않으면서, 자신과 아무런 공통점이 없는 다른 대상을 표현하는 대상(사물 자체를 나타내는 사물의 이름처럼)으로 전화한다. 사물이 상징으로 전화하고 상징이 표시체로 전화하는 변증법은 《자본론》에서 화폐가 가치로부터 유래해 발전해 나가는 예를 통해 제시되고 있다.

상징의 기능적 존재는 정확히 말해서 자기자신을 나타내는 것이 아니라 다른 사물을 나타내며, 또한 감각적으로 지각되는 다른 사물들의 본질, 즉 사회적이며 인간적인 그 사물들의 보편적 의미 그리고 사회조직 내에서 그 사물들의 역할과 기능을 나타낸다. 다른 말로 하자면 상징의 기능은 그것이 바로 외적 사물의 관념적 상을 구현하는 존재이며 혹은 그 사물의 존재법칙이고 보편법칙이리는 데 있다. 사회적 인간과 자연 사이의 실질적 물질대사로부터 분리된 상징은 일반적으로 관념적 상의 물체적 외양, 즉 상징이기를 중단하는 것이다. '영혼'이 육체로부터 떨어져 나간 것이다. 왜냐하면 실제로 그 영혼은 인간화된 자연과 있는 그대로의 자연 사이의 물질대사에 영향을 미치는 사회적 인간의 객관적 활동이기 때문이다.

관념적 상 없이는 인간은 자연과의 물질대사를 수행할 수 없으며, 개인은 사회적 생산과정에 편입된 사물을 조작할 수 없다. 그러나 관념적 상은 자신의 실현을 위해서 언어를 포함한 현실적 소재를 요한다. 그러므로 노동은 언어에 대한 필요를 야기시키고, 그리고 언어

자체를 산출한다.

인간이 상징이나 징표에 의존하고 있는 대상이 아니라 상징이나 징표를 조작할 때, 인간은 관념적 수준에서 활동하는 것이 아니라 언어적 수준에서 활동하는 것이다. 그리고 개인들은 종종 말을 통해서 사물의 실재적 본질을 이해하지 않고, 단지 말 자체의 관습적 의미를 이해하며 또한 상징과 감각적으로 지각되는 상징체를 이해한다. 이 경우 언어적 상징은 실제적 활동의 수단에서 물신적인 것으로 변형돼, 상징체로부터 그 상징이 나타내고 있는 실재를 차단해버린다. 이때 사람들은 관념적 상의 형식으로 표현된 보편법칙에 따라 외적 세계를 이해하거나 변화시키는 대신 단지 말로 나타난 술어적 표현들을 이해하고 변화시키며, 이렇게 하는 동안 그들은 세계 자체를 변화시킨다고 생각한다.

관념적인 것의 언어적 존재에 대한 물신숭배는 쇠퇴기의 헤겔좌파 철학의 특징이었으며, 마르크스와 엥겔스가 그 당시 주목한 것이기도 했다. 관념적인 것의 언어적 존재에 대한 물신숭배는 물론, 그런 물신숭배가 반영하는 사회적 관계체계의 물신숭배는 관념적인 것이 인간의 대상적이며 실천적인 활동을 통해 생겨나고 재생산되며 그리고 그런 과정에서만 존재한다는 사실을 이해하지 못한 모든 철학의 절대적이고 필연적인 종말이다. 요컨대 관념적인 것이 인간의 실천 활동을 통해 생겨난다는 입장을 정면으로 부정하게 되면, 외적 세계와 상징론에 대한 이런저런 형태의 물신숭배가 발전한다.

관념적인 것의 언어적·상징적 존재에 대한 어떤 형태의 물신화도 관념적인 것 자체를 포함하지 못한다는 것은 흥미롭다. 물신숭배는 인간활동 자체를 표현하지 못하고 인간활동의 결과를 표현한다. 그래서 물신화는 관념적인 것 자체를 포함하지 못하고 관념적인 것이 외적 대상이나 혹은 언어로 외화된 것, 즉 응결된 산물만을 포함한다. 인간활동의 형식인 관념적인 것은 단지 인간활동 속에만 존재하는 것이지, 그 결과물 속에 존재하는 것이 아니라는 사실은 전혀 놀라운 일이 아니다. 왜냐하면 활동은 감각적으로 지각되는 사물의 존재형식에 대한 끊임없는 부정이며, 그 사물을 새로운 형식으로 변형·정립시키는 것이기 때문이다. 따라서 이런 인간의 활동은 관념적 형식으로 표현되는 일반적 양식에 따라서 발생한다. 하나의 대상이 산출됐을 때, 그 대상에 대한 사회의 욕구는 충족된다. 말하자면 인간의 활동은 그 산물 속으로 사라지고, 따라서 관념적인 것 자체도 소멸한다.

예를 들어 빵의 관념적 상은 배고픈 사람이나 빵을 굽는 사람의 상상 속에서 떠오를 수 있다. 집 짓는 일에 종사하는 배부른 사람의 두뇌 속에는 관념적 빵이 떠오르지 않는다. 그러나 사회를 관념적 빵 전체, 늘 존재하는 관념적 집들, 나아가서 물질적 삶을 생산·재생산하는 과정과 관련된 모든 관념적 대상으로 간주해 보자. 그렇게 되면, 인간이 실제로 직접 생산하거나 재생산하거나 소비하는 자연의 부분들만이 인간 내에서 관념화되는 것이 아니라 모든 자연이 관념화될 것이다. 인간 생명활동의 현실적 대상을 끊임없이 재관념화하지 않고서는, 대상을 관념적인 것으로 변형시켜 기호화하지 않고서는, 인간은 일반적으로 사회적 생산의 능동적 주체일 수 없다.

관념적인 것은 인간노동의 형식과 그 산물로 나타난다. 다시 말해서 관념적인 것은 자연적 소재와 인간에 의해 성취된 사회적 관계를 목적의식적으로 변형시키는 형식이나 그 산물로 나타난다. 관념적인 것은 선행하는 인류의 발전에 의해 주어진 형식에 따라 활동하는 개인이 존재하는 곳에서만 발생한다. 인간은 관념적 수준에서 활동하기 때문에 동물과 구별된다. "그러나 가장 형편없는 건축가라 할지라도 가장 훌륭한 꿀벌보다 뛰어난 까닭은 그가 밀랍으로 집을 짓기 전에 미리 머릿속에서 집을 짓기 때문이다. 노동과정의 끝에 가서 나타나는 결과는 노동을 시작할 때 이미 노동하는 자의 생각 속에, 즉 관념적으로 있었던 것이다."[17]

만약 두뇌가 자연주의적으로, 즉 개별적 육체의 물질적 기관으로 이해된다면, 건축가와 벌꿀 사이에는 원리적으로 아무런 차이도 없다는 사실을 다시 한 번 주목해 볼 필요가 있다. 꿀벌이 짓는 밀랍으로 된 벌집도 꿀벌의 중추신경에서 계획된 곤충의 활동 유형으로 사전에 존재한다. 이런 의미에서 꿀벌의 활동의 산물은 실제로 그 활동이 수행되기 이전에 '관념적으로' 주어져 있다. 그러나 곤충의 활동 유형은 그 자체로 내재적이고, 해부학적 신체조직과 더불어 유전된다. 활동산물의 관념적 존재로 나타낼 수 있는 활동형식은 활동산물이 과연 참된 산물인지를 고려하지 않는다면 동물의 신체와 결코 구별되지 않는다. 인간활동과 동물활동의 근본적 차이점은 인간활동의 어떤 형식이나 능력도 해부학적 신체조직과 함께 유전되지 않는다는 데 있다. 인간의 모든 활동형식(능동적 형식)은 오직 인간이 자신을 위해 만들어 낸 모든 대상형식으로 이전된다. 그러므로 인간적으로 규정된 활동형식(활동대상과 산물의 관념적 상)에 대한 개인적 지배는 자연의 객관적 변형(자연을 대상으로 구체화하는 것)과 일치하지 않는 특별한 과정으로 변형된다. 결국 인간의 활동형식 자체는 특별한 대상, 즉 특별한 활동의 대상으로 변형된다.

위처럼 관념적인 것이 인간의 활동형식으로 규정될 때, 이 규정은 엄밀히 말해서 불완전하다. 이 규정은 관념적인 것을 단지 객관적 조건이 붙은 그 내용에 따라 특징짓는다. 그러나 관념적인 것은

인간이 외적 대상의 형식에 상응하는 활동형식 자체를 특별한 대상
— 인간이 실재하는 대상을 만지거나 일정 정도 변화시키지 않고서
도 다룰 수 있는 — 으로 변형하는 곳에서만 존재한다. 인간은 자기
삶의 활동형식에 '매몰'되지 않는 유일한 존재다. 인간은 자신의 활
동형식을 자신으로부터 분리시켜 그 형식에 주의를 기울임으로써
그것을 관념으로 변형시킨다. 외적 사물이 인간의 활동과정과 그 최
종적 산물(관념)에 포함될 때만 외적 사물 일반이 인간에게 주어지
기 때문에 사물의 상은 그 사물을 작동시키는 활동의 상과 언제나
결합돼 있다.

　이것은 사물과 관념 혹은 실재적인 것과 관념적인 것을 동일시하
는 인식론적 토대를 이루며, 모든 종류의 관념론의 인식론적 근원을
이룬다. 활동형식이 대상화됐을 때, 활동형식을 사물의 형식으로 간
주할 수도 있고 역으로 사물의 형식을 주관적 활동의 산물이나 형
식(관념적인 것)으로 간주할 수도 있기 때문에 대상화가 이뤄졌다고
해서 관념론이 생겨나는 것은 아니다. 현실적으로 대상화가 이뤄진
상황은 일정한 사회적 조건이 주어지면, 좀 더 구체적으로 말해 자
연 발생적 노동분업이 이뤄지면 이런저런 관념론 혹은 물신숭배로
변형될 뿐이다. 이런 노동분업 아래서는 활동형식은 개인으로부터
독립해 있으면서 개인이 파악할 수 없는 사회적 과정에 의해 개인에
게 강제로 부여된다. 상품생산에 특징적인 인간활동의 사회적 형식
(상품 물신숭배)의 대상화(물화)는 신들의 관념 속에서 나타나는 활
동적 인간 능력의 종교적 소외와 아주 유사하다. 이런 유사성은 관
념적인 것의 본성을 파악하는 객관적 관념론의 한계를 보면 더욱
분명하게 이해된다. 그래서 헤겔좌파였던 당시 청년 마르크스는 고
대의 모든 신들이 '실재'하듯이 화폐가 실재하고 있다는 사실에 주

목했다. "고대의 몰록이* 통치하지 않았던가? 그리스인의 삶 속에서 델포이 신전의 아폴론이 현실적 힘을 갖고 있지 않았던가? 칸트의 비판은 이런 측면에서 아무런 의미를 지니지 못한다. 만약 누군가가 100탈러를** 갖고 있다고 상상한다면, 그가 이런 상상을 임의적이며 주관적인 것이라고 여기지 않고 그것을 믿는다면, 그때 이 상상의 100탈러는 그에게 실재의 100탈러와 동일한 가치를 갖는다. … 실재의 탈러는 상상의 신이 갖는 것과 같은 존재의 성질을 지닌다. 실재의 탈러가 오직 인간의 일반적이거나 공통된 상상 속에서만 존재한다면, 실재의 탈러는 이 상상 말고는 달리 존재할 곳이 있겠는가?"[18]

하지만 마르크스가 헤겔좌파를 벗어난 이후에야 비로소 이런 유추의 참된 본성이 자연·화폐·종교의 표상들에 대한 유물론적 입장의 토대 위에서 명백히 드러났다. 상품 물신숭배와 종교적 소외의 '유사성'은 인간의 사회적 관념들과 인간의 실제적 활동·실천형식들 사이의 현실적 연관관계, 요컨대 관념적 상(개념)의 능동적 역할에 근거하고 있다. 인간은 자신의 활동형식(외적 세계에 대한 관념적 상)을 사물 자체에 손대지 않고서도 일정 정도까지 변화시킬 수 있다. 왜냐하면 인간은 관념적 상을 자기자신으로부터 분리시켜 대상화함으로써 자기 외부에 존재하는 대상처럼 그것을 다룰 수 있기 때문이다. 마르크스가 인용한 건축가의 예를 다시 한 번 생각해 보자. 건축가는 단순히 그의 머릿속에서만 집을 짓는 것이 아니라 그의 머리를 매개로 해서 용지나 화판 위에 관념적으로 집을 그려 본

---

*   Moloch. 셈족의 신.

**   taler. 독일의 옛 은화.

다. 그래서 그는 자신의 내적 상태를 변화시켜 그것을 외화시킴으로써 자기자신으로부터 분리돼 있는 대상처럼 취급한다. 건축가는 자신의 내적 상태를 변화시킴으로써 실재하는 집을 가능적으로, 즉 관념적으로 변화시키는 것이다. 이것은 그가 또 다른 대상을 변화시키는 것이 아니라 감각적으로 지각된 하나의 동일한 대상을 변화시키는 것을 의미한다.

바꿔 말하면, 대상의 관념적 상을 변화시키는 표상 활동은 감각적으로 지각된 대상의 상을 변형시키는 감상적·대상적 활동이기도 하다. 여기서 변화되는 사물은 특수한 것으로, 대상화된 관념 혹은 하나의 사물로 간주되는 인간의 활동형식이다. 이와 같은 상황은 물질적 활동과 이론적 활동 사이의 근본적 차이, 즉 철학적·인식론적 차이를 불분명하게 만들 수 있다. 이론가의 이론적 활동은 관념적 상이 언어기호로 대상화된 것만을 변경시키는 활동에 불과하다.

사람들은 활동의 순수한 형식인 관념적인 것 자체를 다른 사람에게 전달할 수 없다. 화가나 기술자의 행동양식(활동형식)을 포착하려고 하는 경우는 마음껏 그들의 활동을 관찰할 수 있다. 그러나 그렇게 해서는 그들이 행하는 작업의 외적 기술이나 방법만을 모방할 수 있을 뿐 결코 관념적 상 자체 혹은 능동적 능력 자체를 모방할 수는 없다. 주관적 활동의 형식인 관념적인 것은 그 활동의 대상이나 산물에 대한 능동적 조작을 통해, 즉 사물의 대상적 형식과 그 대상성의 농동적 제거를 통해 지배될 수 있다. 그러므로 객관적 실재에 대한 관념적 상은 대상형식과 결부된 살아 움직이는 활동의 형식(양식 혹은 상)으로서만 존재하는 것이지 결코 사물로서 혹은 물질적으로 고정된 상태나 구조로서 존재하는 것이 아니다.

관념적인 것은 개개인에 의해 실현된 인간적 활동의 보편적 형식들의 연쇄와 다름없다. 이때 보편적 형식들은 목적과 법칙에 따라 행위하는 개인의 의지와 경향을 규정한다. 관념적 상의 개별적 실현이 관념적 상의 이런저런 편향이나 그 구체적 형태와 언제나 연관돼 있다는 것은 두말할 나위가 없다. 요컨대 관념적 상의 개별적 실현은 새로운 사회적 필요나 물질적 소유 등과 같은 특수한 조건에 따라 관념적 상을 교정하는 것과 연관돼 있다. 그렇기 때문에 이런 개별적 실현은 관념적 상을 아직 관념화되지 않은 실재적 현실과 의식적으로 상호 연관시키는 능력을 부여한다. 이 경우에 관념적인 것은 개인에게 특수한 대상, 그의 활동의 필요(요구)에 따라 목적의식적으로 변경시킬 수 있는 대상으로서 기능한다. 반대로 개개인이 관념적 상을 근원적으로 이해하지 않고 조작의 엄격한 유형과 순서 등 형식적으로만 숙달한 후 아직 관념화되지 않은 실재하는 현실과 연관을 맺게 될 경우, 그는 자신과 구별되는 특수한 대상이라 할 수 있는 관념적 상에 대해 비판적 태도를 취할 수 없다. 그러면 그는 관념적 상과 결합하지만 관념적 상을 실재와 연관돼 있는 것으로 취급하지 못하고 결국 그것을 변화시킬 수도 없게 된다. 엄밀히 말해 이와 같은 경우는 개인이 관념적 상을 조작하는 것이 아니라 오히려 독단화된 상이 개인 속에서 개인을 통해서 활동하는 것이라고 말할 수 있다. 그렇게 되면 관념적 상이 개인의 실질적 기능을 하는 것이 아니라, 반대로 개인이 관념적 상의 역할을 한다. 그리하여 관념적 상은 외적으로 주어진 형식적 도식, 소외된 상, 물신적인 것, 어디선가 불시에 나타난 논증할 수 없는 규칙체계로서 개인의 의지와 정신을 지배한다. 관념적인 것의 본성에 대한 관념론적 입장은 바로 이와 같은 의식에 걸맞다.

이와 반대로, 유물론적 입장은 공산주의 사회에 살고 있는 사람들에게는 당연한 것으로 여겨질 것이다. 왜냐하면 공산주의 사회의 문화는 외부로부터 주어진 소외되고 독립적인 어떤 것으로서 개인과 대립하는 것이 아니라 오히려 개인의 참다운 활동형식이 될 것이기 때문이다. 마르크스가 보여 줬듯이 공산주의 사회에서는 문화의 모든 형식이 오로지 인간 스스로의 활동형식이 될 것이라는 점은 너무도 분명하다. 부르주아 사회의 조건에서는 이런 현상은 그런 조건 아래서 어쩔 수 없이 나타난 환상을 제거하는 이론적 분석을 통해서만 해명될 수 있을 뿐이다. "생산물 등과 같이 고정된 형식을 지니고 있는 모든 것은 자신의 운동에서 단순한 계기, 즉 소멸하는 계기로 나타난다. … 이 과정의 조건과 대상화 자체는 똑같이 그 과정의 계기이며, 그리고 그 과정의 유일한 주체는 개인들, 다시 말해서 그 개인들이 새롭게 생산하고 재생산하는 상호관계 속에 있는 개인들이다. 그 고유한 운동의 지속적 과정에서 그들은 자신들이 창조하는 풍부한 세계를 끊임없이 새롭게 하듯이 그들 스스로도 새롭게 한다."[19]

물론 사고에 대한 일관된 유물론적 입장은 논리학의 핵심적 문제들에 접근하는 방법, 특히 논리적 범주를 해석하는 방법을 변화시켰다. 마르크스와 엥겔스는 무엇보다도 외적 세계가 단순히 관조에만 빠져 있는 개인에게 주어지는 것이 아니라 인간이 외적 세계를 변형시키는 과정에 참여하는 개인에게만 주어지는 것이라는 사실을 확립했다. 즉, 관조하는 인간 자신은 물론 관조되는 세계도 역사의 산물이다.

따라서 사고의 형식인 범주는 비역사적이고 감각적인 것들에서 단순히 추상된 형식으로 이해돼서는 안 되고, 무엇보다도 의식 속에 반영된 사회적 인간의 감성적·대상적 활동의 보편적 형식으로 이해돼야 한다. 논리적 형식에 상응하는 객관적 실재는 단순히 개인에 의해 사색된 대상의 추상적·일반적 윤곽에서 이해되는 것이 아니라, 자신의 목적에 따라 자연을 변형시키는 인간의 현실적 활동형식에서 이해된다.

"인간사고의 가장 본질적이고 직접적인 토대는 단순히 자연 그 자체가 아니라 인간에 의해 변형되는 자연이다. 그리고 인간지성의 진보는 자연을 변화시킬 줄 아는 인간의 능력과 동일한 것이다."[20] 여기서 사고의 주체는 사회적 관계 속에 있는 개인, 사회적으로 규정되는 개인이다. 그리고 개인의 모든 삶의 활동형식은 자연에 의해 주어지는 것이 아니라 역사와 인간 문화의 형성과정에서 주어지는 것이다.

인간의 활동형식(그리고 이 활동형식을 반영하는 사고형식)은 결국 개인의 의지와 의식과는 독립적인 역사적 과정에서 형성된다. 그리고 그런 형식은 역사적으로 발전된 문화 체계의 형식으로 개인과 맞서 있다. 그러나 이런 문화 체계는 결코 심리학의 법칙에 따라 발전하는 것은 아니다. 왜냐하면 사회적 의식의 발전은 심적 과정의 단순한 산술적 총합이 아니라 일반적으로 사회의 물질적 삶의 발전법칙에 의해 지배되는 특수한 과정이기 때문이다. 이런 법칙은 개인의 의식과 의지에 의존하는 것이 아니라, 반대로 개인의 의식과 의지를 능동적으로 규정한다. 고립된 개인은 혼자 힘으로는 인간활동의 보편적 형식을 발전시키지 못하며, 비록 그가 그 어떤 추상의 위력을 소유하고 있다 할지라도 그렇게 할 수 없다. 오히려 개개인은 인간이 문화를 스스로 이룩하는 과정에서 만들어 낸 기존의 보편적 형식에 동화된다.

그러므로 인간 두뇌 속에서 일어나는 외적 세계의 반영 활동에 대한 심리학적 분석은 논리학을 발전시키는 수단이 될 수 없다. 개개인은 자기자신에 앞서 독립해 있는 역사적으로 형성된 일반적(논리적) 규정들에 이미 숙달해 있는 경우에만 사고한다. 그리고 하나의 과학으로서 심리학은 인간의 문화나 문명을 개인과 독립해 있는 전제로 간주하기 때문에 그 발전과정을 탐구하지 않는다.

헤겔은 이런 사실을 관념론의 입장으로 설명한 반면에, 마르크스와 엥겔스는 논리적 정의와 법칙의 실질적(객관적) 전형들을 사회적 인간의 대상적 활동에 대한 구체적이고 보편적인 형식과 법칙에서 고찰함으로써 활동 자체를 주관주의적으로 해석할 수 있는 가능성을 단호히 배제했다. 인간은 외부로부터 자연에 작용을 가하는 것이 아니라 "하나의 자연력으로서 자연과 대립하기"[21] 때문에 인간의 대상적 활동은 매 단계마다 객관적 자연법칙과 연관돼 있으며, 또 그 법칙에 의해 매개돼 있다. "인간은 사물들의 역학적·물리학적·화학적 속성을 다른 사물을 지배하는 힘의 수단으로 사용하고 그럼으로써 다른 사물을 자신의 목적에 도움이 되게 한다. … 결국 자연은 인간활동의 수단, 즉 그의 신체적 기관에 덧붙여 스스로의 자연적 체구를 늘이는 하나의 수단이 된다."[22] 관념론이 이성이 인간 내에서 작용한 결과라고 잘못 이해하고 있는 인간활동의 보편성의 비밀은 바로 여기에 있다. "인간의 보편성은 자연 전체를 자신의 비유기적 신체로 만드는 보편성에서 실천적으로 나타난다. 바로 이런 점에서 자연은 (1) 인간의 직접적 생활 수단이기도 하고, (2) 인간의 생명활동의 재료·대상·도구이기도 하다. 자연은 인간의 비유기적 신체다. 말하자면 자연 그 자체는 인간의 신체가 아닌 한에서만 자연이다."[23]

그러므로 인간활동의 법칙은 특히 '인간의 비유기적 신체', 즉 문명이라는 객관적(물질적) 신체를 구성하는 자연적 소재의 법칙이다. 다시 말해 자연적 대상의 운동과 변화의 법칙이다. 또한 인간의 기관으로 변형되고 사회의 물질적 삶을 생산하는 과정의 계기로 변형되는 법칙이기도 하다.

노동(생산)을 할 때 인간은 하나의 자연적 대상이 그 속성과 존재의 법칙에 따라 다른 대상에 작용을 미치도록 한다. 마르크스와 엥겔스는 인간 행위의 논리적 형식과 법칙은 대상에 작용하는 인간 행위의 실재적 법칙의 결과(반영)이고, 대상의 모든 영역과 발전에 작용하는 실천의 결과이며, 그 어떤 사고로부터도 독립해 있는 법칙이라는 사실을 분명히 보여 줬다. 유물론적으로 이해된 실천은 하나의 과정으로 나타난다. 이때 그 과정의 운동에 포괄되는 모든 대상은 그 과정에서 발생하는 온갖 변화 가운데서 저마다 고유한 형식과 척도를 드러냄으로써 고유한 법칙에 따라 기능(행위)한다.

그러므로 인간의 실천은 아주 구체적인(특수한) 과정이면서 동시에 보편적 과정이기도 하다. 인간의 실천은 물질 운동의 모든 형식과 유형을 그 추상적 계기로서 포함하며 물질 운동의 법칙에 따라 행해진다. 따라서 인간이 자연을 변화시키는 보편적 법칙은 외부로부터의 명령에 의해서가 아니라 인간활동을 통해서 드러나는 자연 자체의 보편적 변화 법칙이다. 또한 자연을 변화시키는 인간의 보편적 법칙은, 자연을 성공적으로 변화시키기 위해서는 따를 수밖에 없는 자연의 보편적 법칙이기도 하다. 일단 자연법칙이 현실화됐을 때, 그것은 또한 이성의 법칙 혹은 논리적 법칙으로 나타난다. 이 법칙들의 '독특성'은 바로 보편성에 있다. 다시 말해서 자연을 변화시키는 인간의 보편적 법칙은 주관적 활동의 법칙(고등 신경 활동에 관한 생리학적 법칙 혹은 언어 법칙)이며 객관적 실재의 법칙(물리학과 화학의 법칙)일 뿐 아니라 객관적 실재의 운동과 주관적인 인간 생명활동의 운동 모두를 지배하는 법칙이다.(물론 이것이 결코 사고는 탐구해 볼 만한 '특성'을 갖고 있지 않다는 것을 의미하는 것은 아니다. 객관적 실재의 운동과 구별되는 특성을 지닌 특별한 과정, 즉 인간 개인의 정신생리학적 기능의 측면에서 사고는 심리학이나 고등신경생리학에서 세세한 부분까지 구체적으로 탐구돼야 하지만 논리학에서 사고의 그런 측면은 탐구될 수 없다.) 주관적 의식 속에서 이와 같은 법칙은 대상의 권리를 절대적으로 받아들이면서 대상의 보편적이고 관념적인 상으로 나타난다. "논리학의 법칙은 객관적인 것이 인간의 주관적 의식 속에 반영된 것이다."[24]

9장
논리학이 변증법 및 유물론적 인식론과 일치함에 관해

　다른 모든 과학처럼 논리학도 인간의 의지와 의식에 의존하지 않는 객관적 형식과 유형을 설명하고 체계화하는 일에 관계한다. 물질적·객관적이며 정신적·이론적인 인간활동은 바로 그런 객관적 형식과 유형 내에서 수행된다. 따라서 논리학의 주제는 주관적 활동에 대한 객관적 법칙이다.

　이런 입장은 전통 논리학의 관점에서는 서로 결합할 수 없는 술어들, 가령 긍정과 부정, A와 not-A처럼 대립하는 술어들을 결합시키고 있기 때문에 전통 논리학에서는 받아들일 수 없는 입장이다. 왜냐하면 전통 논리학의 입장에서 볼 때 주관적인 것은 객관적이지 않으며 또한 객관적인 것은 주관적이지 않기 때문이다. 그리고 실재 세계에서 발생하는 사태는 물론 실재 세계를 파악하는 과학의 사태 역시 전통 논리학의 입장에서는 수용할 수 없다. 왜냐하면 실재 세계와 과학에서 발생하는 모든 단계에서 문제의 본질을 이루는 것은 대립물을 자기 내에 포함하는 사물과 과정의 이행·형성·변형 등이기 때문이다.* 결국 전통 논리학은 현실적으로 이뤄지는 과학적 사고에는 부적합하기 때문에 과학적 사고와 일치하도록 바꿔야만 한다.

마르크스와 엥겔스는 과학과 실천이 의식적으로 획득된 논리적 개념들과는 완전히 독립적으로, 변증법적 철학의 전통에 의해 기술된 보편적 법칙에 따라 전개돼 왔음을 보여 주고 있다. 이런 현상은 과학과 실천의 일반적 진보 과정에 포함된 개별과학이 사고에 관한 비변증법적 관념에 의해 의식적으로 인도되는 상황에서조차 일어날 수 있고 또 실제로 일어난다. 비변증법적 견해들이 서로를 자극하고 교정시키면서 충돌하지만, 그럼에도 과학 전체는 더 고차적인 형태와 질서의 논리에 따라 발전한다.

이런저런 논쟁적 문제에 대한 구체적 해결책을 발견하는 데 궁극적으로 성공했던 이론가는 확실히 변증법적으로 사고하지 않을 수 없었다. 이 경우에 진정한 논리적 필연성은 이론가의 의식에도 불구하고 의도한 대로, 마음대로 실현되는 것이 아니라 자기 논리에 입각해서 관철된다. 그러므로 과학의 주된 발전 방향을 결정하는 가장 위대한 이론가들과 자연과학자들은 대체로 변증법적 논리학의 전통에 의해 인도돼 왔다는 사실이 드러난다. 이를테면 아인슈타인은 스피노자에게, 하이젠베르크Heisenberg는 플라톤에게 힘입은 바가 컸다.

마르크스·엥겔스·레닌은 이런 입장을 자신들의 출발점으로 삼으면서, 변증법이야말로 근대적 사고를 발전시킨 참된 논리학이라는

---

* 부언하자면 전통 논리학이 사태의 내용을 문제 삼지 않고, 사고형식만을 문제 삼기 때문이다.

사실을 입증했다. 비록 대표적 과학자들이 전혀 알지 못했다 하더라도 근대과학의 '출발점'의 역할을 한 것 또한 변증법이었다. 그렇기 때문에 과학으로서의 논리학은 변증법뿐 아니라 유물론적 인식론과 일치(결합)하게 된다. 레닌은 "《자본론》에서 마르크스는 논리학, 변증법, 유물론적 인식론(이 세 낱말은 필요 없다. 그것은 하나이며 동일한 것이다)을 단 하나의 과학에 적용했다"고 아주 명쾌하게 정식화하고 있다.[1]

논리학·인식론·변증법의 관계에 관한 문제는 레닌의 저작에서 특수한 위치를 차지하고 있다. 우리는 아무 과장 없이 이 문제가 그의 특수한 모든 철학적 반성 — 그가 되돌아와서 매번 자신의 견해와 해결책을 더 풍부하고 명백하게 체계화했던 — 의 핵심을 이루고 있다고 말할 수 있다.

레닌은 특히 헤겔 철학의 구조를 비판적이고 반성적으로 고찰하는 과정에서 다음과 같은 두 가지 주제를 분명하게 구별했다. 즉 (1) 논리학과 인식론의 내적 관계, (2) 과학으로서의 변증법에 대한 이해(이것은 논리학과 인식론의 형태로 전통적으로 과학과 무관하게 여겨져 온 문제들에 대한 과학적·이론적 해결책을 포함한다)다. 레닌의 명제들에 대해 완전히 일치하는 해석을 아직도 소비에트 철학에서 내리고 있지 못하기 때문에, 그로 하여금 현대 유물론(마르크스주의)의 입장을 명쾌하게 정식화할 수 있도록 했던 사고방식을 재구성하는 것은 중요하다.

비록 《철학 노트》에 기술된 비판적 분석의 직접적 대상이 무엇보다 헤겔의 견해였다 할지라도 이 책에서 헤겔의 저작들에 대한 비판적 주석만을 보는 것은 물론 잘못이다. 두말할 필요도 없이 레닌이 관심을 뒀던 것은 헤겔 자체가 아니라, 오늘날까지도 여전히 절박한 중요성을 지니고 있는 문제들의 실질적 내용이었다. 바꿔 말하면 레닌은 헤겔 사상을 비판적으로 분석함으로써 그 당시 철학의 상황을 조망하고자 했으며, 그 결과 중요한 철학적 문제들을 제기하고 또 해결하는 방법들을 비교·평가할 수 있었다. 이 철학적 문제들 가운데 과학적 지식의 문제가 전면에 부각된 것은 너무도 당연했다. 왜냐하면 19세기 말과 20세기 초, 전 세계적 범위에 걸쳐 철학적 사고의 중심을 이룬 것은 과학적 지식의 문제였기 때문이며, 이런 경향은 시간이 지남에 따라 더욱 분명해졌다. 레닌은 자신의 탐구 목적을 "논리학의 주제, 오늘날의 '인식론'과 비교되는 것"이라고 서술했다.[2]

'인식론'이란 단어에 붙어 있는 따옴표는 우연히 붙여진 것이 아니다. 전통적으로 내려오는 여러 가지 철학적 문제를 이 특수한 철학적 분과(이때 우리가 이것을 과학적 철학의 유일한 형식으로 간주하든지, 철학의 많은 분과들 가운데 하나로 간주하든지 간에 상황은 항상 같다)에서 따로 취급하는 것은 최근에 생겨난 일이다. 이 용어 자체는 19세기 후반에 이르러서야 하나의 특수한 과학, 즉 특수한 탐구 분야에 대한 명칭으로 널리 통용됐다. 그런데 지식 일반, 특히 과학적 지식이 '인식론'의 발달과 더불어 특별한 관심의 주제가 됐다고 주장하는 것은 물론 잘못이라 하더라도, 이 특수한 탐구 분야는 전통적 철학체계 내에서는 어떤 식으로든 정확하게 분류되지 않았으며 특수한 과학, 심지어 특수한 분과조차 이루지 못했다.

인식론이 하나의 특수한 분과로 확립된 것은 역사적으로 신칸트주의의 광범한 확산과 본질적 연관을 맺고 있다. 신칸트주의는 19세기 후반의 30여 년 동안 유럽의 부르주아 철학 사상에서 가장 영향력 있는 경향이 됐으며, 그리고 교수들 중심의 공인된 강단 철학파로 변했다. 이 강단 학파는 처음에는 독일뿐이었으나, 그 후 전문적 철학을 연구하고자 많은 사람들이 독일 대학에 유학함으로써 세계 각처에서 형성됐다. 신칸트주의의 확산은 특히 칸트·피히테·셸링·헤겔의 고국인 독일의 전통적 명성에 의한 것이었다.

신칸트주의의 고유한 특성은 철학의 중심문제를 지식의 발견이 아니라 오히려 철학적 문제가 제기되는 특별한 형식으로 파악한 점에 있다. 이 학파의 다양한 분파들 간의 불일치에도 불구하고 그런 특별한 형식은 다음과 같이 요약된다. "논쟁의 여지가 없는 인식을 가능케 하는 조건들과 이 조건들에 따라 확정되는 인식의 한계들을 탐구하는 인식에 관한 이론을 '인식론'(the theory of knowledge, epistemology)이라고 부를 수 있다. 그 어떤 인식이라도 이와 같은 인식 조건 내에서는 확장될 수 있으나 그 조건을 넘어서면 거기에는 전혀 논증 불가능한 억견의 영역이 펼쳐진다. 물론 인식론은 위에서 언급된 과제와 더불어 다른 부수적 과제도 안게 된다. 그러나 인식론이 의미 있는 과학이 되려면 무엇보다도 먼저 인식한계의 설정 유무부터 문제 삼지 않으면 안 된다."[3]

위 인용문의 필자인 러시아 칸트주의자 베덴스키Vvedensky는 신칸트주의 경향의 문헌과 신칸트주의의 막강한 영향 아래서 생겨났던 모든 학파에서 소위 인식론으로 받아들여지고 있는 이 분과의 고유한 특성을 아주 정확하고 분명하게 제시하고 있다. 이와 유사하게 정식화된 인식론에 관한 수많은 정의는 전형적 신칸트주의자인 리케르트Rickert, 분트Wundt, 카시러Cassirer, 빈델반트Windelband 등의 저작이나 신칸트주의에서 '파생된' 분파를 대표하는 슈페Schuppe, 파이힝거Vaihinger 등의 저작으로부터도 인용할 수 있다. 그리하여 인식론의 과제는 한 사람 또는 인류 전체의 인식능력이나 과학적 실험·탐구 기술이 아무리 고도로 발전한다 하더라도 그 어떤 경우에도 인식능

력이 건널 수 없는 경계, 즉 인식의 한계를 확정하는 것이라고 간주
됐다. 이런 '한계'는 원리적으로 인식 가능한 영역을, 원리적으로 인
식한계를 '초월한' 인식 불가능한 영역으로부터 구분한다. 인식의 한
계는 공간과 시간 내에서 이뤄지는 인간 경험의 한계에 의해 결정되
는 것(이 경우에 '경험영역'의 확장은 끊임없이 그 한계를 넓힐 것이
기 때문에 문제는 결국 이미 알려진 것과 아직 알려지지는 않았으
나 원리적으로 알 수 있는 것을 구별하는 일이다)이 결코 아니라, 모
든 외적 영향을 굴절시키는(마치 프리즘처럼) 인간의 정신생리학적
특성이라는 영원하고 변하지 않는 본성에 의해 결정된다.

　　외적 세계가 인간에게 주어지는 이와 같이 유일하고 '특수한 메커
니즘'은 원리적으로 인식 불가능한 영역을 상정하는 인식의 '한계'라
는 개념을 발생시키는 메커니즘이다. 사실 원리적으로 인식 불가능
한 것은 '그것이 의식에 나타나기 이전에' 이미 존재하기 때문에 인
간의식 외부의 실재 세계와 다름없다. 달리 말해 이런 맥락에서 보
면 '인식론'은 오로지 다음과 같은 근거에서만 하나의 특수과학으로
분류될 뿐이다. 즉, 인간인식이란 외적 세계(의식 외부에 존재하는)
에 대한 인식이 아니라 '내적 경험' — 궁극적으로 외적 세계의 상태
나 사건과 완전히 다른 인간 유기체의 정신생리학적 상태 — 의 사
실들에 질서를 부여하고 조직화하며 체계화하는 과정일 뿐이라는
명제를 선험적으로 수용하는 것을 말한다.

　　이것은 물리학·정치경제학·수학·역사학 등 어떤 과학도 물질이
외부세계에서 어떻게 존재하는지에 관해 우리에게 아무것도 알려
주지 않음(알려 줄 수 없음)을 의미한다. 왜냐하면 실제로 모든 과학
은 우리들 자신 안에서 생겨나는 사실들, 즉 외부 사실들의 총합이
라고 착각되는 정신생리학적 현상들만을 기술하는 것이 돼 버리기

때문이다.

이와 같은 주제를 별도로 논증하기 위해 '인식론'이라는 특수과학이 창출됐는데, 이때 인식론은 인식의 '내적 조건들'에만 관계하고 이 내적 조건들로부터 '외적 조건들', 특히 외적 세계의 존재나 그 객관적 법칙 같은 '조건'의 영향에 따른 의존성을 조심스럽게 제거해 버린다.

그래서 인식론은 존재론(혹은 '형이상학')과 대립되는 하나의 특수과학으로 분류됐으나, 주변 세계에 대한 인간의 실질적 인식과정을 탐구하는 분과는 결코 아니었다. 그와는 정반대로 인식론은, 모든 인식의 형식은 예외 없이 주변 세계에 대한 인식의 형식이 아니라 '인식 주관'을 구성하는 특수한 도식일 뿐이라는 사실을 전제하는 이론으로 탄생됐다.

이런 종류의 '인식론'의 관점에서 볼 때 기존의 지식을 주변 세계에 대한 지식(이해)으로 해석하려는 모든 시도는 허용될 수 없는 형이상학이요, 순수 주관적 활동형식의 '존재론화'이며, 주관에 대한 규정을 '물자체', 즉 의식 외부의 세계에 귀속시키는 것이다.

그럴 경우 '형이상학'과 '존재론'은 '전체로서의 세계'에 대한 특수과학, 즉 세계에 대한 보편적 도식이라기보다는 오히려 개별과학, 소위 '실증적' 과학(물리학·화학·생물학·정치경제학·역사학 등)의 총집합을 의미하게 된다. 그리하여 신칸트학파의 '인식론주의epistemologism'는 그 주된 관심사를 과학적 세계관의 사상, 즉 개별과학 자체에 실현된 세계에 대한 과학적 이해와 정반대되는 방향에 두고 있음이 판명됐다. 이런 신칸트주의의 견해에 따르면 '과학적 세계관'이란 불합리한 것이고 터무니없는 말이다. 왜냐하면 '과학 일반'(자연과학과 사회과학의 총집합)은 의식 외부의 세계에 관해서는 아무것도 모르고 또 전혀 언급하지 않기 때문이다. 따라서 신칸트주의자들은 '형이상학'이라는 경멸적 용어를 통해 실제로 물리학·화학·생물학·정치경제학·역사학 등에 의해 발견되고 정식화된 법칙과 형식, 즉 세계관으로서의 철학적 의미를 거부한다. 그들의 견해에 따르면 형이상학은 '과학'일 수 없으며, 그리고 과학(모든 과학의 총집합)은 형이상학의 역할을 수행할 수도 없고 수행해서도 안 된다. 다시 말해서 과학은 과학의 진술에 대해 객관적 의미(유물론적 의미에서 이해된)를 주장할 수도 없고, 주장할 권리도 없다. 그러므로 세계관도 과학적일 수 없다. 왜냐하면 세계관은 인간이 생활하고 활동하고 사고하는 세계에 관한 여러 관점들을 모아 놓은 것이기 때문이다. 결국 과학은 해결 불능의 난점인 모순에 빠지지 않고서는 자신의 성과물들을 하나의 세계관으로 결합시킬 수 없게 된다.

들리는 바에 따르면 이것은 이미 칸트에 의해 단숨에 논증됐던 것으로 알려져 있다. 과학의 자료들로부터 세계관을 확립하는 것은 불가능하다는 것이다. 그러면 도대체 왜 불가능할까?

왜냐하면 바로 인식이 원리 — 표상들을 개념·추론·판단, 즉 범주를 통해 과학적으로 종합할 수 있는 조건 — 는 동시에 모든 과학적 관념을 무모순적으로 연관되고 결합된 세계상으로 완벽하게 종합할 수 없는 조건이기도 하기 때문이다. 칸트주의자들의 언어로 표현하면, 과학적 원리 위에서 구축된 세계관(요컨대 과학적 세계관)은 원리적으로 불가능하다. 과학적 세계관에는 (우연이나 정보의 부족으로부터가 아니라 범주도식으로 표현된 사고의 본성에 내재하는 필연성 때문에) 모든 분석판단의 최고 원리(과학적으로 규정하면 모순율)를 위배하지 않고서는 서로 결합될 수 없는 작은 조각들로 과학적 세계관을 분쇄해 버리는 모순이 언제나 존재한다는 것이다.

그러나 과학적 세계상의 개별적 단편들을 더 고차적인 통일체로 결합해 연결시킬 수 있는 단 하나의 방법이 존재한다. 그것은 최고의 원리를 깨뜨리거나, 같은 말이지만 통일된 전체 속에서 관념들을 결합하는 비과학적 도식을 종합의 원리로 바꿈으로써 가능하다는 것이다. 왜냐하면 종합의 원리는 모순율과 아무런 관계도 없고 단지 신념·억견·독단 — 과학적으로 논박하거나 논증할 수도 없고 비합리적 변덕·동정·양심 등에 따라서만 받아들일 수 있는 — 등의 원리이기 때문이다. 과학을 통해 종합하려는 모든 시도가 실패한 곳에서는 오직 신념만이 지식의 단편들을 통일된 모습으로 종합할 수 있을 뿐이다. 따라서 과학과 신념을 결합하고, 과학적 세계상을 구성하는 논리적 원리와 비합리적 교훈(논리적으로 논증하거나 논박할 수 없는)을 결합해 무력함을 보상하려고 한 모든 칸트주의자들에게 고유한 표어는 지식의 최고 종합을 성취할 수 있는 예지에 근본적으로 귀착되고 만다.

위에서 언급된 한계 내에서만, 인식론과 논리학의 관계문제를 제기한 칸트주의적 의미가 이해될 수 있다. 칸트주의자들에 따르면 논리학 그 자체는 인식론의 한 부분으로 해석된다. 논리학은 때로 중요한 의미를 지니기도 하고, 어떤 때는 거의 전체를 차지하기도 하며(가령 코헨Cohen, 나토르프Natorp, 카시러, 리케르트, 베덴스키, 첼파노프Chelpanov 등 다양한 형태로) 그리고 어떤 때는 가장 작은 위치로 격하되기도 하며, 인식론의 다른 '부분'에 종속되기도 한다. 그러나 논리학은 항상 '부분'이다. 인식론은 그 과제가 더욱 폭넓기 때문에 더욱 포괄적이다. 왜냐하면 이성(오성)은 가장 중요하기는 하지만 감각자료·지각·관념 등을 지식·개념과 개념체계·과학으로 가공·처리하는 유일한 수단은 아니기 때문이다. 따라서 칸트주의적 의미에서 논리학은 결코 인식론의 전 영역을 포함하지 못한다. 다시 말해서 지각·직관·기억·상상 등 다른 많은 능력에 의해 유발되는 과정들에 대한 분석은 논리학의 영역을 초월해 있다. 여기서 논리학은 엄격한 규정과 분명하게 이해되고 정식화 가능한 규칙에 따라 움직이는 추론적 사고이론으로 간주되고 있다. 따라서 논리학은 복잡한 인식능력들 가운데서 추출된 자신의 고유한 대상만을 분석함으로써 단지 부분적으로만 인식론의 과제를 수행한다. 인식론의 주요 과제는 인식의 한계를 설정하고 세계관을 구성하는 과정에서 사고의 가능성에 대한 내적 한계를 분명히 하는 것인데, 이것은 또한 논리학의 주된 과제이기도 하다.

그러므로 논리학은 '물자체'라는 실재 세계에 대한 이해와는 전혀 관계가 없게 된다. 논리학은 이미 이해된 사물(논리학과 연관이 있든 없든)에만 적용될 수 있을 뿐이다. 즉, 인간 문화의 심적 현상들에만 적용될 수 있다. 논리학의 특별한 과제란 이미 통용되고 있는 의식의 상像(선험적 대상)을 엄격하게 분석하는 것이다. 다시 말해서 의식의 상을 엄밀하게 규정된 용어로 표현되는 단순 요소로 분해하고 난 다음, 역으로 마찬가지로 엄밀하게 확립된 규칙에 따라 그 요소들을 복합적 규정체계(개념·개념체계·이론)로 다시금 종합하거나 결합하는 것이다. 또한 논리학은 실질적인 추론적 사고가 기존 의식의 한계를 초월하는 지식이나 '물자체'의 세계와 '현상'계를 분리하는 경계를 넘어서는 지식을 다룰 수 없다는 사실을 논증해야만 한다. 만약 사고가 논리적이라면, 그것은 물자체에 관계할 수 없으며, 또 그럴 권리도 갖고 있지 않다는 것이다. 나아가서 인식의 경계 내에서조차 사고는 논리학의 규칙을 구속하는 제한된 합법적 적용범위에 한정된다.

논리학의 규칙과 법칙은 지각 자체의 상(像)·감각·관념·신에 대한 관념과 영혼 불멸의 관념 등을 포함하는 신화화된 의식의 환영에는 적용될 수 없다. 그러나 논리학의 규칙과 법칙은 과학적 지식의 한계 내에서 이런 상을 유지하는 여과 장치의 역할을 하고, 또 그렇게 해야만 한다. 논리적 사고는 이런 상이 그 자체로 진리인지, 그리고 그것이 정신문화 속에서 긍정적 역할을 하는지 아니면 부정적 역할을 하는지를 판단할 수 있는 능력이나 권리를 전혀 갖고 있지 않다. 만약 의식의 상이 정신의 특별한 논리적 활동에 앞서 독립적으로 ― 과학 이전에 그리고 과학의 영역 밖에 ― 나타난다면, 의식의 상과 관련해서 합리적으로 입증되고 과학적으로 검증된 입장이란 있을 수 없다. 과학에서는, 논리학에 의해 규정된 과학의 특수한 한계 내에서는 그런 상의 존재가 허용될 수 없다. 과학의 한계를 넘어선 영역에서는, 그런 상의 존재는 독립적이고 추론과 이해의 관할 밖에 있으며, 따라서 도덕적이고 인식론적인 측면에서 침범할 수 없다.

논리학과 인식론의 관계에 대한 이상과 같은 칸트주의적 해석의 특징을 고려해 볼 때, 우리는 레닌이 이 문제에 대한 헤겔의 해결책에 대단한 관심을 가졌던 이유를 이해할 수 있다. 이 문제에 대한 헤겔의 이해방식을 살펴보면, 논리학 전체는 비합리적 흔적 없이 인식문제의 전 영역을 포괄하고 있으며 그 경계 밖에 명상이나 환상의 상을 전혀 남겨 놓지 않았다. 논리학은 그런 상을 실질적 사고의 힘이 외화된(감각적으로 지각되는 물질로 구현된) 산물로서 포함한다. 왜냐하면 이런 외화된 산물은 단어·판단·결론·연역·추리는 물론 개별의식과 감각적으로 대립하는 사물(행위·사건 등등)로도 구체화되는 사고 자체이기 때문이다. 여기서 그 밖의 모든 인식능력은 사고의 형식, 다시 말해서 아직 적절한 표현형식에 도달하지도 못하고 그런 표현형식으로까지 성숙되지 못한 사고작용으로 간주되기 때문에 논리학은 인식론과 합치한다.

여기서 우리는, 말하자면 헤겔의 절대적 관념론이라는 극단적 표현과 맞닥뜨리게 된다. 절대적 관념론에 따르면 인식능력뿐 아니라 세계 전체도 아직 자기자신에게 이르지 못한 소외된 혹은 외화된 사고로 해석된다. 물론 일관된 유물론자였던 레닌은 이런 입장에 동의하지 않았다. 하지만 레닌이 헤겔의 해결책에 대한 자신의 입장을 다음과 같이 신중하게 정식화하고 있는 점은 매우 암시적이다. 즉 "이런 입장(즉, 헤겔의 입장)에서는 논리학이 인식론과 일치한다. 이것은 일반적으로 매우 중요한 문제다."[4]

이로부터 레닌이 헤겔의 논리학을 탐독하는 과정에서 왜 이 문제가 그에게 점차 분명하게 '매우 중요한', 아마도 가장 중요한 문제로 드러나는지를 논증하는 데 성공한 것처럼 보인다. 레닌의 사고는 거듭해서 이 문제로 되돌아가는 순환과정을 밟음으로써 그때마다 점점 명료해지고 더욱 분명해졌던 것이다. 사실 논리학을 인식론의 일부로 보는 그 당시 일반적으로 받아들여졌던 칸트주의적 견해는 결코 추상적이고 철학적이며 이론적인 구성물로 남아 있지 않았다. 칸트의 인식론은 과학 일반이 갖는 능력의 한계를 규정지음으로써 그 한계를 넘어서 있는 세계관에 관한 가장 첨예한 문제들을 방기하고, 그런 문제들을 이론적 지식이나 해결 등의 논리적 사고로부터 '초월해 있는' 것으로 단언해 버렸다. 그러나 논리적 사고의 경우에도 과학적 탐구와 세계관적 신념 사이의 결합은 허용될 뿐 아니라 필연적이기도 하다. 사실상 수정주의적 경향(에두아르트 베른슈타인과 콘라트 슈미트가 주장한 원리들)은 칸트주의의 기치를 내세우면서 사회주의 운동으로 물밀듯 몰려왔던 것이다. 여기서 칸트의 인식론은

'엄밀한 과학적 사고'(베른슈타인에 따르면, 마르크스와 엥겔스의 사고는 흐리멍덩한 헤겔의 변증법과 결합돼 있기 때문에 엄밀히 말해서 과학적이지 못하다)를 '선', '양심', '이웃과 인류 전체에 대한 사랑' 등과 같은 선험적 요청으로 나타난 논증할 수도 없고 반박할 수도 없는 신념이나 '윤리적 가치'와 '결합'시키려는 경향을 노골적으로 드러내고 있다. '더욱 고귀한 가치'의 보급이 노동자계급 운동에 끼친 해악은, 물론 악하지 않은 선한 양심에 관한 훈계나 인류에 대한 증오를 버리고 인류를 사랑하라는 훈계에 있지 않다. 과학과 더욱 고귀한 윤리적 가치 체계를 결합시키고자 한 칸트 사상의 해악은, 원리적으로 볼 때 칸트 사상이 마르크스와 엥겔스가 발전시킨 가르침과는 정반대되는 노선을 취한 점에 있었다. 과학과 윤리적 가치 체계를 결합시킨 칸트의 사상은, 사회민주주의 이론가들을 위해 과학적 탐구에 대한 칸트주의 고유의 전략을 수립하고자 한 것이었다. 또한 그것은 이론적 사고의 중요한 발전 경향이나 당시의 현실적 문제에 대한 이론적 해결을 모색하는 경향을 사상적으로 혼란시키는 것이기도 했다. 칸트의 인식론은 사회관계 전체 피라미드의 토대를 형성하는 인민들의 물질적·경제적 관계에 대해 분석하는 이론적 사고와는 거리가 멀었다. 오히려 칸트의 인식론은 억지에 가까운 윤리적 구성물, 제반 정책의 도덕적 해석 가능성, 그리고 베르댜예프Berdyaev류의 사회심리학, 나아가서 흥미롭기는 하지만 노동자계급 운동에 전혀 쓸모없는(해롭지는 않을지라도) 것들을 정교화하는 이론적 사고가 돼 버렸다. 자본의 논리에 대한 이론적 사고경향이 아니라 이차적 상부구조에서 파생된 자본주의 체제의 부차적 결함에 대해 도덕적이고 허구적인 말을 되풀이하는 이론적 사고경향은 결국 제국주의 단계의 결정적이고 지배적인 조류로 귀결됐다. 제2인터

내셔널 이론가들의 눈에는 자본주의 발전의 새로운 단계인 제국주의 단계가 보이지 않았는데, 그 이유는 그들의 재능이 부족했기 때문이 아니라 오히려 소부르주아적 계급 성향과 그릇된 인식론적 관점 때문이었다.

이런 측면에서 볼 때 힐퍼딩Hilferding과 쿠노Cunow의 운명은 매우 특징적이다. 그들이 변증법이 아닌 '최신의' 논리적 장치를 통해 마르크스의 정치경제학을 전개시키려고 하는 한, 그것은 어쩔 수 없이 당시의 경제 현상에 대한 피상적인 분류상의 묘사, 다시 말해서 경제 현상의 무비판적 수용과 변호로 나타날 수밖에 없었다. 이런 경향은 결국 레너Renner의 《자본주의 경제론》(Theory of the Capitalist Economy)으로 곧바로 이어졌다. 이 저작은 우파 사회주의의 바이블로서 사고방법과 탐구논리와 관련해 천박한 실증주의적 인식론과 이미 결합돼 있었다. 레너의 철학적 신조는 다음과 같다. 즉, "우리에게서 상당히 멀리 떨어진 시대에 아주 다른 사고방식 아래 쓰인 마르크스의 《자본론》과 그 설명 방법은 궁극적으로 완성되지 않았고, 10년 주기로 독자들의 어려움을 배번 증가시키고 있다. … 독일철학자들의 문제는 우리들에게 이미 낯선 것이 됐다. 마르크스는 이런 철학적 시대의 산물이었다. 오늘날 과학은 더는 연역적으로 발전하지 않고 (탐구 과정에서뿐 아니라 서술 과정에서도) 귀납적으로 발전한다. 과학은 실험적으로 확립된 사실들에서 출발해 그 사실들을 체계화함으로써 점차 추상적 개념의 수준에 도달한다. 이런 식으로 사고하고 탐독하는 데 익숙해 있는 시대에 마르크스의 주저主著의 제1부는 도저히 극복할 수 없는 난점을 드러내고 있다."[5]

이미 베른슈타인과 더불어 시작된 '현대과학'과 '현대적 사고방식'의 경향은 '현대과학'에 대한 관념론적이고 불가지론적인 애매한 해석, 즉 흄·버클리·칸트의 인식론적 경향으로 변모됐다. 레닌은 이런 경향을 아주 분명하게 알고 있었다. 19세기 중엽부터 부르주아 철학은 공공연히 '칸트로 돌아가자'는 운동을 전개했고 나아가 흄과 버클리에게 돌아가자는 운동도 일어났다. 그리고 절대적 관념론임에도 불구하고 헤겔의 논리학은 과학적 지식의 발전 이론(인식론)으로 이해된 논리학의 영역에서 마르크스 이전의 모든 철학 발전의 정점으로 점점 더 뚜렷하게 부각됐다.

레닌은 헤겔로부터 진보하는 길은 오직 하나의 방향, 즉 헤겔의 성과를 유물론적으로 재구성하는 작업의 방향에서만 가능하다고 되풀이해서 강조했다. 왜냐하면 헤겔의 절대적 관념론은 실제로 관념론이 오성적 사고, 지식, 과학적 의식을 위한 원리가 될 수 있도록 관념론의 모든 가능성들을 남김없이 검토했기 때문이었다. 그러나 과학 외적인 특정한 상황 때문에 마르크스와 엥겔스만이 헤겔의 성과를 유물론적으로 재구성하는 노선을 취할 수 있었다. 이것은 부르주아 철학에는 닫혀 있었다. 더욱이 부르주아 이데올로그들은 사고에 대한 변증법적 관점의 정점에서 개시된 사회적 전망에 의해 자극을 받고 두려워한 나머지 '칸트로 돌아가자'는 슬로건을 절박하게 내걸지 않을 수 없었다. 유물론적 역사관이 출현하자마자, 부르주아 철학자들은 헤겔을 마르크스주의의 '정신적 대부'로 간주했다. 이것은 사실 상당한 정도의 진실을 담고 있다. 왜냐하면 마르크스와 엥겔스는 헤겔의 주된 업적이라 할 수 있는 변증법의 진정한 의미를 드러내 보였기 때문이다. 또한 세계에 대한 인간의 합리적 태도의 원리인 변증법적 원리가 그 건설적이고 창조적인 힘뿐 아니라 혁명적이고 파괴적인 힘도 지니고 있음을 입증했기 때문이다.

그러면 왜 레닌이, 헤겔의 절대적 관념론과 대결하는 동안 절대적 관념론의 성격이 더욱 두드러지는 지점에서 헤겔과의 더욱 공고한 결합을 여러 측면에서 시도했던 것일까? 인간사고, 그리고 의식 외부의 실재 세계를 원리적으로 포괄하는 과학으로서의 논리학 개념이 범논리주의(실재 세계의 형식과 법칙을 사고의 외화된 형식으로 해석하고, 사고 자체를 세계를 구성하는 절대적 위력으로 해석하는 입장)와 결합된다고 확신했기 때문일까?

사실 헤겔은, 실천을 인간의 심적 상태에 대한 언어적·기호적 설명 영역에서 인간이 수행하는 활동의 진리 기준 및 정당성 기준으로 파악하고, 또 충분한 근거를 가지고 논리학에 의식적으로 도입한 마르크스 이전의 유일한 사상가였다. 헤겔에서 논리학은 인식론과 동일하다. 그 정확한 이유는 인간의 실천(감각대상과 자연 소재의 물질에서 '정신'적 목적의 실현)이 논리적 과정의 한 발전 단계로 발생하며, 그리고 물자체와의 직접적 접촉을 통해 그 결과를 검증하는 외적 발현 과정에서 사고로 간주되기 때문이다.

헤겔의 사상이 발전하는 과정을 레닌은 각별히 용의주도하게 추적했다. "인간과 인류의 실천은 인식의 객관성에 괸힌 시금석이고 기준이다. 이것이 헤겔의 사상일까? 이 점에 대해서 해답을 줄 필요가 있다" 하고 레닌은 썼다.[6] 그리고 이 점에 대답하면서 그는 자신 있고 아주 단호하게 다음과 같이 언급한다. "의심할 여지 없이 헤겔의 경우 실천은 인식과정의 분석에서 하나의 연결고리로 작용하고, 게다가 객관적(헤겔에 따르면 '절대적') 진리로 이행시키는 역할을 한다. 결국 마르크스는 실천이라는 기준을 인식론에 도입할 때, 헤겔을 실마리로 삼고 있는 것이다. 포이어바흐에 관한 테제를 보라."[7]

사고는 실천적 행위로 나타날 때 자신의 운동 내부에 의식 외부의 사물들을 포함하며, 그때 '물자체'는 사고하는 인간의 명령에 복종하고 인간의 사고가 지시하는 법칙과 도식에 따라 순순히 운동하고 변화한다. 그래서 '정신'뿐 아니라 '물자체'의 세계도 논리적 도식에 따라 운동한다. 결국 논리학은 정신의 자기 인식 이론일 뿐 아니라 사물들에 대한 인식 이론이기도 하다.

레닌은 논리학의 주제에 관한 헤겔 견해의 '합리적 핵심'을 정식화하면서 다음과 같이 언급하고 있다. "논리학은 사고의 외적 형식에 관한 과학이 아니라 '모든 물질적·자연적·정신적 사물의' 발전법칙에 관한 과학이고, 세계 전체의 구체적 내용과 그 인식의 발전법칙에 관한 과학, 다시 말해 세계에 대한 인식 역사의 총계·총화·결론이다."[8]

헤겔 자체에는 논리학의 주제에 관한 이런 정식화나 견해가 없다. 헤겔을 인용하는 과정에서 레닌은 헤겔의 사상을 '헤겔 자신의 말'로 단순히 옮겨 놓은 것이 아니라 유물론적으로 재구성했다. 레닌이 논리학 개념의 '합리적 핵심'을 발견했던 헤겔의 저서 원문에는 결코 그와 같이 언급돼 있지 않다. 거기에는 다음과 같이 적혀 있다. "필요 불가결한 토대, 개념, 보편, 사고 자체(말하자면 사고라는 말을 사용할 때, 우리는 이 용어들을 관념적으로 추상할 수 있다). 이런 것들은 어떤 내용에 부착돼 있는 단순한 무차별적 형식으로 간주될 수 없다. 그러나 모든 자연적이고 정신적인 사물(이 말만 레닌의 정식화에서 발견된다)에 관한 사고, 심지어 실체적 내용에 관한 이런 사고는 다양한 규정들을 그 자체로 지니고 있으며 영혼과 육체, 개념과 각 개념의 실재 사이의 구별을 포함하고 있다. 더 심오한 토대는 영혼 그 자체이고 순수 개념이다. 순수 개념이 주관적 사고작용 자체의 핵심이고 맥박인 것과 마찬가지로 바로 대상의 핵심이고 생명의 고동이기도 하다. 정신에 영혼을 부여하고 정신을 촉발시킴으로써 정신 속에 작용하는 이런 논리적 특징을 의식의 표면으로 분명히 끌어내는 것이 우리의 문제다."[9]

헤겔과 레닌의 정식들 사이의 차이는 원리적 차이다. 왜냐하면 헤겔에게는 자연적 사물의 발전에 관한 것은 아무것도 없고, 또 있을 수조차 없기 때문이다. 논리학을 모든 물질적이고 정신적인 사물의 발전법칙에 관한 과학으로 정의한 것이 오직 헤겔의 사상이고, 레닌은 그것을 전달하고 단순히 인용한 데 불과하다고 생각하는 것은 엄청난 잘못이다. 전혀 그렇지 않다. 그것은 레닌 자신의 사상이고, 헤겔의 용어를 비판적으로 독해하는 과정에서 레닌이 정식화한 것이다.

헤겔은 사고과학을 정신의 자기 인식의 역사 그리고 자연적 사물세계 — 자연적 소재로 외화된 논리적 과정의 계기, 사고의 도식, 개념의 제 계기 — 의 역사를 탐구하는 것으로부터 추론했기 때문에, 헤겔의 논리학은 또한 인식론이기도 하다.

논리학은 또한 아주 다른 이유로 마르크스주의의 인식론이기도 하다. 왜냐하면 정신의 활동형식 자체인 논리학의 범주와 도식은 인류의 지식과 실천의 역사에 대한 탐구 과정, 다시 말해 사고하는 인간(오히려 인류)이 물질적 세계를 인식하고 변형하는 발전과정에서 추론됐기 때문이다. 이런 관점에서 볼 때 논리학은 사회적 인간에 의한 물질세계의 인식과정과 변형과정에 대한 보편적 도식을 설명하는 이론이나 다름없다. 논리학은 또한 그 자체로 인식론이다. 그러지 않고 인식론의 과제를 또 다른 방식으로 규정하는 것은 어쩔 수 없이 칸트 입장의 이런저런 변종으로 귀착되고 만다.

레닌에 따르면 논리학과 인식론은 어떤 경우에도 두 개의 다른 과학일 수 없다. 게다가 논리학이 인식론의 한 부분으로 규정될 수는 더더욱 없다. 따라서 사고의 논리적 규정들은 오로지 수천 년간의 과학 문화의 발전과정에서 인식되고 사회적 인간의 혹독한 실천과정에서 객관성이 검증된 객관세계 일반의 발전에 관한 보편적 범주와 법칙(도식)만을 포괄한다. 다시 말해 자연적 발전과 사회역사적 발전에 공통된 도식만을 포괄하고 있다. 사회적 의식과 인류의 정신적 문화의 측면에서 반성해 볼 때 그런 범주와 법칙은 사고작용의 능동적인 논리적 형식으로 기능하기 때문에 논리학은 자연·사회·사고 자체의 발전에 관한 보편적 도식·형식·법칙을 체계적이고 이론적으로 묘사하고 있다.

그러나 이런 입장에서 볼 때 논리학(유물론적 인식론)은 변증법과 여지없이 완전히 합치한다. 다시 한 번 말하지만 아무리 서로 '밀접하게 연관'돼 있다고 하더라도 두 개의 과학이란 존재하지 않고, 주제와 개념의 체계에서 오직 '하나의' 동일한 과학만이 존재한다. 그렇기 때문에 레닌은 이 점을 '사태의 한 측면'이 아니라 '사태의 본질'이라고 강조했다. 달리 말해 논리학이 동시에 인식론으로 이해되지 않는다면, 그것은 올바르게 이해될 수 없다.

그리하여 레닌에 따르면 논리학(인식론)과 변증법은 주제와 범주의 체계에서 완전히 동일한 관계에 있고 완전히 일치한다. 논리학(인식론)이 변증법의 주제와 결코 다른 탐구대상을 갖고 있지 않듯이, 변증법도 인식론(논리학)과 다른 주제를 갖고 있지 않다. 범주의 규정을 통해 사고의 논리적 형식과 법칙의 형태로 의식 속에 분명하게 반영되는 것은, 변증법에서도 논리학에서도 물질의 일반적 발전에 대한 보편적 형식과 법칙이다. 그리고 실험 자료들을 종합하는 도식인 범주는 개념상 매우 객관적인 의미를 지니기 때문에, 범주의 도움으로 진행된 '경험', 즉 과학, 과학적 세계상, 과학적 세계관에도 동일한 객관적 의미가 적용된다.

레닌은 "변증법의 문제에 관하여"라는 논문에서 "변증법은 (헤겔과) 마르크스주의의 인식론이다"라고 썼다. 이 논문에서 그는 논리학에 대한 헤겔의 견해를 유물론적 방식에 입각해 비판적으로 재구성하기 위해 수년간의 힘든 작업에서 이룬 방대한 성과를 요약하고 있다. "이것은 다른 마르크스주의자들은 말할 것도 없고 플레하노프도 전혀 주목하지 못한 사태의 측면(이것은 사태의 한 측면이 아니라 사태의 본질이다)이다."[10] 다른 어떤 해석도 허용하지 않는 이런 단언적 결론을 우연히 맞아떨어진 표현으로 간주해서는 안 된다. 오히려 이것은 변증법, 논리학 그리고 현대 유물론의 인식론의 관계 문제에 관한 레닌 견해의 실질적 요약으로 간주돼야 한다.

이상에서 말한 것에 비춰 볼 때, 마르크스주의에서 변증법·논리학·인식론의 관계를 다음과 같은 방식으로 해석하려는 그 어떤 시도도 결국 파산하고 말 것이며, 또한 레닌의 입장과 아무런 연관도 맺지 못할 것이다. 즉, 변증법을 '존재의 순수 형식'을 취급하는 특수한 범주로 변형시키려는 방식이나 논리학과 인식론을 변증법과 연관돼 있으나 일치하는 것으로 보지 않고 오로지 인간의 의식 내의 존재를 반영하는 '특수한' 형식의 연구에 전념하는 특수과학 — 인식의 '특수한' 형식에 전념하는 인식론과 추론적 사고의 '특수한' 형식에 전념하는 논리학 — 으로 변형시키려는 방식이 그것이다.

특수를 보편으로부터 구분하듯이 논리학을 변증법으로부터 구분해, 논리학은 사고의 '특수한 특성'을 연구하고 변증법은 이런 특성을 연구하는 것과 거리가 멀다고 생각하는 것은 사고형식과 법칙의 '특수한 본질'이 논리학과 변증법 양자의 보편적 특성이라는 사실을 단순히 잘못 이해했거나 무시한 데 근거한다.

과학으로서의 논리학은 결코 물리학자나 화학자, 경제학자나 언어학자의 사고작용의 '독특한 특성'에 관심을 두지 않고 오히려 보편적(불변적) 형식과 법칙에 관심을 둔다. 이런 형식과 법칙 내에서 모든 사람들의 사고작용이 발생함은 물론, 사고에 관해 특히 생각하는 전문적 논리학자를 포함한 모든 이론가들의 사고작용이 발생하는 것이다. 따라서 유물론의 관점에서 볼 때, 논리학은 외부세계에 대한 사고작용과 사고 자체에 대한 사고작용 양자를 똑같이 지배하는 형식과 법칙을 탐구한다. 그러므로 논리학은 사고와 실재의 보편적 형식에 관한 과학인 것이다. 논리학이 보편적 형식(존재와 사고에 공통된)뿐 아니라 사고운동의 '특수한 형식'까지도 탐구해야 한다는 주장은 실제로 역사적으로 형성된 논리학과 심리학 사이의 분업을 무시한 것이고, 심리학의 주제를 박탈한 것이며, 힘에 벅찬 과제를 논리학에 던져 놓는 것이 된다.

논리학을 변증법과 구별되는(비록 밀접히 연관돼 있다고 여길지라도) 과학으로 이해하는 것은 논리학과 변증법을 잘못 이해하는 것이고, 유물론적 방식으로 이해하는 것이 아니다. 왜냐하면 변증법으로부터 인위적으로 분리된 논리학은 순수 주관적 방법과 행동, 다시 말해 인간의 의지와 의식 그리고 물질의 특수성에 의존하는 활동형식을 서술하는 것으로 바뀌게 되고, 따라서 객관적 과학일 수가 없기 때문이다. 반면에 '세계 전체'에 대한 주장이나 '세계의 도식'의 형태를 취하면서 인식(사고)의 발전과정을 문제 삼지 않는 변증법은 마찬가지로 특별한 어떤 것('자연과 사회에서 모든 것은 상호작용한다', '모든 것은 발전한다' 그리고 '모순을 통해서' 등등과 같은 종류의 것)에 관한 것이 아니라 지구상의 모든 것에 관한 극히 일반적인 진술들을 끌어모으는 것으로 불가피하게 변모되고 만다.

이렇게 이해된 변증법은 동일한 보편적 명제를 반복해서 '확증하는' 사례들을 통해 순수 형식적 방식으로 실질적 인식과정과 결합된다. 특수에 대한 보편의 이런 형식적 부가는 분명히 보편적인 것이기는 하나, 특수에 대한 우리의 이해를 조금도 심화시키지 못하는 한편, 변증법은 죽은 도식으로 변형되고 만다. 그래서 레닌은 변증법을 사례들의 총합으로 변형시키는 것은 변증법을 논리학과 유물론의 인식론으로 이해하지 못한 필연적 귀결이라고 생각했다.

주관적이거나 객관적인 모든 과정이 발생하는 보편적 형식에 관한 과학인 논리학은 구체적 전체의 형성과정(혹은 구체적 전체를 정신적·이론적으로 재생산하는 과정)에서 연속적으로 계기하는 단계들을 반영하는 특수한 개념(논리적 범주)의 엄밀한 체계로 정의된다. 한 이론 내에서 연속적으로 계기하는 범주들의 전개는 인간의 의지와는 독립한 객관적 특징을 지닌다. 그런 범주들의 연속적 전개는 경험적 근거를 갖는 이론적 지식의 연속적이고 객관적인 발전에 의해 우선적으로 표현된다. 그와 같은 표현 형태로, 현실적인 역사과정의 객관적 연속은 우연적 사건들이 분열된 형태나 역사적 형태가 제거된 채 인간의 의식 내에 반영되는 것이다.[11]

그 때문에 논리적 범주는 직접적으로 세계를 구별해 인식하는 단계이며, 세계를 인식하고 지배하는 데 도움을 주는 결절점인 것이다.[12] 레닌은 이런 견해를 피력하는 데서 논리적 범주의 일반적이고 연속적인 발전에 주목했다. "최초에 여러 인상들이 떠오르고, 그러고 나서 어떤 것이 뚜렷해진다. 그 후에 질의 개념들(사물 혹은 현상의 여러 규정들)과 양의 개념들이 전개된다. 그런 후에 연구와 숙고를 통해 사고는 동일성-차이-근거-본질 대 현상-인과성 등의 인식으로 향하게 된다. 이런 모든 인식의 계기들(한 걸음 한 걸음, 단계들, 과정들)은 주관으로부터 객관을 향해 운동하고 실천적으로 검증되며, 이런 검증에 의해 진리에 도달하게 된다."[13] "이것은 현실적으로 인간의 모든 인식(모든 과학) 일반의 보편적인 진행 과정이다. 이것은 자연과학과 정치경제학(그리고 역사)의 진행 과정이기도 하다."[14] 레닌에 따르면 이것이야말로 과학적 인식 운동의 핵심이다.[15]

논리적 범주들은 필연적으로 대상을 전개시키는 인식의 단계들, 즉 대상을 형성하는 일련의 연속하는 본질적 단계들이지만, 결코 어린아이들이 모래를 퍼 담을 때 사용하는 물통처럼 주관에 강제되는 기계장치는 아니다. 따라서 모든 논리적 범주에 대한 규정은 단순히 주관적 활동의 형식을 규정하는 것만이 아니라 대상도 규정하는 객관적 특성을 지닌다. 또한 사고이론 내에서 범주가 계기하는 연속적 과정 역시 마찬가지의 필연적 특성을 지닌다. 동일성과 차이, 질과 한도 등에 대한 과학적 규정에 앞서 그 규정과 무관하게 객관적 토대 위에서 필연성 혹은 목적을 과학적으로 엄밀하게 규정하는 것은 불가능하다. 이는 그 단순한 구성요소들인 상품과 화폐가 미리 분석되지 않고서는 자본과 이윤을 과학적으로 이해하는 것이 불가능하고, 또 화학적 구성 원소들이 알려지지 않은 동안에는(분석을 통해 확인하지 않고서는) 유기화학의 복잡한 화합물을 이해하는 것이 불가능한 것과 꼭 마찬가지다.

논리학의 범주들을 체계적으로 다루기 위한 계획의 윤곽을 잡으면서 레닌은 다음과 같이 언급하고 있다. 즉 "비록 마르크스는 그 어떤 논리학(Logic; 첫 글자를 대문자로)도 남기지 않았지만, 그럼에도 그는 자본의 논리학을 남겼다. 이 점은 여기서 다뤄야 할 문제를 위해 충분히 활용돼야 한다."[16] 더구나 우리는 과학으로서의 논리학의 전개 과정에서 최상의 (변증법적) 전통에 근거를 둠으로써만 정치경제학 이론의 기저에 놓인 논리적 범주를 정치경제학 이론의 구체적 운동으로부터 구별할 수 있다. "헤겔의 《논리학》 전체를 철저히 탐구하고 이해하지 않고서는 마르크스의 《자본론》, 특히 제1장을 이해하는 것은 전혀 불가능하다."[17]

더 나아가서 레닌은 다음과 같이 썼다. "마르크스는 '그의 《자본론》에서' 부르주아 (상품) 사회의 가장 단순하고 가장 평범하고 가장 근본적이고 가장 대규모적이고 가장 일상적이며 수백만 번 접하는 관계, 즉 상품 교환을 최초로 분석하고 있다. 그 분석은 이런 가장 단순한 현상(부르주아 사회의 '세포') 속에서 근대사회의 모든 모순(혹은 모든 모순의 맹아)을 폭로한다. 계속 이어지는 서술은 이 모순의 발전(성장과 운동 모두) 그리고 이런 사회가 그 개별 부분들의 Σ(총합) 속에서 이루는 발전을 처음부터 끝까지 우리에게 보여 준다. … 이 방식은 또한 변증법 일반의 서술(혹은 탐구) 방법임이 틀림없다(왜냐하면 마르크스는 부르주아 사회의 변증법을 변증법의 특수한 경우에 불과한 것으로 봤기 때문이다)."[18]

10장
변증법적 논리학의 범주로 본 모순

    상호 배타적인 대립물들의 구체적 통일인 모순은 변증법의 실질적 핵심이며, 변증법의 중심 범주다. 이 점에 관해서는 마르크스주의자들 사이에 이견이 있을 수 없다. 하지만 사고의 논리학을 뜻하는 '주관적 변증법'이 문제시되자마자, 곧바로 만만찮은 난점이 제기된다. 어떤 대상이 현존하는 모순이라면, 그 대상을 표현하는 사고(대상에 관한 진술)는 어떤 것이어야 하는가? 객관적 모순은 사고 내에 반영될 수 있는가? 만일 그렇다면, 어떤 형태로 반영되는가?

    하나의 대상에 대한 이론적 규정들 사이에서 나타나는 모순은 과학의 발전에 의해 끊임없이 재생산되며, 또 변증법이나 형이상학, 유물론이나 관념론에 의해 부정되지 않는다. 오히려 이들 사이의 논쟁은 사고 내의 모순과 대상 간의 관계는 어떤 것인지, 올바르고 정확한 사고 내에 모순이 존재할 수 있는지 등의 문제를 둘러싸고 이뤄진다.

    형이상학적 논리학자는 대립물들의 일치(대립물들의 동일성)라는 변증법적 법칙이 사고과정에 적용 불가능하다는 점을 논증하려 한다. 형이상학적 논리학자 가운데, 변증법의 입장과 마찬가지로 대상 자체가 내적으로 모순될 수도 있음을 인정하는 경우가 종종 있다. 모순은 대상 내에 존재하지만, 그 대상에 대한 관념 내에는 존재하지 않는다는 주장이 그것이다. 그러나 그들은 논리적 과정과 관련해 변증법의 핵심을 이루고 있는 법칙의 진리성을 여전히 인정하지 않고 있다. 그들은 모순율을 진리의 절대적이고 형식적인 기준, 반박 불가능한 선험적 규준, 논리학의 최고 원리로 변모시켜 버렸다.

어떤 논리학자들은 과학의 관례를 들먹임으로써 절충주의라고 부를 수밖에 없는 이런 입장을 공고하게 하고자 애쓴다. 그 어떤 과학이라도 하나의 대상에 대한 규정에서 모순에 직면했을 때, 늘 그 모순을 해결하고자 하는 법이다. 이 경우, 과학의 활동은 사고 내에서는 어떤 모순도 용납될 수 없고 어떻게 해서든 제거돼야 한다는 형이상학의 처방을 추종하고 있는 것은 아닌가? 논리학 분야의 형이상학자들은 과학의 발전에 기여한 비슷한 계기들을 그런 방식으로 해석한다. 그들에 따르면, 과학은 언제나 모순을 피하고자 하는 반면에 변증법에는 그와 반대되는 경향이 있다고 한다.

위에서 살펴본 견해는 다음과 같은 중대한 역사적 사실을 잘못 알고 있거나, 혹은 전혀 알고 있지 못한 데서 비롯한 것이다. 형식논리학 이외의 논리학을 알지도 못하고, 또 알려고 하지도 않는 형이상학적 사고가 마침내 논리적 모순(이는 형이상학적 사유가 규정들 내의 그 어떤 모순도 범해서는 안 된다는 금지 사항을 철저히 지켰기 때문에 야기된 것이었다)에 봉착한 지점에서 변증법이 탄생했다는 역사적 사실이 그것이다. 변증법적 논리학은 오히려 이런 모순들을 해결하는 수단이기 때문에, 변증법이 모순들을 누적하려 한다고 비난하는 것은 어리석은 짓이다. 병의 원인을 의사의 왕진에서 찾는 것은 불합리하다. 중요한 것은 변증법이 과연 사유가 처하게 된 모순들 — 이는 사실 모든 모순들을 무조건적으로 금지하는 형이상학적 식이요법의 결과다 — 을 치료하는 데 성공적인지의 여부다. 만일 성공적이라면, 그 까닭은 무엇인가?

논리적 모순들이 절대화된 형식논리학에 의해 누적돼 온 정도와, 논리적 모순들이 변증법적 논리학에 의해 합리적으로 해결된 정도를 두드러지게 보여 주는 전형적 사례를 분석해 보자. 리카도Ricardo 학파가 붕괴하고 마르크스의 경제학 이론이 부상했던 정치경제학의 역사를 염두에 둘 필요가 있다. 잘 알고 있듯이, 리카도 학파가 처해 있던 이론적 역설과 이율배반의 막다른 골목에서 빠져나오는 길은 오직 마르크스에 의해 발견됐고, 정확하게 말하면 변증법적 논리학에 의해 발견됐다.

리카도의 이론이 많은 논리적 모순을 포함하고 있다는 사실은 결코 마르크스에 의해 발견된 것이 아니었다. 그 사실은 맬서스Malthus, 시스몽디Sismondi, 매컬럭McCulloch, 프루동Proudhon에 의해 분명하게 간파됐다. 하지만 마르크스만이 노동가치설에 포함된 모순들의 진정한 특징을 이해할 수 있었다. 마르크스를 좇아 그 모순들 가운데 가장 대표적이고 심각한 것 중 하나인 가치법칙과 평균이윤율 법칙 사이의 이율배반을 살펴보자.

리카도의 가치법칙은 살아 있는 노동이 가치의 유일한 원천이자 실체임을 확립했으며 이는 객관적 진리를 향한 도정에서 거대한 진보였다. 그리고 이윤 역시 가치로 파악됐다. 그러나 이런 사실을 가치법칙을 통해서 이론적으로 나타내고자 할 때는 명백한 논리적 모순이 포착된다. 그런 모순은 이윤이 새롭게 창출된 새로운 가치, 혹은 새로운 가치의 일부라는 데 있었다. 그것은 분석적으로 볼 때는 반박의 여지가 없이 옳은 규정이었다. 하지만 리카도의 가치법칙에 따르면 새로운 노동만이 새로운 가치를 산출한다. 이런 사실이 어떻게 해서 이윤의 양은 이윤 산출에 지출된 살아 있는 노동의 양에 의해 결코 결정되지 않는다는 분명한 경험적 사실과 결합될 수 있었을까? 리카도의 이론에서는 이윤의 양은 전적으로 총자본의 양에 달려 있고, 결코 임금에 들어가는 부분의 크기에 달려 있지 않다. 나아가서 이윤이 커질수록 이윤 산출에 지출된 살아 있는 노동이 작아진다는 것은 더욱 역설적이 아닐 수 없다.

리카도의 이론에서, 이윤의 크기가 총자본의 양에 달려 있음을 확립했던 평균이윤율 법칙과 살아 있는 노동만이 새로운 가치를 산출함을 확립했던 가치법칙은 직접적이고 상호 배타적인 모순 관계에 있다. 그럼에도 두 법칙은 동일한 대상(이윤)을 규정하는 것이었다. 그 당시 맬서스는 심술궂은 즐거움에 가득 차서 이런 이율배반을 간파하고 있었다.

여기서 형식논리학의 원리에 의거해서는 해결한 수 없는 문제가 제기됐다. 사유가 이 부분에서 이율배반에 이르고 논리적 모순에 봉착했다고 할지라도, 그 때문에 변증법을 비난하기는 어려웠다. 리카도나 맬서스는 변증법이라는 개념을 전혀 알지 못했기 때문이다. 리카도와 맬서스는 로크의 오성 이론과 그 이론에 상응하는 논리학(형식논리학)만을 알고 있었다. 형식논리학의 규준들은 리카도와 맬서스가 반박할 수 없는 것이었고, 유일무이한 것이기도 했다. 형식논리학은 일반법칙(이 경우에는 가치법칙)이 모순 없이 모든 사실들을 포괄할 수 있는 직접적인 일반적 경험 법칙으로 입증되는 경우에 한해서만 일반법칙을 정당화했다.

가치법칙과 그 발현 형식 간에는 실제로 모순 관계가 없는 것으로 이해됐다. 그러나 이윤을 가치법칙을 통해 이론적으로 다루려 하자마자, 이윤은 돌연 불합리한 모순으로 드러난다. 가치법칙이 보편적인 것이라면, 이윤은 원리적으로 불가능한 것이다. 이윤이 존재한다는 것 자체가 가치법칙, 즉 이윤의 특수한 존재법칙의 추상적 보편성을 반박하는 것이다.

노동가치설의 창시자인 리카도는 이론적 진술과 대상 간의 일치에 우선적 관심을 기울였다. 그는 냉정하게, 심지어는 냉소적으로 현실의 사태를 표현했다. 그리고 해소될 수 없는 적대감으로 가득 찬 현실의 사태는 사고 내에서 당연히 갈등, 적대, 논리적 모순의 체계로 나타났다. 부르주아 이론가들이 자신의 이론이 갖는 취약성과 불완전성의 증거로 여겼던 이런 상황은 오히려 그 반대의 것에 관한 증거, 즉 그 이론의 강점과 객관성의 증거였다.

리카도의 제자들과 그의 계승자들이 이론과 대상의 일치에 더는 주된 관심을 기울이지 않고, 오히려 전개된 이론적 규정들이 형식논리적 일관성이라는 조건과 이론의 형식적 통일성의 규준을 만족시키는가 하는 것에 관심을 기울이게 됐을 때, 노동가치설은 무너지기 시작했다. 마르크스는 제임스 밀에 대해서 다음과 같이 말했다. "그가 이루고자 애쓴 것은 형식적이고 논리적인 일관성이다. '그러므로' 리카도 학파의 붕괴는 그와 더불어 시작된다."[1]

마르크스가 보여 줬듯이, 사실 일반적 가치법칙은 가치의 경험적 발현 형식인 평균이윤율 법칙과 상호 배타적인 모순 관계에 있다. 그것은 실재 대상의 실재하는 모순이었다. 그리고 하나의 법칙을 다른 법칙하에 포섭시키고자 할 때, 모순이 제기된다는 점은 하등 놀라운 것이 아니었다. 그럼에도 리카도 학파가 가치와 이윤을 모순 없이 직접적으로 일치시키고자 했을 때, 그들은 다음과 같은 문제를 안게 됐다. 마르크스의 표현을 빌리면, 이 문제는 "원을 정방형으로 만드는 것보다 훨씬 더 풀기 어려운 것이고 … 존재하지 않는 것을 실제로 존재하는 것으로 나타내려는 시도일 뿐이다."[2]

형이상학적으로 사고하는 이론가가 그런 역설에 직면할 경우, 그는 역설을 보편적 법칙을 해명하고 정식화하는 사유 과정의 초기에 저질러진 실수의 산물이라고 억지로 해석한다. 그리하여 그는 당연히 개념들을 더 정확하게 만들고 표현들을 바로잡는 이론에 대한 순수 형식적 분석을 통해 그 역설의 해결책을 모색한다. 문제 해결을 위해 그와 같은 방식으로 접근하는 것에 대해서 마르크스는 다음과 같이 썼다. "여기서는, 일반법칙과 구체적 상황의 전개 사이에 성립하는 모순이 그 양자의 연결고리를 발견함으로써 해결되지 않고, 구체적인 것을 추상적인 것에 곧바로 종속시키고 직접적으로 적합하게끔 함으로써 해결되고 있다. 더욱이 이런 해결이 언어적 허구에 의해, 즉 사물들의 참된 이름들을 바꿈으로써 이뤄지고 있다.(그러나 이것들은 실로 '언어상의 논쟁들'일 뿐이고, 그 언쟁들은 '언어적'일 뿐이다. 왜냐하면 현실적 방식으로 해결될 수 없는 실재 모순들이 말에 의해 해결되는 것이기 때문이다.)"[3]

일반법칙이 사물들의 경험적 일반 상태와 모순될 때, 경험주의자들은 즉각 경험 일반을 직접적으로 포섭할 수 있도록 일반법칙의 정식화를 변경함으로써 모순에서 벗어나고자 한다. 얼핏 보기에 그것은 타당한 듯하다. 사고가 사실들에 모순된다면, 그 사고는 외관상 직접 주어진 일반 현상과 조화를 이루도록 변경돼야 할 것처럼 보인다. 그러나 실상 이런 방식은 이론적으로 잘못된 것이며, 리카도 학파는 이런 방식을 취함으로써 노동가치설을 완전히 부정하게 됐다.

리카도가 제시한 일반법칙은 조야한 **경험**으로 말미암아 희생됐다. 그러나 조야한 경험주의가 빠져들 수밖에 없는 "그릇된 형이상학, 스콜라주의는 부정할 수 없는 경험적 현상들을 단순한 형식적 추상을 통해 직접적으로 일반법칙에서 이끌어 내고자 하거나, 교묘한 논증을 통해 그 현상들이 일반법칙과 일치한다는 것을 증명하고자 하는 고통스러운 노력을 기울인다."[4]

형식논리학과 이를 절대시하는 형이상학은 사유 내의 모순들을 해결하는 두 가지의 방식만을 알고 있을 뿐이다. 첫 번째 방식은 일반법칙을 직접적으로 일반적이며 경험적으로 명백한 사태에 맞추는 것이다. 이는 이미 살펴봤듯이 가치 개념을 손상시키는 것이었다. 두 번째 방식은 사유 내의 논리적 모순을 표현하는 내적 모순을 그 자체로 각각은 모순적이지 않은 두 사물의 외적 모순으로 나타내는 것이다. 이 두 번째 방식은 내적 모순을 '다른 관계, 혹은 다른 시간에서' 발생한 모순으로 환원시키는 절차로 알려져 있다. 예컨대, 이 절차는 다음과 같이 이뤄진다. 이윤이 가치로부터 모순 없이 설명될 수는 없을까? 물론 설명될 수 있다! 일면적 접근 방식을 고집할 필요는 없다. 이윤이 노동에서 생겨날 뿐 아니라 그 밖의 많은 요인들에서도 현실적으로 생겨난다는 것은 인정돼야 한다는 것이다. 토지, 기계, 수요와 공급 등과 같이 노동 이외의 수많은 요인들이 고려될 필요가 있다. 이는 모순에 빠진 것이 아니라, 더 완전해진 것으로 생각됐다. 그리하여 '자본-이윤, 토지-지대, 노동-임금'이라는, 속류 경제학의 저 유명한 삼위일체 정식이 탄생하게 됐다. 거기에는 진정으로 아무런 논리적 모순도 없었다. 그러나 모순은 사라졌지만, 그와 더불어 사물 일반에 대한 이론적 접근도 사라져 버렸다.

결론은 분명해졌다. 즉, 모순을 해결하는 모든 수단이 이론의 발전으로 이어지는 것은 아니라는 점이다. 위에서 개괄한 두 가지 방식은 이론을 경험적 절충주의로 뒤바꾸는 것에 불과한 해결책이었다. 왜냐하면 무릇 이론이란, 모든 개별 현상들을 구체적이고 일반적인 동일한 실체(이 경우에는 가치 실체, 살아 있는 인간의 노동이라는 실체)가 필연적으로 변형된 것으로 이해하고자, 의식적으로 그리고 원칙에 입각해 노력할 때에만 비로소 존립이 가능하기 때문이다.

노동가치설의 붕괴가 아니라 그것의 현실적 발전을 위해 리카도 이론의 논리적 모순을 해결하는 데 성공한 이론가는 물론 마르크스뿐이었다. 이율배반을 해결하는 그의 변증법적 유물론의 방법은 무엇인가? 우선 리카도가 발견했던 현실적 모순들이 마르크스 체계 내에서 사라지지 않았음을 설명할 필요가 있다. 더욱이 그 모순들은 그의 체계 내에서 대상 자체의 필연적 모순으로 제시됐지, 결코 개념적 오류나 규정상의 부정확성이 낳은 결과로 제시된 것은 아니었다. 예컨대 《자본론》 제1권에서 잉여가치는 오로지 임금으로 지출되고 살아 있는 노동으로 전화된 자본 부분, 즉 가변자본의 산물임이 입증된다. 하지만 제3권에서는 이렇게 말하고 있다. "그렇다고 할지라도, 결과는 잉여가치가 투하자본의 모든 부분들에서 동시에 발생한다는 것이다."[5]

제1권의 첫 번째 진술과 제3권의 두 번째 진술 사이에 전체적 체계, 연결고리의 전체적 사슬이 전개돼 있다. 그러나 두 진술 사이에는 형식논리학에 의해 금지된 상호 배타적인 모순 관계가 보존돼 있다. 이런 까닭으로 《자본론》 제3권이 나온 이후에 속류 경제학자들은 마르크스가 그 자신의 약속을 지키지 않았으며, 노동가치설의 이율배반이 마르크스에 의해서도 여전히 해결되지 않은 채로 남아 있고, 결과적으로 《자본론》 전부가 사변적이고 변증법적인 야바위에 지나지 않는다고 의기양양하게 선언했던 것이다.

그래서 《자본론》에서도 일반적인 것은 그 일반적인 것의 특수한 표현과 모순되고, 그 둘 사이의 모순은 사라지지 않고 있는데, 이는 매개 고리의 전체적 사슬이 양자 사이에 전개돼 있기 때문이다. 오히려 이와 같은 모순은 노동가치설의 이율배반이 논리적 모순이 아니라, 리카도가 비록 이해하지는 못했지만 정확하게 표현한 대상에 실재하는 모순이라는 점을 입증한다. 이와 같은 이율배반들은 《자본론》에서 결코 주관적인 것으로서 제거되는 것이 아니라 한층 더 깊고 구체적인 이론적 개념체계 내에서 이해되고 포섭됐다. 달리 말해, 그 이율배반들은 보존됐지만, 경제적 현실에 대한 구체적 개념이 추상적 계기로 전환됨으로써 논리적 모순의 성격을 탈피했다. 구체적으로 전개된 체계라면 모두 모순을 자기운동의 원리 및 체계 전개의 형식으로 포함한다는 사실은 하등 놀라울 것이 없다.

이제 형이상학자 리카도와 변증법 이론가 마르크스가 가치를 어떻게 이해했는가 하는 점을 비교해 보자. 물론 리카도는 가치를 그 형식의 측면에서 분석하지는 않았다. 그가 가치를 추상한 방식은 한편으로는 불완전했고, 다른 한편으로는 형식적이었던 까닭에 그릇된 것이었다. 그렇다면 마르크스는 리카도가 빠뜨리고 있는 완전하고도 간결한 가치분석을 어떤 점에서 파악했을까? 우선 그는 구체적이고 생생한 모순을 가치에서 찾아냈다.

리카도는 노동을 가치의 실체로 간주하는 그 실체의 측면에서만 가치를 제시했다. 그에 비해 마르크스는 헤겔의 《정신현상학》에 나와 있는 표현을 사용해 가치를 실체뿐 아니라 주체로도 이해했다. 가치는 정치경제학의 모든 전개 형식과 범주의 실체이자 주체로 묘사됐고, 이와 더불어 의식적 변증법이 정치경제학에서 시작됐다. 왜냐하면 마르크스적 개념에서 주체(《정신현상학》의 용어를 빌려 왔다)는 자신의 내적 모순들을 통해 전개되는 실재이기 때문이다.

마르크스의 가치분석을 좀 더 상세하게 살펴보자. 우선 그는 화폐의 매개가 없는 직접적 교환, 혹은 상품과 상품의 물물교환을 탐구한다. 가치는 하나의 상품이 다른 상품과 맞바뀌는 과정인 교환에서만 발현되고, 결코 그 자체로는 나타나지 않는다. 가치는 하나의 상품이 상대적 가치의 역할을 하고, 그 상품과 대립해 있는 또 다른 상품이 등가물의 역할을 하는 방식으로 발현된다. "하나의 상품은 동일한 가치표현에서, 두 가지 형태를 동시에 취할 수는 없다. 이 형태들은 양극적 대립물들이고 상호 배타적이다."[6]

형이상학자는 하나의 상품이 동시에 두 가지 상호 배타적인 형태들을 취할 수 없다는 구절을 읽고서 분명히 기뻐할 것이다! 하지만 마르크스가 상호 배타적인 규정들이 대상과 그 대상의 개념 내에서 일치할 가능성을 부정한다고 말할 수 있는가? 오히려 정반대다. 사실은 우리가 아직 가치의 개념, 즉 가치 그 자체에 관해 주의를 기울이지 않고 있을 뿐이다. 위의 인용문은 가치의 현상형태를 분석한 결과다. 가치 자체는 이론적으로 표현되지 않고 신비한 (상품들 각각의) 본질로 여전히 남아 있다. 드러난 현상만을 본다면, 가치는 자신의 추상적이고 일면적인 두 가지 현상형태가 가시화되는 것처럼 나타난다. 그러나 가치 자체는 이들 현상형태의 어느 쪽과도 일치하지 않으며, 그들 형태의 기계적 통일과 일치하는 것도 아니다. 가치는 좀 더 근저에 놓여 있는 제3의 것이다. 예컨대 상품인 아마포는 그 소유자에 대한 관계에서는 상대적 가치형태로만 드러나는데, 동일한 관계에서 상품이 동시에 등가물일 수는 없다.

추상적이고 일면적인 시각으로 볼 때에만 그와 같은 문제가 생겨난다. 사실 아마포의 소유자는 상의上衣의 소유자와 전적으로 대등하기 때문에 상의의 소유자의 입장에서 보면 위에서 살펴본 관계는 정반대의 것[상의가 상대적 가치형태로 되고, 아마포는 등가물의 형태로 되는 것]으로 드러난다. 따라서 두 가지 다른 관계들이 존재하는 것이 아니라, 하나의 구체적이고 객관적인 관계, 즉 두 상품의 소유자들이 갖는 하나의 상호관계만이 존재하는 것이다. 구체적 관점에서 보면 아마포와 상의라는 두 상품은 서로 상대방의 가치를 측정하고, 아울러 서로 상대방의 가치가 측정되는 소재의 역할을 한다. 바꿔 말하면, 각 상품은 서로 가치의 등가형태가 다른 상품에 실현돼 있다는 것을 전제로 한다. 또한 상대적 가치형태의 상품은 더는 등가형태를 띨 수 없다는 것을 전제로 한다.

요컨대 현실적으로 완성된 교환은 그 교환 속에서 상호 관련된 두 가지 상품 각각이 자신의 가치를 측정하고, 아울러 상대방 상품의 가치를 표현해 주는 소재의 역할을 함으로써, 가치표현의 두 가지 경제적 현상형태들을 동시에 취한다는 점을 전제로 한다는 것이다. 추상적이고 일면적인 관점에서 보면, 그 상품들 각각이 하나의 형태만을 띰으로써 어떤 관계에서는 상대적 가치의 역할을 하고 다른 관계에서는 등가물의 역할을 하는 반면에, 구체적이고 실제적인 측면에서 보면 그 상품들 각각은 동시에, 더욱이 가치의 상호 배타적인 두 가지 표현 형태들을 포함하는 동일한 관계 내에서 존재한다. 두 가지 상품들이 서로 상대방을 등가물로 인정하지 않는다면, 교환은 이뤄질 수 없다. 교환이 이뤄진다는 것은 양극적인 두 가지 배타적 가치형태들이 두 가지 상품들 각각에 결합돼 있다는 것을 의미한다.

여기서 형이상학자는 마르크스가 스스로 모순을 범하고 있다고 말할 것이다. 마르크스는 어떻게 해서 양극적인 두 가지의 가치표현 형태들이 하나의 상품에 결합될 수 없다고 한 뒤에 다시 그 가치 형태들이 현실적 교환에서는 두 가지 상품들 각각에 마찬가지로 결합돼 있다고 말할 수 있었을까? 사물에 대한 구체적 연구는 사물에 대한 일면적이고 추상적인 접근을 거부하고, 그런 접근이 그릇된 것임을 보여 준다는 것이 그 대답이 될 것이다. 상품 교환에 대한 진리는, 추상적이고 일면적인 시각에서 보면 상품 교환은 절대로 이해될 수 없는 어떤 관계로 돼 버린다는 점에 있다.

분석을 통해 알 수 있듯이 이제까지 살펴본 모순의 형태 내에서 또 다른 것이 발견되는데, 이는 상품들 각각의 완전한 내용, 즉 가치와 사용가치 간의 내적 모순이다. 마르크스는 이렇게 말한다. "이리하여 상품 내에 은폐돼 있는 가치와 사용가치 사이의 상이함은, 그 상이함을 밖으로 드러내 주는 대응물인 두 가지 상품 사이의 관계를 갖는다. 그 대응물은 가치가 사용가치로만 표현되는 상품과 가치가 교환가치로만 표현되는 상품 사이의 관계다. 그러므로 상품의 단순한 가치형태는 (상품 내에서) 사용가치와 가치 사이의 고유한 상이성을 나타내 주는 단순한 현상형태다."[7]

논리학의 측면에서 볼 때, 이런 점은 대단히 본받을 만하다. 형이상학자는 모순되는 규정들이 하나의 사물에 대한 개념이나 진술 내에서 일치한다는 사실에 직면했을 때, 그 속에서 잘못된 이론적 표현을 찾아내서 내적 모순을 두 사물들의 외적 모순으로 뒤바꾸려고 애쓴다. 형이상학자가 볼 때 내적으로 모순적이지 않은 두 사물들의 외적 모순이란 '다른 관계, 혹은 다른 시간에서' 발생한 모순을 말한다. 마르크스는 이와는 정반대로 행동했다. 그는 상호 관련된 사물들 각각에 감춰져 있는 내적 모순이 외적 질서를 갖는 모순에서만 밖으로 드러난다는 것을 보여 줬다.

그 결과, 가치는 한 상품이 그 자신에 대해서 갖는 내적 관계로 제시됐고, 다른 상품에 대한 관계를 통해서 밖으로 드러났다. 따라서 다른 상품은 자신의 가치를 표현하고 있는 [자기와 다른] 상품의 내적 모순성이 반영되는 거울의 역할만 수행한다. 철학적 용어로 표현하면, 외적 모순은 현상으로만 나타나고, 다른 상품에 대한 관계는 그 자체가 매개가 돼 자신에 대한 상품의 관계로 나타난다. 자신에 대한 내적 관계는 아울러 상호 관련된 상품들 각각의 완전한 경제학적 내용, 즉 가치였다.

형이상학자는 언제나 내적 관계를 외적 관계로 환원하고자 애쓴다. 그가 볼 때, '하나의 관계' 내에서 나타나는 모순은 지식의 추상성에 대한 지표, 즉 추상 수준이 서로 다른 것들이 뒤섞여 있음을 나타내 주는 지표다. 그리고 외적 모순은 지식의 '구체성'과 같은 말이다. 마르크스의 경우에는 그와 정반대다. 즉 어떤 대상이 사유 내에서 외적 모순으로만 나타날 경우 이는 지식의 일면성과 피상성을 나타내 주는 지표가 된다. 왜냐하면, 그런 경우는 모순 자체가 아니라 단지 내적 모순의 외적 발현 형태가 포착됐음을 의미하기 때문이다. 변증법은 늘 사람들로 하여금 한 사물이 다른 사물과 맺는 관계의 배후에 숨어 있는, 한 사물이 그 자신에 대해 맺고 있는 관계, 즉 자신의 고유한 내적 관계를 간파할 수 있도록 해 준다.

변증법이 내적 모순만을 인정하고 형이상학이 외적 모순만을 인정한다는 데 양자의 차이가 있는 것은 결코 아니다. 형이상학은 실제로 늘 그 객관적 의미를 부정함으로써 내적 모순을 '다른 관계 내'의 모순으로 환원하려 한다. 변증법은 결코 전자를 후자로 환원하지 않는다. 변증법은 양자의 객관성을 인정한다. 그러나 핵심은 외적 모순을 내적 모순으로 환원하는 데 있는 것이 아니라 내적 모순을 외적 모순에서 이끌어 내 양자의 객관적 필연성을 인정하는 데 있다. 더욱이 변증법은 내적 모순이 언제나 현상, 즉 외적 모순으로 드러난다는 사실을 부정하지 않는다.

교환에서 만나는 두 가지 상품들 각각에서 상호 배타적인 경제학적 규정들(가치와 사용가치)이 직접적으로 일치한다는 것은 또한 단순한 상품 교환의 본질에 대한 참된 이론적 표현이기도 하다. 이런 본질이 가치다. 논리적 측면에서 볼 때, 가치 개념은 (교환 행위에서 나타나는 가치의 외적 발현 형태와 다르게) 양극적 대립물인 두 가지 형태의 경제학적 존재가 직접적으로 일치하는 것, 즉 직접적 모순으로 나타난다는 특징을 지닌다.

따라서 현실적 교환 행위에서 이뤄진 결과는 대립물들을 직접적이고 무매개적으로 동일시하는 추상적(형식적·논리적) 추론의 견지에서는 파악할 수 없었다. 이런 점은 직접적 상품 교환이 충돌·갈등·모순과 공황 없이 순조롭게 성취될 수 없다는 현실적 사실을 이론적으로 표현하고 있다. 요컨대 직접적 상품 교환이 사회적 생산의 다양한 분야에서 지출된 사회적 필요노동의 척도, 즉 가치를 나타내 주지는 못한다는 것이다. 그러므로 가치는 단순한 상품형태의 한계 내에서는 해결되지도 않고 해결될 수도 없는 이율배반으로 머무르고 만다. 그런 한계 내에서는 상품은 양극적인 두 가지의 가치형태로 존재해야 하면서도 존재할 수 없기 때문에 가치에 의한 현실적 교환은 불가능하게 된다. 하지만 어찌 됐든 간에 교환은 발생하고, 따라서 양극적인 두 가지 가치형태는 각 상품 속에 결합돼 있다. 이율배반에서 벗어날 길은 어디에도 없었다. 마르크스의 공헌은 바로 그가 그런 점을 이해해서 이론적으로 표현했다는 데 있다.

시장을 통한 교환이 사물들의 사회적 교환이 지니는 유일하고도 보편적인 형태인 한, 가치의 이율배반은 상품 시장 자체의 운동에서 그 해결책을 찾아야 했다. 시장은 자신의 모순을 해결하기 위한 수단을 창출했다. 그 결과 화폐가 탄생했다. 교환은 아무런 매개 없이 직접적으로 이뤄지지 않게 됐고, 화폐라는 매개물을 통해 이뤄지게 됐다. 한 상품 내에서 상호 배타적인 경제적 형태들의 일치는 더는 지속될 수 없었는데, 그 이유는 그 일치된 형태들이 판매 행위(사용가치를 가치로 바꾸는 행위)와 구매 행위(가치를 사용가치로 바꾸는 행위)라는 두 가지 '다른 관계들'로 나뉘었기 때문이다. 이율배반적인 두 가지 행위들, 즉 경제적 내용상 상호 배타적인 행위들은 더는 직접적으로 일치하는 것이 아니라 다른 시간에, 그리고 시장의 다른 부분에서 이뤄지게 된다.

그런 이율배반은 얼핏 보기에 형식논리학의 전체 규칙에 의해 해결될 수 있는 것처럼 보인다. 그러나 그와 같은 추측은 피상적인 것에 불과했다. 사실상 이율배반은 결코 사라지지 않았고, 새로운 표현 형태를 띠게 됐을 뿐이다. 화폐는 완전히 순수한 가치가 될 수 없었고, 상품은 순수한 사용가치가 될 수 없었다. 상품과 화폐는 모두 이전과 다름없이 사유 내에서 규정상의 모순인 내적 모순으로 가득차 있었다. 더욱이 그 모순은 또다시 해결되지 않았고 해결할 수도 없었다. 그리고 그 모순은 비록 가끔이기는 하지만 대단히 분명하게 드러났고(예컨대 공황), 더욱 강하게 나타났다.

이런 모순이 표면화되지 않았을 때는, 상품의 소유자는 "유일한 상품은 화폐다" 하고 말한다. 그는 공황이 발생했을 때는 정반대로 그와 같은 자신의 추상적 진술을 반박하면서 "유일한 화폐는 상품이다" 하고 단언한다. 이론적이지만 구체적인 마르크스의 사고는 화폐의 경제학적 규정들이 갖는 내적 대립이 끊임없이 존재하고 있음을 보여 주고 있다. 나아가서 그런 규정들이 분명하게 가시적으로 표현되지 않고 화폐와 상품 속에 감춰져 있을 때, 즉 만사가 순조롭고 모순이 한꺼번에 해결되는 것처럼 보일 때에도 존재한다는 것을 보여 줬다.

초기에 생긴 가치의 이율배반은 화폐에 대한 이론적 규정들에 보존돼 있었다. 화폐에 대한 이론적 규정들 내에 보전돼 있는 가치의 이율배반은 비록 겉보기에는 두 가지의 '다른 관계들'로 나뉘어 없어진 것처럼 보였지만 화폐와 상품의 '단순한 본질'을 형성하고 있었다. 그러나 상품과 상품의 직접적 교환과 마찬가지로 '다른 관계들'은 화폐와 상품 내에, 따라서 그 양자에 대한 이론적 규정들 내에 아주 첨예하고 긴박하게 보존돼 있는 내적 통일성에 토대를 두고 형성됐다. 이전과 마찬가지로 가치는 한 상품이 그 자신에 대해서 맺는 내적 모순 관계로 머무르게 됐던 것이다. 이제 모순 관계는 더는 같은 종류에 속하는 다른 상품에 대한 직접적 관계를 통해서 드러나는 것이 아니라 화폐에 대한 관계를 통해서 드러나게 된다. 화폐는 이제 처음에 제시된 가치표현의 양극을 서로 바꿔 주는 수단으로 기능한다.

그와 같은 각도 아래 《자본론》의 전체적 논리 구조가 매우 중요하고도 새로운 측면에서 면밀히 검토됐다. 모든 구체적 범주는 가치와 사용가치가 서로 뒤바뀌는 과정에서 거쳐 가는 형태변화로 나타났다. 자본주의 체제 및 상품 체계의 형성과정은 마르크스의 이론적 분석에서 서로 끌어당기면서도 동시에 배척하는 가치의 양극들이 거쳐야만 하는 일련의 연결고리들이 복잡화되는 과정으로 드러났다. 가치와 사용가치가 서로 뒤바뀌는 과정은 더욱더 복잡하게 됐고, 양극 간의 긴장은 증대됐다.

그 긴장의 일시적이고 상대적인 해소는 공황을 통해 이뤄졌지만 그 궁극적 해소는 사회주의 혁명을 통해 이뤄진다.

사물들에 대해 그와 같이 접근하는 방식은 즉각적으로 모든 경제적 관계 형태에 대한 분석 방향을 사고에 제공해 줬다. 사실 상품 시장이 그 객관적 모순의 상대적 해결책을 화폐의 탄생에서 찾았듯이, 《자본론》에 나타난 화폐에 대한 이론적 규정들은 단순한 가치형태의 분석에서 드러난 이론적 모순을 상대적으로 해결해 주는 수단의 역할을 했다. 단순한 가치형태의 한계 내에서 가치의 이율배반은 해결되지 않은 채로 남았고, 개념적 모순으로서 사고 속에 고정됐다. 그런 모순에 대한 단 하나의 참된 논리적 해결책은 그것이 상품 시장의 운동 과정에서 실제로 어떻게 해결되는지를 추적하는 데 있다. 그리고 사고의 탐구 운동은 최초에 나타난 객관적 모순을 해결할 수 없어서 생겨난 이 새로운 실재를 해명하는 것에 초점이 주어졌다.

그리하여 이론적 사유의 과정은 혼란스러운 방황이 아니라, 합목적이고 엄밀한 과정이 될 수 있었다. 사고작용은 이 과정에서 경험적 사실들을 분명하게 정식화된 과제와 문제의 해결을 위해 꼭 필요한 조건과 자료를 찾는 데 사용했다. 그러므로 이론은 경험적 사실들 자체를 탐구하는 과정에서 전면에 제기될 수밖에 없었던 문제들을 끊임없이 해결하는 과정으로 나타났다.

상품-화폐의 유통에 대한 탐구는 다음과 같은 마르크스의 말대로 이율배반에 봉착했다. "아무리 슬쩍 속여 보려 해도 결국은 마찬가지다. 등가물끼리 교환된다고 해도 잉여가치는 창출되지 않으며 비등가물로 교환된다고 해도 잉여가치는 창출되지 않는다. 유통이나 상품 교환은 그 어떤 가치도 창출하지 못한다."[8] 그래서 그는 자본이 유통 외부에서 발생할 수 없는 것과 꼭 마찬가지로 유통으로부터도 발생할 수 없다고 결론을 내렸다. 자본은 "유통의 영역 내에서, 그리고 유통의 영역 밖에서 동시에 발생하는 것임이 틀림없다. 문제가 되는 상황은 그런 것이다. 여기가 로도스섬이다. 여기서 뛰어보라!(Hic Rhodus, hic salta)"⁹*

마르크스가 문제를 제기한 방식은 우연적인 것이거나 그저 수사학적 고안물에 지나지 않는 것은 결코 아니었다. 그 방식은 실제적 대상의 발전에 따라 발전하는 이론이 갖는 변증법적 방법의 핵심과 연관돼 있었다. 문제의 해결은 그 문제를 제기하는 방식과 일치한다. 규정상의 모순이라는 형태로 사유 내에서 제기되는 문제는 이론가(그리고 현실적인 화폐 소유자)가 "그 사용가치 자체가 가치의 원천이라는 특성을 지니며 또 그것의 현실적 소비 자체가 노동의 대상화이고, 따라서 가치 창조인 그런 상품을 유통 영역 내부(시장)에서 찾아낼 만큼 운이 좋은"¹⁰ 경우에만 해결될 수 있을 뿐이다.

객관적 실재는 구체적 모순이 객관적 실재 내에 기원을 둠으로써 발전한다. 그리고 이 구체적 모순은 더욱 복잡하고 새로운 고도의 발전 형태가 생겨남으로써 해결된다. 최초의 발전 형태 내에서 모순이 해결될 수는 없는 것이다. 모순이 사고 내에 나타났을 때, 그것은 당연히 최초의 발전 단계를 반영하는 개념규정들 내의 모순으로 드러난다. 비록 사고 내에 모순이 존재할지라도 이런 점은 정당한 것일 뿐더러, 탐구하는 정신이 갖는 단 하나의 정당한 운동형태다. 규정

---

* 《자본론》의 원주(F Engels Werke, Bd 23, S 850, 854); Hic Rhodus, hic salta. 자기가 로도스섬에서 아주 높이 뛰어 올랐다고 주장한 허풍쟁이를 두고 한 말(이솝우화 "허풍쟁이" 중에서).

들 내에 나타난 그런 유형의 모순은 현존하는 발전 형태를 반영하는 개념을 다듬어서 해결될 수는 없고, 실재를 한층 더 탐구함으로써, 즉 좀 더 높은 단계의 새로운 발전 형태 — 이 속에서 최초의 모순은 경험적으로 확립된 현실적이고 실제적인 해결의 실마리를 발견한다 — 를 찾아냄으로써 해결되는 것이다.

전통 논리학이 이 중차대한 논리적 형식을 하나의 '의문거리'로 여겨 간과했던 것은 우연이 아니다. 왜냐하면 탐구하는 정신의 운동에서 제기되는 현실적 의문과 문제는 항상 규정상의 모순이라는 형태, 즉 사실에 대한 이론적 표현으로 사고 앞에 제기되는 것이다. 사고에서 일어난 구체적 모순 때문에 사실들에 대한 진전된 연구와 나아가서 목적의식적 연구가 추동된다. 즉, 문제 해결 및 현존하는 이론적 모순의 해결을 위해 꼭 필요한 사실들을 찾아내서 분석하는 연구가 촉발된다.

모순이 탐구 과정상 실재의 이론적 표현에서 필연적으로 생겨나는 것이라면, 그런 모순은 설사 그것이 논리적으로 실재의 올바른 표현이라고 볼 수 없는 형식적 기호로 표시되더라도 이른바 논리적 모순이라고 할 수 없다. 반대로, 이론적 탐구에 있어서는 안 되는 논리적 모순은 언어적이고 의미론적인 기원과 속성을 갖는 모순으로 인식돼야 한다. 형식적 분석은 규정들에서 그런 논리적 모순들을 발견하게끔 돼 있다. 형식논리학의 모순율은 그런 모순들에 완전히 적용된다. 엄밀히 말하면, 형식논리학은 용어의 사용과 관련이 있을 뿐 개념의 운동 과정과는 아무런 관계를 맺지 않는다. 개념의 운동 과정은 변증법적 논리학의 영역이다. 그런데 변증법적 논리학에서는 다른 법칙이 지배적이다. 즉 대립물들의 통일, 혹은 일치(이는 대립물들의 동일성으로까지 나아간다)의 법칙이 지배한다. 실재의 발전을 따르는 사고의 논리학에 해당하는 변증법의 참된 핵심은 바로 그런 법칙이다.

11장
변증법에서 보편의 문제

일반the general 또는 보편the universal의 범주는 변증법 논리체계에서 극히 중요한 위치를 차지한다. 일반 또는 보편이란 무엇인가? 문자 그대로 보편이란 말이 의미하는 바를 이해할 때, 그것은 모든 것에 관계한다는 것이다. 즉, 그것은 우리의 생활 터전이자 언표 대상인 세계에서 일견 무한한 다수의 형태로 우리에게 주어지는 개체 전체에 관계한다. 이것은 일반에 관해서도 말할 수 있는 것으로서 아무런 의심 없이 누구나 받아들일 수 있는 것이다.

일반 혹은 보편에 대한 철학적 이견異見을 검토해 보지 않고서도 우리는 '공통성'(혹은 일반이나 보편)이라는 용어가 일상 언어에서 매우 모호하고 불확실하게 사용돼, 서로 일치하지 않는 다른 대상들이나 의미들뿐 아니라 상호 배타적인 대립물들과도 연관을 맺고 있다는 사실을 알고 있다. 쇼터옥스퍼드사전Shorter Oxford Dictionary 같은 대사전은 이런 서로 다른 의미를 12개나 포함하고 있다. 무엇보다도 이 단어가 갖는 의미 스펙트럼의 양극단에는 일치하거나 양립할 수 있으리라고는 거의 생각할 수 없는 그런 의미들도 있다. 게다가 '공통성'은 전체는 말할 것도 없고 두 대상에 대해 사용되기조차 한다. 다시 말해서 공통성은 두 대상 모두에 속하면서 (소크라테스와 [로마 교황] 카이우스의 직립보행이나 죽음, 또는 전자電子와 기차의 속력이나 속도처럼) 상호 관계하는 개체로부터 분리돼서는 개별적 형태로 존재할 수 없는 것에 사용되기도 한다. 나아가서 특수한 개별적 형태로 개체들 외부에 존재하는 것, 가령 공통 조상, 공유지(즉 둘(혹은 전체) 모두에 동일한 것), 공동의 운송 수단이나 공동 출입구, 공통의(서로 아는) 친구나 지기知己 등에 사용되기도 한다.

하나의 단어나 기호가 단 하나의 동일한 사물만을 지시하지 않는다는 것은 분명하다. 우리가 이것을 자연언어의 불완전성으로 이해하든, 반대로 인공언어가 갖는 정의의 엄격성보다 뛰어난 일상 언어의 탄력성으로 이해하든, 이 사실 자체는 하나의 사실로 남아 있고 더구나 우리에게 종종 문제로 제기되기 때문에 설명을 요하는 것이다.

그런데 바로 여기서 다음과 같은 아주 타당한 물음을 제기할 수 있다. 즉 일상 언어에서 '공통성'(혹은 일반)에 관한 상호 배타적이고 극단적인 두 의미 사이에 공통적인 어떤 것, 다시 말해서 다양한 의미들의 사실적 토대를 발견하는 것이 가능한가 가능하지 않은가 하는 물음이 그것이다. '유일하게 올바른 것'을 추구하는 형식논리학의 전통을 따르는 해석에서는, 양극단적인 두 의미 간의 '공통성'('일반')에 관한 부분적 정의가 되는 공통적 속성과 같은 것을 발견한다는 것은 불가능하다. 그럼에도 우리는 여기서 다른 많은 경우에서와 마찬가지로, 그 구성원들 사이에 아무런 공통점이 없을지라도 모든 구성원들이 동등한 권리로 동일한 하나의 성姓을 가지는 친족 관계와 같은 관련어를 생각할 수는 있다.

비트겐슈타인은 자연언어의 용어들 사이의 이런 관계를 다음과 같은 전형적 예로 제시하고 있다. 처칠-A는 속성 a, b, c에서 처칠-B와 가족 유사성을 지니고 있다. 처칠-B는 처칠-C와 속성 b, c, d를 공유한다. 처칠-D는 처칠-A와 오직 하나의 속성만을 공유한다. 반면에 처칠-E와 처칠-A는 이름을 제외하고는 단 하나의 공통된 속성도 없다.

어쨌든 공통 조상, 선조에 대한 상은 그의(혹은 그녀의) 모든 후손들에게 유전적으로 보존되는 속성들만을 추상화함으로써 재구성될 수 없다. 그런 속성들 자체는 아예 존재하지도 않는다. 그러나 공통의 기원을 말해 주는 이름의 공동체는 존재한다.

하나의 용어로서의 공통성('일반')도 마찬가지다. 단어의 본래적 의미는 속성들을 순전히 형식적으로 결합함으로써, 즉 모든 후손들에 관한 술어들을 하나의 가문, 하나의 집합으로 통합하는 것으로써는 규명될 수 없다. 왜냐하면 (유추를 계속해 나가면) 처칠 성의 시조始祖는 틀림없이 모발은 갈색이나 금발이고, 키는 크거나 작으며, 코는 납작코이거나 매부리코인 어떤 개인일 것이기 때문이다.

그러나 이런 유추에는 당연히 끝이 있기 마련이다. 왜냐하면 해당 용어들에 내포된 상황이 다소 독특하기 때문이다. 이와는 달리 대체적으로 볼 때 조상은 다른 개체들 가운데 하나의 개체로서, 사라지는 것이 아니라 자신의 모든 후손들과 더불어 계속 존속한다. 따라서 문제는 현존하는 고립된 개체들 중에서 다른 개체보다 먼저 태어났고 따라서 나머지 모든 것들을 낳을 수 있었던, 하나의 개체를 발견하는 데에 있다.

우리는 그의 자손들과 더불어 계속 존속하는 공통 조상의 속성들 중에서 그 자체와 대립하는 어떤 것을 낳을 수 있는 능력, 즉 (그 자신과 관련해) 키 큰 후손과 (역시 그 자신과 관련해) 키 작은 후손을 낳을 수 있는 능력을 전제해야 한다. 따라서 공통 조상은 오뚝한 코와 회갈색의 머리털을 가진 중간 키의 개체, 다시 말해서 그 자신에 대립적인(비록 잠재적일 뿐이라도) 규정들을 결합한 개체, 가령 용해액이나 혼합물처럼 직접적으로 대립하는 이런저런 규정들을 그 자신 속에서 결합한 개체로 표현될 수 있다. 따라서 회색은 검정색과 흰색, 동시에 흰색과 검정색의 혼합물로 표현될 수 있다. 신실증주의가 변증법적 논리학에 대한 비판으로 즐겨 열거하는 상식과 같은 이런 견해에 찬동 못할 하등의 이유가 없다.

그러나 논리학과 일반(보편)에 대한 양립 불가능한 두 입장, 즉 변증법과 완전히 형식적인 입장이 성립하는 것은 바로 여기서부터다. 후자는 (본질과 기원의 양 측면에서) 실체 개념과 유기적으로 연결된 발전에 관한 관념, 일견 매우 이질적으로 보이는 현상들(추상적인 것이 아닌 한, 이 현상들에서 공통의 속성을 발견할 수 있다)의 발생적 공통성이라는 원리를 논리학 내에서 인정하지 않으려 한다.

그래서 헤겔은 여기서 변증법적 사고(그의 용어로는 사변)와 순수 형식적 사고의 분기점을 발견하고, 이와 관련해서 아리스토텔레스의 진술을 높게 평가하고 있다. "세 영혼이라고 불리는 것과 관련해(그것들이 용어에 불과할 수도 있기 때문에 부정확하게 구분돼 있을지도 모르지만), 아리스토텔레스는 다음과 같이 말한다. 즉 우리는 세 영혼이 발견되고, 명확하고 단순한 형태로 세 영혼들 가운데 어느 것과도 조화를 이루는, 하나의 영혼을 찾을 필요는 없다고 말한다. 이것은 전적으로 올바른 생각이다. 이것은 참된 사변적 사고를 단순히 형식적이고 논리적인 사고로부터 구분하는 심오한 통찰이다. 마찬가지로 도형 중에서 삼각형·사각형·평행사변형과 같이 일정한 형태를 갖는 도형들만이 진정한 도형이다. 왜냐하면 그 도형들에 공통된 것, 즉 보편적 도형(혹은 '도형 일반')은 공허한 사고의 산물이고 단순한 추상이기 때문이다. 한편으로는 삼각형은 가장 단순하게 규정될 수 있는 도형으로서 장차 사각형 등등으로 나타나는 최초의 참된 보편적 도형이다. 그러므로 특수한 도형으로서 삼각형은 또 다른 한편으로는 사각형·오각형 등등과 나란히 존재하지만 진정으로 보편적인 도형(또는 '도형 일반')이다. 이것이 아리스토텔레스 주장의 요지다. … 그러므로 아리스토텔레스의 의미는 다음과 같다. 공허한 보편은 그 자체로 존재하지 않으며 혹은 그 자체로 종種도 아니다. 모든 보편적인 것은 더 이상의 변화가 없을 때는 즉자적으로 최초의 종을 이루지만, 더욱 발전할 때는 거기에 머물러 있지 않고 더 높은 단계에 속하게 된다는 점에서 사실상 실재한다."[1]

우리가 보편적(논리적) 범주로서의 일반에 관한 규정 문제를 이런 시각에서 바라볼 때, 또는 외관상으로는 아무런 공통점도 없지만 상호 관련된 의미를 갖는 가족의 공통 조상을 이론적으로 재구성하는 문제를 이런 시각으로 바라볼 때, 일반에 관한 규정 문제를 해결할 수 있는 전망이 열린다.

형식논리학의 관점은 한 범주(하나의 동일 이름을 갖는 모든 것)에 속하는 모든 개체에 공통적이고 추상적인 요소의 발견을 지향하기 때문에 결국은 아무것도 얻지 못한다. 이런 의미의 일반은 여기서 발견될 수 없으며, 더구나 모든 개체에 공통된 속성이나 규정의 형태는 물론 모든 개체에 적절한 유사성의 형태로 존재하는 것도 없기 때문에 발견될 수 없다.

다양한 개체를 어떤 '하나', 즉 다수 혹은 복수의 어떤 **공통성으로**

결합시키는 연결의 구체적(경험적으로 명백한) 본질은, 그것들에 공통된 추상적 속성이나 모두에 동일하게 적용되는 규정으로 존재하지 않으며 그런 것으로 표현되지도 않는다는 것은 분명하다. 오히려 그런 통일성(또는 공통성)은 한 개체는 갖고 있으나 다른 한 개체는 갖고 있지 않는 속성에 의해 창출된다. 특정한 속성의 결여는 그 속성이 두 개체에 똑같이 존재하는 것보다 하나의 개체와 또 다른 개체를 훨씬 더 강력하게 결합시킨다.

똑같은 일련의 지식·습관·성향 등을 갖고 있는 절대적으로 동등한 두 개인은 서로 절대적으로 무관심할 것이며 서로 필요하지도 않을 것이다. 그들은 서로를 죽도록 지겹게만 여길 것이다. 이들에게는 단지 배가된 고독이 있을 뿐이다. 일반은 모든 고립된 개별적 대상 내에서 끊임없이 반복되는 유사성이 결코 아니며 또한 공통의 속성으로 표현되고 어떤 기호에 의해 고정되는 것도 아니다. 보편은 무엇보다도 특정한 두 개체들을 하나의 구체적이고 현실적인 통일의 계기로 전환시키는 규칙적 연관관계다. 따라서 이 통일성은 상호 무관한 단위들의 무한한 복합으로 표현되기보나는 서로 다르고 개별적인 계기들의 총체로 표현되는 것이 훨씬 더 합리적이다. 여기서 일반은 이 세부적인 것들의 연관이 어떤 하나의 전체 또는 총체성 — 마르크스가 헤겔을 좇아 즐겨 사용했던 — 을 구성하는 법칙 혹은 원리로 작용한다. 여기서 요구되는 것은 추상보다는 오히려 분석이다.

공통성 또는 '일반'('보편')이라는 용어가 일상 언어의 진화 과정에서 획득한 서로 다른(그리고 대립적인) 의미들의 발생적 공동체라는 문제를 주목해 보자. 외형상으로 문제는 그 의미들 중에서 시원적 의미로 확실히 간주될 수 있는 것을 인식한 다음, 시간적으로 최초이며 본질적으로 단순한 최초의 의미가 본래는 전혀 의도되지 않았던 대립적 의미를 포괄하게 될 정도로 확대된 이유와 방법을 추적하는 것으로 요약된다. 우리의 먼 조상들이 '추상적 대상'과 '구성물'을 창안하려 했다고 생각하기는 곤란하기 때문에, 공통성의 본래적 의미는 아직까지도 공통 조상이나 공유지와 같은 표현들에서 보존되고 있는 의미로 간주하는 것이 더욱 논리적이다. 이런 견해는 언어학적 탐구로부터도 입증된다. 마르크스는 엥겔스에게 보낸 편지에서 다음과 같이 쓰고 있다. "독일어와 노르웨이어에서 일반은 공유지를 의미하고 특수는 공유지에서 분리된 사적 소유를 의미할 뿐이라는 사실을 헤겔이 듣는다면, 그는 저승에서 뭐라고 말할까요? 결국 '우리의 서신 왕래'에서 주고받는 지긋지긋한 논리적 범주들이 바로 이 범주들입니다."[2]

우리가 여기서 헤겔이 말한 바 있는 일반이 갖는 본래의 단순한 의미, 즉 '진정으로 일반적인' 의미를 염두에 둔다면 일반이 본질적으로나 시간적으로나 개별·특수 등에 선행한다고 생각할 수 없음은 명백하다. 나아가서 신플라톤주의자와 중세 기독교 스콜라주의에 상응하는 견해 — 이 견해에 따르면 보편은 처음부터 말, 로고스, 비육체적이고 영적인 어떤 것으로 간주되는 관념이다 — 에 스며들어 있는 세련된 신비주의의 흔적을 찾기도 분명 어려울 것이다. 반대로 본래적 의미의 보편은 정신 속에 분명하게 드러나며 따라서 물·불·소립자(분할 불가능한 것) 등과 같은 형태의 물질적 실체와 동의어로서, 정신을 표현하는 언어 속에 드러나는 것이다. 이런 견해는 소박하고(실제로는 결코 소박하지 않지만) 감각적이며 '너무 유물론적'이라고 생각될 수도 있지만, 신비주의의 경향이나 흔적은 조금도 내포하지 않고 있다.

그러므로 유물론에 대항해 그 반대자들이 끊임없이 발전시켜 온 비난, 즉 사실상 보편이 객관적으로 실재한다는 명제와 내재적으로 연관돼 있는 위장된 플라톤주의라는 비난을 강조하는 것은 언어도 단이다. 물론 우리가 애초부터(그러나 우리는 그 이유를 모르지만) 보편은 관념일 뿐이라는 견해를 취한다면, 마르크스와 스피노자는 물론 탈레스Thales와 데모크리토스Democritos까지도 '은폐된 플라톤주의자'가 된다.

보편과 관념의 동일시(모든 철학적 관념론 체계의 근본 명제)는 증거 없이 받아들여진 공리, 중세로부터 전수된 편견으로 평가되지 않으면 안 된다. 그런 편견이 갖는 생명력은 우연이 아니라, 관념에 대한 언어적 설명과 낱말이 지적 문화의 형성에서 수행해 왔고 수행하고 있는 실질적인 중요한 역할과 연관돼 있다. 바로 그 때문에 이른바 보편은 그 현실적 존재를 낱말, 용어, 언어적 기호의 의미 형태를 뜻하는 로고스의 형태에서 가질 수밖에 없다는 환상이 생겨난다. 특히 보편을 반영하는 철학적 의식은 처음부터 보편의 언어적 표현과 관련을 맺고 있기 때문에, 보편과 낱말의 의미를 동일시하는 독단은 당연한 전제로 여겨지기 시작한다. 즉, 그런 독단은 철학적 의식이 성장하는 토양이자 살아 숨 쉬는 공기로서 자명한 어떤 것으로 여겨지기 시작하는 것이다.

여기서 기술된 편견, 즉 현대의 신실증주의자들에 의해 절대적 진리로 해석되고 있는 편견이 그들과 우호적이지 못한 헤겔에게서도 나타난다는 사실을 주목해 보자. 솔직히 헤겔 역시, 철학은 보편학이고 보편은 오직 관념일 뿐이며 그 외의 다른 어떤 것일 수 없다는 근거에서 유물론은 철학적 체계가 될 수 없다고 주장했다. 그는 사고 자체를 훨씬 깊이 이해하고 있었으므로 오늘날 이 편견을 신봉하는 사람들에 비해 상당한 정도의 장점을 지니고 있었다. 그러므로 사고와 언어의 동일시에 기초한 편견의 위신을 철저히 파괴했던 인물은 바로 헤겔이었다. 그러나 그는 낱말을 관념이 존재하는 유일한 형태라고는 생각하지 않았지만, 낱말은 시간과 본질 두 측면에서 관념이 존재한 최초의 형태라는 중요성을 지녔다고 봤기 때문에 이 편견에 다시 갇히고 말았다. 우선 낡은 편견을 타파하고 그런 다음 다시, 교묘한 변증법적 장치에 의해 그 편견의 모든 권리를 복권시키는 방식은 일반적으로 헤겔의 전형적 수법을 이루고 있다. 마르크스·엥겔스·레닌이 헤겔의 논리학(변증법)의 성과를 근본적이고 유물론적으로 재정립한 것은 보편이 객관적으로 실재한다는 주장과 밀접한 연관을 맺고 있다. 이때 보편의 객관적 실재란 플라톤이나 헤겔의 사상의 맥락과는 달리 물질적 현상의 합법칙적 연관, 즉 자기 발전하는 총체성 내에서 물질적 현상이 결합돼 전체를 구성하는 법칙이라는 의미를 지닌다. 여기서 전체의 모든 구성요소는 하나의 동일한 속성을 지니고 있기 때문에 상호 연관돼 있는 것이 아니라, 그 발생 기원의 통일성 때문에 상호 연관돼 있다. 요컨대 전체의 모든 구성요소는 하나의 동일한 공동 조상을 지님으로써, 더욱 엄밀히 말하자면 **물질적**(즉 사고나 낱말과는 독립적인) 성격을 갖는 동일한 실체의 다양한 변형으로 생기生起함으로써 상호 연관돼 있다.

그러므로 공통적 현상들은 동일한 부류로 간주되기 위한 유일한 근거로서 '가족 유사성'과 같은 것을 반드시 지닐 필요가 없는 것이다. 현상들의 보편은 차이, 심지어 대립의 형태에서 훨씬 잘 외적으로 표현된다. 개별적 현상들을 상호 보완적으로 만드는 차이·대립의 형태는 다소 우연적인 속성의 기초 위에서 결합되는 다수의 무정형적 단위들이 아니라 현실적인 유기적 총체의 구성요소를 이루고 있다. 다른 한편, 전체의 모든 구성요소들이 예외 없이 갖는 개별성·

특수성 속에서 정확하게 자신을 표현하는 보편은 자기로부터 파생된 다른 개별적 개체와 더불어, 그 자체로 특수한 것으로서 존재하기도 한다. 이런 관점은 신비적인 그 어떤 것과도 무관하다. 보통 아버지는 그의 자식들과 함께 매우 오랫동안 살게 된다. 그는 현재 존재하지 않더라도 과거의 한때에는 존재했다. 즉, 분명 '거기에 존재한다'는 식으로 사고됐음이 틀림없다. 발생적으로 이해된 보편은 추상의 에테르인 낱말과 관념의 요소로 존재하는 것은 물론 아니다. 그런 보편의 존재는 자신으로부터 파생돼 의존하는 자신의 변형체인 각 개체들의 실재를 결코 없애 버리거나 무시하지 않는다.

우리가 간략히 기술한 보편 개념은 마르크스가 자본을 분석하는 과정에서 방법론적으로 매우 중요한 역할을 하고 있다. "우리가 여기서 자본을 가치 관계나 화폐 관계와는 구별되는 관계로 간주하는 정도만큼, 자본은 자본 일반, 즉 가치를 자본의 측면과 순수 가치나 화폐의 측면으로 구분시키는 성질의 구현체다. 가치·화폐·유통·가격 등등은 노동 등과 마찬가지로 미리 전제돼 있다. 그러나 우리의 관심은 자본의 득수한 형태에 있는 것도 아니고 다른 개별 자본 등과 구별되는 하나의 개별 자본에 있는 것도 아니다. 우리의 당면한 관심은 자본의 형성과정이다. 자본 형성의 이 변증법적 과정은 자본이 출현하게 되는 현실적 운동의 관념적 표현일 뿐이다. 이후에 나타나는 관계들은 이런 근원으로부터 발생하는 발전으로 간주돼야 한다. 그러나 자본이 일정 시점에서 띠게 되는 고유한 형태를 확립할 필요가 있다. 그러지 않으면 혼란이 일어난다."[3]

이와 같은 마르크스의 자본 분석에는 헤겔이 앞선 인용 문구에서 삼각형·사각형·오각형 사이에서 발견한 바 있는 가치와 자본 간의 관계가 매우 분명하게 그리고 이중적으로 드러나고 있다. (1) 여기서 가치 일반의 개념은 우리가 가치의 모든 특수한 형태(즉 상품·노동력·자본·지대·이자 등)의 구성요소에서 발견하고 싶어 하는 일반적·추상적 속성을 총괄함으로써 정의되는 것이 아니라, 한 상품과 다른 한 상품의 직접적 교환관계, 현실적으로 실재하는 단 하나의 특정한 인간관계를 아주 엄밀히 분석함으로써 얻어진다. 가장 단순한 형태로 환원되는 이 같은 가치의 실상에 대한 분석을 통해, 이후의 더 높은 수준의 발전과 분석에서 화폐·노동력·자본이라는 추상적·일반적 규정으로 다시 접하게 되는 보편적 가치 규정이 출현하게 된다.

(2) 우리가 자본 일반을 정의하는 데 관심이 있다면, 마르크스가 특별히 언급한 것처럼 "경제적 특성보다 논리적 특성을 더 많이"[4] 지니고 있는 다음과 같은 원리를 고려해야만 한다. "현실적 개별 자본과 구별되는 자본 일반은 그 자체가 하나의 현실적 존재다. 이것은 균형이론의 중요한 계기를 형성하고 있는데, 범속한 경제학은 이것을 정확하게 이해하지는 못하지만 깨닫고 있다. 예를 들면 이런 일반적 형태의 자본은 자본으로서의 기초적 형태에서는 개인 자본가에게 속해 있지만, 은행에 저축되거나 은행을 통해 분배되기 때문에 리카도가 말했듯이 생산의 필요에 기막히게 잘 분배되는 자본이다."[5] 마찬가지로 자본은 차관에 의해 상이한 국가들 사이를 하나의 수준으로 평준화한다. 그러므로 예컨대, 자기를 실현하기 위해서 자기를 이중적으로 정립하며 이중적 형태로 실현해야만 하는 것이 자본 일반의 법칙이라면, 타국에 비해 극히 우수한 자본을 대표하는 특정 국가의 자본은 자기실현을 위해서는 제3국에 대부될 필요가 있을 것이다. "그러므로 일반은 한편으로는 구별의 정신적 표상에 불과한 반면, 동시에 다른 한편으로는 특수한 개별 형태와 나란히 존재하는

특수한 현실적 형태이기도 하다."[6] 마르크스는 곧이어 이렇게 썼다. "이것은 대수에서도 마찬가지다. 예를 들면 a, b, c는 그 자체로 수 일반이다. 그러나 또한 그것들은 a/b, b/c, c/d, c/a, b/a 등과 대립되는 수 전체다. 그러나 a/b, b/c 등은 a, b, c를 자신의 일반적 요소로서 미리 전제하고 있다."[7]

일반(보편)과 특수, 개별 간의 변증법적 관계 — 일반은 유사성과 동일성을 확인하는 형식적 추상을 통해 특수한 개별들을 조합함으로써는 원리적으로 드러나지 않는다 — 는 예컨대 인간 개념, 즉 인간 본질의 정의와 연관된 이론적 난점에서 가장 생생하게 입증될 수 있다. 마르크스는 일반 문제에 대한 변증법적 이해에 기초해 인간의 개념을 해명했다.[8] 포이어바흐에 관한 그의 유명한 테제에서 마르크스가 경구로 정식화하고 있듯이 "인간의 본질은 고립적 개인에게 내재해 있는 추상이 아니다. 현실적으로 인간 본질은 사회관계들의 총체다."[9]

여기서 마르크스 사고의 사회학적 원리뿐 아니라 논리학적 원리도 분명하게 이해할 수 있다. 논리학의 언어로 번역해 보면, 그의 경구는 인류이든 다른 종이든 간에 한 집단의 본질을 표현하는 일반적 규정들을, 그 집단의 개별적 성원이 소유한 일련의 추상적이고 일반적인 속성 속에서 찾아내려는 것은 쓸데없는 짓이라는 것을 의미한다. 인간 본성 일반의 본질은 사회적이고 역사적인 인간관계의 총체를 과학적·비판적으로 분석함으로써만, 즉 전체로서의 인간 사회 및 개개인의 출현과 진화 과정이 발생한 유형들을 구체적으로 탐구하고 이해함으로써만 규명될 수 있다.

각 개인은 역사적으로 발전된 능력들(특히 인간 삶의 활동형식)의 총체, 성장 과정(인격의 형성)에서 습득한 자기 이전에 독립적으로 존재하는 문화의 일부분을 개성적으로 현실화시키는 한에서만 엄밀한 의미에서 인간이라고 부를 수 있다. 이런 측면에서 인격은 문화(인간적 보편)의 개인적 구현체로 간주될 수 있다.

이렇게 이해할 때, 보편성은 개별들의 정적인 발생적 '동일성'을 의미하는 것이 아니라, 그 자체 내에서 상호 보완하고 본질적으로 상호 의존하는 특수한 영역들로 다양하게 반복적으로 분리해 나가는 실재다. 따라서 보편성은 하나의 난세포에서 발전된 생물학적 종의 신체기관 못지않게, 본래의 공통성에 의해 확고부동하면서도 유연하게 결합돼 있는 것이다. 바꿔 말하면, 인간 삶의 구체적 보편성에 대한 이론적·논리적 규정은 특히 인간 생명활동의 다양한 형식들이 상호 발전하고 작용하는 필연성, 사회적 인간의 제반 능력과 그에 상응하는 제반 욕구를 드러냄으로써 성립될 수 있다.

인간 본질에 대한 유물론적 입장은, 인간 삶의 보편적 형식을 사회적 인간이 스스로 만든 도구의 도움으로 자연(외적 자연과 자기 자신)을 직접적으로 변형시키는 노동에서 찾는다(이는 인류학·민속학·고고학의 자료들과도 완전히 일치한다). 이런 이유로 마르크스는 인간을 도구를 만드는 동물이라고 정의한 벤저민 프랭클린에게 깊은 공감을 보이고 있다. 인간은 도구를 만드는 동물이며 바로 그렇기 때문에 사고하고, 말하며, 작곡하고, 도덕 규범에 복종하는 동물이다.

이처럼 인간 일반을 도구를 만드는 동물로 정의하는 것은 마르크스주의의 구체적 보편으로서의 보편 개념과 보편·특수·개별의 관계에 대한 개념이 가장 분명하게 부각되는 전형적 사례다. 형식논리학의 관점에서 볼 때 이런 정의는 너무 구체적이기 때문에 보편적일 수 없다. 왜냐하면 모차르트Mozart, 톨스토이Tolstoy, 라파엘로Raffaello

또는 칸트와 같이 의심할 수 없는 인류의 성원들이 이런 정의에 포함될 수 없기 때문이다. 형식적으로 그런 정의는 협소한 범주의 개인들, 즉 기술 공학 분야나 공장의 노동자에게만 적용된다. 기계(또는 도구)를 만들지 않고 그것을 사용하는 노동자조차 형식적으로는 이 범주의 영역에 포함되지 못한다. 그러므로 전통 논리학은 그것을 보편적 정의가 아닌 하나의 특수한 정의, 인간 일반에 대한 정의가 아닌 특정한 직업인에 대한 정의로만 간주한다.

일반(구체적 보편)은 감각적으로 주어진 다양한 개별적 개체들에 대해 정신적 추상물로서가 아니라 개체들의 고유한 실체, 즉 개체들이 상호작용하는 구체적 형태로서 우선적으로 대립한다. 또한 일반 자체는 그 구체적 규정성 내에서 특수와 개별의 풍부한 전체를 단순히 발전 가능성으로서가 아니라 발전의 필연성으로서 구현하거나 포함한다. 일반에 대한 견해나 여기에 기술된 그 과학적 실현 방법에 대한 견해는 결코 변증법 철학의 독점물이 아니다. 현실적인 역사적 발전과정에서 과학은 신실증주의의 인식론적 논리적 구성에서 나티난 것과는 딜리 어느 정도 일관뇌게 이상과 같은 보편 개념으로부터 언제나 시작한다. 그리고 이 점은 가끔 의식적이고 논리적인 격언이나 경구로 표현되지만, 대표적 과학자들이 고백하는 것이기도 하다. 이런 사정은 정치경제학의 보편 범주라 할 수 있는 '가치' 개념에 대한 역사에서도 분명히 추적할 수 있다.

가치 일반에 대한 추상과 그것을 기록하고 있는 낱말은 시장 관계만큼 오래됐다. 그리스어의 axia, 독일어의 Werth 등과 같은 말은 윌리엄 페티 경이나 애덤 스미스, 리카도 등에 의해 만들어진 것이 아니다. 모든 시대의 상인과 농부는 모두 가치(value, worth)라는 말을 사고팔 수 있는 모든 것, 무언가를 지불해야 하는 모든 것을 지칭하는 데 썼다.

만일 정치경제학의 이론가들이 순수 형식적이며 유명론적인 경향을 지닌 논리학에 의해 과학에 제공된 방법에 따라 가치 일반의 개념을 완성하고자 했었다면, 그들은 틀림없이 실패했을 것이다. 여기서 추상적 일반, 즉 각 대상들이 갖고 있는 유사성을 드러내는 것은 애초부터 문젯거리가 아니었다. 일반이란 말의 용법상 오래전부터 대상들 간의 유사성이란 의미는 '가치'라는 용어와 결합돼 있었다.(이 경우에 일반이란 말은 어떤 상점 주인이 쓰고 있는 개념에 단순히 질서를 도입하는 정도로 사용될 것이다. 또한 내용도 상점 주인의 가치 개념에 대한 단순한 설명, 다시 말해 가치라는 말과, 대립하는 현상들의 속성에 대한 단순한 현학적 평가에 제한될 것이며, 그 이상의 아무것도 아닐 것이다. 그리고 모든 과제는 단순히 그 용어의 적용 가능 영역을 명료화하는 것이 돼 버릴 것이다.) 그러나 고전적 정치경제학자들은 이와는 다른 방식으로 문제를 제기했으며 따라서 그 문제에 대한 답은 진정한 일반성에 대한 인식, 즉 개념임이 입증됐다. 마르크스는 그들이 제기한 문제의 본질을 분명하게 지적했다.

영국 최초의 경제학자인 윌리엄 페티 경은 다음과 같은 추론에 의해 가치 개념에 도달했다. "만약 어떤 사람이 페루에서 은 1온스를 런던으로 가져올 수 있고 똑같은 시간에 옥수수 1부셸Bushel을 생산해 낼 수 있다면 전자는 후자의 자연 가격이다."[10]

여기에 제시된 추론에서 가치라는 용어는 일반 개념인 '자연 가격'에는 나타나 있지 않음을 알 수 있다. 그러나 우리는 바로 여기서 부의 생산·분배·축적과 같은 이후 모든 과학의 기본적 개념의 출현을 보고 있는 것이다. 또한 여기서 개념은 경험에도 주어진 실제의 현상들(그 밖의 다른 특수한 것들 중에서도 아주 특수한 것)을 (헤겔의 삼각형의 예처럼) 표현(반영)하고 있다. 동시에 그 개념은 보편적임이 판명되고 또 가치 일반을 표현하고 있다.

고전적 정치경제학자들은 가치의 일반 형태를 결정하는 방법을 자연스럽게 모색하게 됐다. 그러나 이미 가치와 관련된 일반적 개념을 만들어 놓고 있었던 그들은 추론을 하는 과정에서 사고와 보편에 대한 로크의 사상에 의존하는 논리학의 규준에 따라 그런 일반적 개념을 검증하고자 했고, 이것은 그들을 숱한 자기모순과 이율배반으로 이끌었다. 그들이 가치 일반을 이윤이나 자본과 같은 가치 일반의 특수한 변형태들을 분석함으로써 정당화하고자 했을 때, 가치 일반은 확인될 수 없었음은 물론 그 변형태들에 의해 직접적으로 반박되고 부정됐다.

마르크스만이 다양한 역설이 발생한 기원에 대해 타당한 설명을 부여하고 그 역설을 해결하는 데 성공했다. 그가 그렇게 할 수 있었던 것은 그가 일반의 본성에 대한 변증법적 개념 그리고 일반이 특수·개별과 맺고 있는 내적 관계에 대한 변증법적 개념의 도움을 받았기 때문이다. 본질적으로 보편의 현실성은 법칙이지만, 그 현실성에서 법칙은 가령 현대 자연과학 가운데 미시물리학이 보여 주고 있듯이, 각각의 단일한 입장의 운동을 지배하는 어떤 추상적 규칙으로 실현되는 것이 아니다. 오히려 법칙은 보편이 그 개별적 발현체로 분열되고 부정되는 것을 통해, 개별적 현상들의 복합적·총체적 활동 속에서 자신을 드러내는 하나의 경향으로서만 실현된다. 그리고 사고는 이런 상황을 좋든 싫든 고려하지 않을 수 없다.

가치의 일반적 규정(가치법칙)은 《자본론》에서 (가치에 기초해서 발견된) 다른 모든 개별적 형태(화폐·이윤·지대 등)를 철저하게 추상한 채, 오직 가치의 구체성에 대한 한 가지 예만을 분석함으로써 해명되고 있다. 그 예란 역사적으로 최초이며 따라서 논리적으로 가장 단순한 형태로서 한 상품과 다른 한 상품의 직접 교환 혹은 물물교환을 말한다. 마르크스는 리카도가 가치의 문제를 그 일반적 형태에서 검토하면서 이윤을 제거해 버릴 수 없었다는 점이 바로 리카도 가치분석의 결함이라는 것을 간파했다. 따라서 리카도의 추상은 불완전하고 또 형식적이 될 수밖에 없었다.

마르크스 자신은 가치의 일반 형태에 관한 문제를 해결했는데, 그것은 그가 이후 모든 개념들 — 이윤은 물론 화폐조차 — 을 분석의 출발점에서는 존재하지 않는 것으로 간주했기 때문이다. 직접 교환 또는 화폐가 필요 없는 물물교환만이 분석됐던 것이다. 개별을 일반으로 끌어올리는 것이 단순한 형식적 추상작용과 원칙적으로 다르다는 것은 직접적으로 분명한 사실이다. 여기서 특히 이윤, 지대, 이자, 기타의 개별적 가치형태와 구별되는 단순 상품 형태의 특수성은 비본질적인 어떤 것으로 방기되지 않는다. 이와는 정반대로 특수한 단순 상품 형태의 이론적 표현은 가치의 일반적 형태에 대한 규정과 일치한다.

리카도의 추상이 불완전하고 따라서 형식적인 것은 한편으로는 가치를 그것의 다른 발전된 형태들로부터 추상화하지 못했고, 또 다른 한편으로는 상품의 직접 교환의 특수성을 추상화했기 때문이다. 따라서 일반은 결국 특수와 완전히 분리돼 독립적인 것으로 취급됐고, 특수의 이론적 표현이 되지 못했다. 이것이 바로 일반에 대한 변증법적 개념과 순수 형식적 개념이 구별되는 점이다.

그러나 일반에 대한 마르크스의 변증법적 유물론의 견해와 헤겔의 관념론적 변증법의 해석을 구별하는 것은 아주 중요하다. 또한 서구의 문헌들에서 그들의 견해를 너무도 빈번히 동일시하기 때문에 이 차이를 분명히 하는 것이 중요하다. 분명히 일반에 대한 정통 헤겔적 해석은 그 모든 변증법적 가치에도 불구하고 헤겔에 의해 그 권위와 영향이 엄청나게 파괴된 형이상학적 견해와 그 세부적 내용이 아니라 결정적 원리의 측면에서 유사하다. 이 점은 특히 헤겔 논리학의 원리를 현실의 세속적 문제에 구체적으로 적용하는 데서 분명해진다.

헤겔이 일반에 대한 그의 '사변적' 개념을 기하학적 형태(삼각형을 '도형 일반'으로 취급하면서)의 예에서 보이는 '순수 형식적인 것'과 대비해 설명할 때, 언뜻 보면 이런 헤겔의 설명이 마르크스로 하여금 가치에 대한 일반적 규정의 문제를 해결할 수 있게 해 준 논리적 도식을 이미 마련해 주고 있는 것처럼 보일지도 모른다. 사실 헤겔은 진정한 보편성과 일반 그 자체로 있는 순수 형식적 추상 사이의 차이점이 시공 속에(인간의 두뇌 밖에), 관찰에 의해 지각되는 경험적으로 주어진 실재(특수)의 형태 속에 있는 것으로 이해했다.

헤겔에 따르면 일반 그 자체는 엄밀히 순수 사고의 에테르 속에만 존재하며 외적 실재의 시공 속에는 결코 존재하지 않는다. 외적 실재의 영역에서 다뤄질 수 있는 것은 수많은 특수한 외화태·구현태 뿐이다.

인간을 도구를 만드는 동물로 정의하는 것이 헤겔 논리학에 전혀 받아들여질 수 없으며 논리적으로도 맞지 않게 되는 이유는 바로 이것 때문이다. 정통 헤겔주의자는 물론, 헤겔이 비판한 형식논리학의 그 어떤 대변자에게도(이 주목할 만한 의견 일치!) 프랭클린(그리고 마르크스)의 정의는 너무 구체적이어서 일반적이거나 보편적이지 못하다. 헤겔은 도구 생산에서 인간 내에 있는 인간적인 모든 것의 기초를 보지 못했으며, 비록 중요하다고는 하지만 인간사고의 본성에 관한 표현만을 봤다. 바꿔서 말하면, 일반에 대한 헤겔의 관념론적 해석은 헤겔이 그토록 싫어했던 형이상학적 해석과 같은 결과를 불러왔다.

그 본래 형태의 헤겔 논리학을 《자본론》 제1장에 나타난 사고운동을 평가하는 수단으로 삼는다면 제1장의 사고운동 전체는 '부당하며 비논리적인' 것이 돼 버린다. 헤겔주의 논리학자가 마르크스의 가치분석에는 가치 범주에 대한 일반적 규정이 없으며 가치 일반을 실현하고 있는 하나의 특수한 형태에 대한 규정을 이론적으로 '추론하지' 못하고 단지 '서술하고' 있을 뿐이라고 말하더라도 그는 정당할 것이다. 왜냐하면 헤겔주의 논리학자의 입장에서 볼 때 가치 일반이란, 실로 인간 생명활동의 일반적 범주와 마찬가지로, 이성적 의지에 내재해 있는 형태이지 이성적 의지가 표현되고 물화되는 데 불과한 외적 존재에 내재해 있는 형태가 아니기 때문이다.

그러므로 헤겔 논리학은 그것이 형식논리학에 비해 갖고 있는 모든 우월성에도 불구하고, 어떤 본질적 수정이 가해짐으로써 관념론의 모든 흔적이 근본적으로 일소되지 않고서는 유물론적 과학의 무기로 삼을 수 없다. 왜냐하면 관념론은 결코 논리학에 대해 '외적인' 어떤 것으로 머무는 것이 아니라 사고의 논리적 귀결점을 규정하기 때문이다. 예를 들면 헤겔이 대립하는 범주들(가령 일반과 특수)의 이행에 대해 언급할 때, 바로 그 지점의 설명 도식은 일면적 성격을 띠고 있다. 헤겔주의적 도식에서는 마르크스가 가치 규정에서 발견한 이행의 여지, 즉 유일한 개별이 일반으로 변형될 여지가 있을 수 없다. 헤겔에서는 일반만이 자신을 구체적이고 유일한 형태로 외화시키는 특권을 가지며, 반면에 개별은 언제나 보편성의 특수한 '양식'이나 산물이 돼 내용적으로 빈약해진다.

그러나 경제적(시장) 관계가 실제 역사 속에서 검증된 바에 따르면, 마르크스의 입장과 마찬가지로 가치 일반의 형태가 언제나 생산 조직의 일반 형태는 결코 아니라는 것이 입증된다. 그것은 일반으로 생성되지만 일정 지점까지는(그리고 매우 오랫동안) 생산에서 인간과 사물이 맺는 시시각각의 특수한 관계로 지속된다. 오직 자본주의를 통해서만 가치(상품생산 형태)는 생산 구성요소들의 내적 관계에 대한 일반적 형태가 된다.

이처럼 우연적 개별이 일반으로 이행하는 것은 결코 역사에서 드문 일이 아니고 오히려 규칙적이기조차 하다. 역사는 나중에 일반으로 된 현상이 처음에는 규칙에 예외적인 개별, 비정상적이고 특수하며 부분적인 어떤 것으로 발생했음을 보여 주고 있다. 실제로 새로운 것은 다른 방식으로는 거의 일어날 수 없다.

마르크스와 레닌이 일반에 대한 헤겔 철학의 변증법적 개념을 다시 정립했다는 사실은 반드시 이와 같은 맥락에서 이해돼야 한다. 유물론은 헤겔이 부각시킨 변증법적 계기를 보유하면서도 그 개념을 심화하고 확대해서 일반·보편의 범주를, 역사적으로 발전하는 구체적 현상을 구체적으로 탐구하는 가장 중요한 논리적 범주로 전환시켰다.

역사의 변증법과 사고의 변증법에 대한 유물론적 입장에서 볼 때, 헤겔주의의 정식들은 그 창시자의 주장과는 전혀 다른 것으로 변모하며 모든 신비적 색채를 잃어버리게 된다. 일반은 전체의 풍부한 내용을 '관념'으로서가 아니라 장차 일반이 될 경향을 지니고 있는 극히 현실적이고 특수한 현상으로서 자신 내에 포함하며 구체화한다. 그리하여 '자신으로부터'(내적 모순에 의해) 다른 실재하는 현상, 현실적 운동의 특수한 형태를 전개시켜 나간다. 그리고 여기에는 플라톤주의적이고 헤겔주의적인 신비의 흔적이 조금치도 존재하지 않는다.

결론

우리는 이 책에서 마르크스·레닌주의의 논리학을 체계적으로 설명해야 할 과제를 떠맡은 것은 물론 아니다. 그런 작업은 한 개인의 능력을 넘어서는 일인 데다가 한 권의 책으로 체계적으로 쉽게 설명하는 것은 거의 불가능에 가깝다. 우리는 집단적으로 노력해야 한다는 취지 아래 다만 미래의 작업을 위한 몇몇 조건과 전제를 조명하고자 했을 뿐이다.

그러나 우리는 이 책에서 정식화한 조건들을 고려함으로써만 그런 작업이 성공적일 수 있다고 생각한다. 다시 말해 논리학, 변증법, 현대 유물론적 세계관의 인식론이라는 세 가지 명칭 중 하나를 올바르게 결실 맺게 하고, "세 가지 용어는 필요치 않다. 그것은 동일한 것이다"라는 레닌의 말에 걸맞은 훌륭한 작품을 창작할 수가 있는 것이다.

물론 범주체계로 이해되는 논리학을 만들어 내는 것은 제1단계일 뿐이다. 그 다음 단계는 구체적인 과학적 탐구를 통해 논리적 체계를 구체화하고 현실화하는 일이어야 할 것이다. 왜냐하면 철학적 변증법의 영역에서 모든 작업의 최종적 성과는 개별과학의 구체적 문제들을 해결하는 것이기 때문이다. 철학은 홀로 이 '최종적 성과'를 성취할 수 없다. 그것은 변증법과 구체적인 과학적 탐구의 협력 — 철학과 자연과학, 철학과 사회역사적 지식 영역의 직무상의 협력 — 을 요한다. 그러나 변증법이 구체적인 과학적 지식과 동등한 협력 관계를 맺기 위해서는 먼저 자신의 특수한 철학적 개념체계를 발전시켜야만 한다. 그랬을 때 변증법은 현실적으로 주어진 사고와 의식적으로 실천하는 방법과 관련된 비판적 특성을 유감없이 발휘할 수 있다.

이 같은 결론은 우리가 이 책에서 제시했던 분석에서 직접적으로 기인하는데, 이런 견해는 철학적 변증법의 영역에서는 물론 다른 여러 분과들의 과학적 지식과 변증법 사이의 상호관계의 측면에서도 레닌의 생각과 직접적으로 일치한다. 앞에서 상술한 입장에 따를 때, 논리학은 개별과학의 노예는 물론 최고 감독관도 아니고, 또 다른 종류의 '절대적 진리'를 자임하면서 개별과학의 체계로서 군림하는 '과학의 과학'도 아니며, 오직 개별과학과 동등한 협력자인 것이 분명해진다. 철학적 변증법은 논리학이기 때문에 과학적이고 유물론적인 세계관의 필수적 구성요소일 뿐, 세계관을 구체화하는 문제와 '전체로서의 세계'와 관련된 문제에 대한 배타적 권리를 더는 요구하지 않는다. 과학적 세계관은 오직 현대과학의 전체적 체계에 의해서만 기술될 수 있을 뿐이다. 물론 이 체계에는 철학적 변증법도 포함된다. 그렇지 않다면 이 체계가 충실하다거나 혹은 과학적 체계라고 주장할 수 없다.

과학 전체가 복합적으로 수행할 수 있는 과제를 홀로 떠맡고 있는 세계관인 체하는 '순수'철학과 꼭 마찬가지로, 철학·논리학·인식론을 포괄하지 않는 과학적 세계관이란 허튼소리에 지나지 않는다. 철학은 세계관의 발전에 관한 논리학, 또는 레닌의 표현처럼 세계관의 '살아 있는 영혼'인 것이다.

후주

서론

1 G W F Hegel, *The Phenomenology of Mind*. Translated by J B Baillie(London, 1931), p 67.

2 앞의 책, p 69.

3 Frederick Engels, *Anti-Dühring*. Translated by Emile Burns(Progress Publishers, Moscow, 1975), pp 168~169.

4 Karl Marx, "Contribution to the Critique of Hegel's Philosophy of Law". In Karl Marx and Frederick Engels, *Collected Works*, Vol 3(1843~1844) (Lawrence and Wishart, London, 1975), p 18 참조.

1장

1 Francis Bacon, "Novum Organum". In *The Works of Francis Bacon*, Vol IV(New York, 1968), pp 48~49.

2 René Descartes, "Discourse on Method". Translated by E T Haldane and G R T Ross. In *Great Books of The Western World*, Vol 31, *Descartes, Spinoza*(Encyclopaedia Britannica Inc, Chicago, 1952), p 46.

3 John Locke, *An Essay Concerning Human Understanding*, Vol II(London, 1710), p 299.

4 Thomas Hobbes, *Leviathan or the Matter, Form and Power of a Commonwealth*(London, 1894), p 27 참조.

5 John Locke, 앞의 책, p 339.

6 G W Leibniz, *Neue Abhandlungen über den menschlichen Verstand*(Leipzig, 1915), p 640.

7 앞의 책, pp 644~645.

8 Karl Marx, *Theories of Surplus-Value*, Part Ⅲ. Translated by Jack Cohen and S W Ryazanskaya(Progress Publishers, Moscow, 1917), p 143.

2장

1 *Hegel's Lectures on the Histoty of Philosophy*. Translated by E S Haldane and F H Simson, Vol Ⅲ(Routledge and Kegan Paul, London, 1968; Humanities Press, New York, 1974), p 257.

2 Karl Marx, "Letter to Ferdinand Lassalle", May 31, 1858. In Marx-Engels, *Werke*, Bd 29(Dietz Verlag, Berlin, 1973), p 561. 마르크스는 이런 생각을 11년 뒤 막심 코발렙스키M Kovalevsky에게 보낸 편지에서도 반복하고 있다. "저자가 실제로 제안하는 것과 단지 표현하는 것을 구별하는 것이 필요하다. 이것은 철학적 체계를 위해 정당하다. 그래서 스피노자가 그의 체계의 초서으로 생각히는 깃, 그리고 실세로 이 체계의 초석을 이루고 있는 것은 전혀 다른 사실이다."(K Marx and F Engels, *Sochineniya*, Vol 34, Moscow, 1964, p 287)

3 F Engels, *Dialectics of Nature*. Translated by Clemens Dutt(Lawrence and Wishart, London, 1940), p 7.

4 Bertrand Russell, *History of Western Philosophy*(London, 1946), p 601.

5 René Descartes, 앞의 책, p 59.

6 앞의 책, p 59.

7 F Engels, *Dialectics of Nature*, p 228.

8 앞의 책, p 25.

9 G V Plekhanov, "Bernstein and Materialism". In *Sochineniya*, Vol

XI(Moscow-Petrograd, 1923), p 22.

10 Benedict de Spinoza, *Ethics*. Translated by W H White. In *Great Books of the Western World*, Vol 31, *Descartes, Spinoza*, p 357.

11 Bertrand Russell, 앞의 책, pp 600~601.

12 Ludwig Wittgenstein, *Tractatus Logico-Philosophicus*(London, 1955), p 31.

13 Bertrand Russell, 앞의 책, p 601.

14 Spinoza, 앞의 책, p 372.

15 앞의 책, p 372.

16 앞의 책, p 380.

17 앞의 책.

18 앞의 책.

19 앞의 책, pp 386~387.

20 앞의 책, p 386.

21 앞의 책, p 384.

22 앞의 책, p 462.

23 앞의 책, p 458.

3장

1 Immanuel Kant, *Critique of Pure Reason*. Translated by N K Smith(Macmillan, London, 1929), p 601.

2 앞의 책.

3 앞의 책, p 604.

4 *Hegel's Lectures on the History of Philosophy*, Vol II, p 210.

5 Immanuel Kant, 앞의 책, p 18.

6 앞의 책, p 18.

7 앞의 책.

8 앞의 책, p 177.

9 앞의 책.

10 앞의 책.

11 Immanuel Kant, "Prolegomena zu einer jeden kunftigen Metaphysik". In *Sämtliche Werke*(Leipzig, 1938), p 58.

12 Immanuel Kant, *Critique of Pure Reason*, p 111.

13 앞의 책, p 111.

14 Immanuel Kant, "Prolegomena", 앞의 책, p 66.

15 Immanuel Kant, *Critique of Pure Reason*, p 158.

16 Immanuel Kant, "Prolegomena", 앞의 책, p 171.

17 앞의 책, p 173.

18 앞의 책, p 114.

19 앞의 책, p 115.

20 앞의 책, p 115.

21 앞의 책, p 318.

22 앞의 책, p 318.

23 앞의 책, p 190.

24 V F Asmus, *Dialektika Kanta*(Kant's Dialectics)(Moscow, 1930), pp 126~127 참조.

4장

1 J G Fichte, *Sonnenklarer Bericht an das grossere Publikum über das eigentliche Wesen der neuesten Philosophie*(Berlin, 1801), p Ⅳ.

2 *Johann Gottlieb Fichte's Leben und literarischer Briefwechsel* von seinem Sohne Immanuel Hermann Fichte, Bd Ⅱ(Leipzig, 1862), p 161. 또 R Adamson, *Fichte*(London, 1881), pp 50~51 참조.

3 앞의 책, p 162.

4 J G Fichte, *Sonnenklarer Bericht*, pp 217~218.

5 앞의 책, pp 112~113.

6   Immanuel Kant, *Critique of Pure Reason*, p 218.

7   J G Fichte, *Thatsachen des Bewusstseyns*(Stuttgart and Tübingen, 1817), p 9.

8   F W J Schelling, *Fruhschriften*, Erster Band(Berlin, 1971), p 152.

9   앞의 책, p 156.

10 앞의 책, pp 131~132.

11 앞의 책, pp 129~130.

12 앞의 책, pp 126~127.

13 J G Fichte, *Über den Gelehrten*(Berlin, 1956), p 45.

14 Heinrich Heine, "Zur Geschichte der Religion und Philosophie in Deutschland". In *Werke und Briefe*, Bd 5(Aufbau-Verlag, Berlin, 1961), p 299.

15 F W J Schelling, *Von der Weltseele*(Hamburg, 1809), pp vi~vii.

16 앞의 책, pp vii~viii.

17 F W J Schelling, *System des transzendentalen Idealismus*(Hamburg, 1957), p 11.

18 앞의 책, p 10.

19 앞의 책, p 294.

5장

1   G W F Hegel, "System der Philosophie, Erster Teil, Die Logik". In *Sämtliche Werke*, Vol 8(Stuttgart, 1929), p 69. (다른 저작에서는 원제인 *Encydopaedie der philosophischen Wissenschaften im Grundrisse*로 알려져 있다 — 영역자.)[국내에는 《철학 강요》 등으로 알려져 있다.]

2   Frederick Engels, *Anti-Dühring*, p 98.

3   앞의 책, p 391.

4   *Hegel's Science of Logic*. Translated by W H Johnston and L G Struthers, Vol I(Allen and Unwin, London, 1929), p 60.

5 앞의 책, p 62.

6 G W F Hegel, *Sämtliche Werke*, Vol 8, p 70.

7 앞의 책, p 159.

8 Adolf Trendelenburg, *Logische Untersuchungen*(Berlin, 1840), p 16.

9 V I Lenin, "Philosophical Notebooks". In *Collected Works*, Vol 38(Progress Publishers, Moscow, 1963), p 278.

10 Karl Marx, *Das Kapital*, Vol I(Hamburg, 1867), p 21 참조.

11 Hegel, *Jenaer Realphilosophie*(Berlin, 1969), p 183 참조.

12 V I Lenin, "Philosophical Notebooks", 앞의 책, p 94.

13 G W F Hegel, *Sämtliche Werke*, Vol 8, pp 84~85.

14 앞의 책, p 42.

15 앞의 책, p 44.

16 앞의 책, p 42.

17 G W F Hegel, *Sämtliche Werke*, Vol 8, p 43.

18 Immanuel Kant, *Logik*(Leipzig), p 98.

19 G W F Hegel, *Sämtliche Werke*, Vol 8, p 55.

20 앞의 책, p 56.

21 앞의 책, pp 184~185.

22 앞의 책, p 185.

23 앞의 책, p 189.

24 앞의 책, p 195.

25 앞의 책, p 84.

26 앞의 책, p 83.

27 앞의 책, p 87.

28 앞의 책, p 125.

29 앞의 책.

30 Karl Marx, *Capital*, Vol I. Translated by Eden and Cedar Paul(International Publishers, New York, 1929), p 50.

31   G W F Hegel, *Sämtliche Werke*, Vol 8, p 83.

6장

1   Ludwig Feuerbach, "Vorläufige Thesen Zur Reform der Philosophie". In *Kleinere Schriften* II(1839~1846)(Berlin, 1970), p 257.

2   Ludwig Feuerbach, "Über Spiritualismus und Materialismus". In *Kleinere Schriften* VI(Berlin, 1972), p 125.

3   앞의 책, pp 152~153.

4   앞의 책, p 123.

5   앞의 책, p 124.

6   Ludwig Feuerbach, "Wider den Dualismus von Leib und Seele, Fleisch und Geist". In *Kleinere Schriften* III(Berlin, 1971), p 125.

7   앞의 책.

8   Ludwig Feuerbach, *Zur Kritik der Hegelschen Philosophie*(Berlin, 1955), p 35.

9   Karl Marx, "Theses on Feuerbach". Translated by Roy Pascal. In Karl Marx and Frederick Engels, *The German Ideology*(Lawrence&Wishart, London, 1938), p 197.

10   Karl Marx and Frederick Engels, *The German Ideology*, p 37.

7장

1   Karl Marx, "Contribution to the Critique of Hegel's Philosophy of Law", 앞의 책, p 18 참조.

2   Karl Marx, "Economic and Philosophic Manuscripts of 1844", 앞의 책, p 277.

3   앞의 책, p 339.

4   *Hegel's Science of Logic*, Vol I, pp 39~40.

5   Karl Marx, *Das Kapital*, Vol I, p 771.

6   Karl Marx, *Capital*, Vol I, p 140.

7   앞의 책, p 140.

8   앞의 책, pp 139~140.

8장

1   Karl Marx, *Capital*, Vol I, p 873.

2   Karl Marx and Frederick Engels, *The German Ideology*, p 24.

3   앞의 책, p 29.

4   앞의 책, p 35.

5   앞의 책, p 37.

6   앞의 책, p 197.

7   Karl Marx, *Grundrisse*. Translated by Martin Nicolaus(Penguin Books, London, 1973), pp 91~92.

8   Karl Marx, "Economic and Philosophic Manuscripts of 1844", 앞의 책, pp 302~303 참조.

9   Karl Marx, *Capital*, Vol I, p 71.

10 Karl Marx, *Grundrisse*, p 190.

11 앞의 책, p 191.

12 Karl Marx, *Capital*, Vol I, pp 63~64.

13 앞의 책, p 64.

14 Karl Marx, *A Contribution to the Critique of Political Economy*. Translated by S W Ryazanskaya(Progress Publishers, Moscow, 1970), p 76.

15 Karl Marx, *Grundrisse*, p 187.

16 Karl Marx, *Capital*, Vol I, p 110.

17 앞의 책, p 170.

18 Karl Marx, "Doctoral Dissertation". In Karl Marx and Frederick Engels, *Collected Works*, Vol 1(Lawrence&Wishart, London, 1975), p 104.

19 Karl Marx, *Grundrisse*, p 712.

20 Frederick Engels, *Dialectics of Nature*, p 172.

21 Karl Marx, *Capital*, Vol I, p 169.

22 앞의 책, p 171.

23 Karl Marx, "Economic and Philosophic Manuscripts of 1844", 앞의 책, pp 275~276.

24 V I Lenin, "Philosophical Notebooks", 앞의 책, p 183.

9장

1 V I Lenin, "Philosophical Notebooks". In *Collected Works*, Vol 38(Progress Publishers, Moscow, 1963), p 319.

2 앞의 책, p 103.

3 A I Vvedensky, *Logika kak chast' teorii poznaniya*(Logic as Part of the Theory of Knowledge)(Moscow-Petrograd, 1923), p 29.

4 V I Lenin, "Philosophical Notebooks", 앞의 책, p 175.

5 Karl Renner, *Die Wirtschaft als Gesamtprozess und die Sozialisierung* (Berlin, 1924), p 5.

6 V I Lenin, "Philosophical Notebooks", 앞의 책, p 211.

7 앞의 책, p 212.

8 앞의 책, pp 92~93.

9 *Hegel's Science of Logic*, Vol I, p 45.

10 V I Lenin, "Philosophical Notebooks", 앞의 책, p 362.

11 Frederick Engels, *Dialectics of Nature*, p 239 참조.

12 V I Lenin, "Philosophical Notebooks", 앞의 책, p 93 참조.

13 앞의 책, p 319.

14 앞의 책, p 318.

15 앞의 책, p 87.

16 앞의 책, p 319.

17 앞의 책, p 180.

18 앞의 책, pp 360~361.

10장

1 Karl Marx, *Theories of Surplus-Value*, Part Ⅲ, p 84.

2 앞의 책, p 87.

3 앞의 책, pp 87~88.

4 Karl Marx, *Theories of Surplus-Value*, Part I. Translated by Emile Burns(Progress Publishers, Moscow, 1969), p 89.

5 Karl Marx, *Capital*, Vol Ⅲ, p 36.

6 Karl Marx, *Capital*, Vol I, p 19.

7 앞의 책, p 33.

8 앞의 책, p 150.

9 앞의 책, p 153. (마르크스는 실제로 인용문의 마지막 구절을 라틴어로 썼다. "Hic Rhodus, hic salta!" — 영역자)

10 앞의 책, p 154.

11상

1 *Hegel's Lectures on the History of Philosophy*, Vol Ⅱ, pp 185~186.

2 Karl Marx and Frederick Engels, *Selected Correspondence*(International Publishers, New York, 1936), pp 236~237.

3 Karl Marx, *Grundrisse*, p 310.

4 앞의 책, p 450.

5 D Ricardo, *On the Principles of Political Economy*(London, 1821), p 139(마르크스의 각주).

6 Karl Marx, *Grundrisse*, pp 449~450. (*Grundrisse*에는 이 점에 대해 각주 가 달려 있다(Hegel, *Science of Logic*, p 600. Translated by A V Miller, London, 1969도 참조). "이 보편적 행위는 보편성, 특수성, 개별성이라는 세

계기를 포함한다." — 영역자)

7   앞의 책, p 450.

8   Evald Ilyenkov, *Dialektika abstraktnogo i konkretnogo v 'Kapitale'
     Marksa*(The Dialectics of the Abstract and Concrete in Marx's *Capital*),
     Moscow, 1960 참조.

9   Karl Marx, "Theses on Feuerbach", 앞의 책, p 198.

10   Sir William Petty, *A Treatise of Taxes and Contributions*(London, 1667);
     Karl Marx가 *Theories of Surplus-Value*, Part I, p 356에서 인용.

Dialectical Logic: Essays on its History and Theory by Evald Ilyenkov
Published in 1977 by Progress Publishers

인간의 사고를 어떻게 이해할 것인가?
변증법적 논리학의 역사와 이론

지은이 | 예발트 일리옌코프
옮긴이 | 우기동·이병수

펴낸이 | 김태훈
편집 | 이재권
본문 디자인 | 고은이

펴낸곳 | 도서출판 책갈피
등록 | 1992년 2월 14일(제2014 000019호)
주소 | 서울 성동구 무학봉15길 12 2층
전화 | 02) 2265-6354
팩스 | 02) 2265-6395
이메일 | bookmarx@naver.com
홈페이지 | http://chaekgalpi.com
페이스북 | http://facebook.com/chaekgalpi
인스타그램 | http://instagram.com/chaekgalpi_books

첫 번째 찍은 날 2019년 11월 27일

값 17,000원

ISBN 978-89-7966-168-2
잘못된 책은 바꿔 드립니다.